DIEDERICHS GELBE REIHE
herausgegeben von Michael Günther

Andreas Gruschke

Die heiligen Stätten der Tibeter

Mythen und Legenden von
Kailash bis Shambhala

Eugen Diederichs Verlag

Vordere Umschlagseite: Tor-Chörten am Pilgerweg um den heiligen Berg Kailash

Als Entsprechung zum vorliegenden Band erschien 1996 der Band »Mythen und Legenden der Tibeter – Von Kriegern, Mönchen, Dämonen und dem Ursprung der Welt« (DG 124). Andreas Gruschke hat dort Geschichten versammelt, die Personen und Götter zum Inhalt haben.

Die Deutsche Bibliothek – CIP-Einheitsaufnahme
Die heiligen Stätten der Tibeter : Mythen und Legenden von Kailash bis Shambhala / Andreas Gruschke. – München : Diederichs, 1997
 (Diederichs Gelbe Reihe ; 137 : Tibet)
 ISBN 3-424-01377-3

© Eugen Diederichs Verlag, München 1997
Alle Rechte vorbehalten

Umschlaggestaltung: Zembsch' Werkstatt, München
Produktion: Tillmann Roeder, München
Satz: Fotosatz Otto Gutfreund GmbH, Darmstadt
Druck und Bindung: Pressedruck, Augsburg
Printed in Germany

ISBN 3-424-01377-3

INHALT

Einleitung — 11
Tibetkarte — 18

1. Was von den heiligsten Bergen erzählt wird — 20
   Lage der Gebirgszüge und ihrer Hauptgipfel — 20
   MERU (RIRAB LHÜNPO) — 24
     Der Weltenberg Meru und sein kosmisches System — 24
   KAILASH (KANG TISE) — 28
     Das Demchog-Mandala — 28
     Der Pilgerweg um den Kailash — 30
     Der wundervolle Wettstreit am Berg Kang Tise zwischen Milarepa und seinem Kontrahenten Naro Bönchung — 35
   YARLHA SHAMPO UND DAS SYSTEM DER VIER HEILIGEN BERGE TIBETS — 41
     Die »Lebensseele« des alten Bö-Tibet — 41
   NYENCHEN THANGLHA — 43
   Thanglha, der große Nyen — 43
     Die Bekehrung des Nyenchen Thanglha — 44
     Das göttliche Paar Nyenchen Thanglha und Namtso — 45
   LAPCHI KANG — 47
     Die Dürre im Rongshar-Tal — 48
     Milarepa und die Bücher des Rechungpa — 49
     Die Besucher in Ramding Nan Puk — 52
   TAKPA SHELRI (TSARI) — 53
     Warum Frauen die Khora um Takpa Shelri nicht vollenden dürfen — 56

AMNYE MACHEN 57
Magyal Pomra und die vier Klassen
großer Nyen 57
Der König der Erdherren des Landes Ma 57
  Machen Pomra, der Berggott der Ngolok 58
  Der Kristallpalast des Machen Pomra 59
  Der Sohn des Berggottes vom Amnye Machen 59
  Der Palast des Heldenkönigs Gesar von Ling 60

AMNYE NYENCHEN 61
  Des Machen Pomra schwarzer Widerpart 61

MINYA KONKA 62
Des Donnergottes Schneeberg im Lande
Minyag 62

BÖNRI 64
  Die Entstehung des Berges Bönri im Kampfe
  Shenrabs mit Khyapa Laring 65
  Herkunft der frühen tibetischen Herrscher
  vom Bönri 67

TARGO KANGRI 69
Heiliger Berg der Bön, Mt. Targo 69
  Targo verheiratet seine Töchter 71

GAURISHANKAR (TSERINGMA) 74
  Die Göttin Tseringma und die Sherpas 74
  Mutik Tängwar – Anleitung zum Gebet an
  Tseringma 77

MT. EVEREST 79
  Die Göttin Chomolangma 79

KANGCHENJÖNGA 81
Der heiligste unter den Achttausendern 81
  Die fünf Schatzkammern des großen Schnees 81
  Konglo Chu und das Reich der Toten 82
  Lhatsün Chembo kommt ins Land der
  Schluchten 83

CHOMOLHARI	84
Tseringma und die Missionierung Bhutans	84
SIGUNIANG SHAN	85
Die vier Mädchen aus dem Changping-Tal	85
Die Stellung der Berggottheiten im tibetischen Pantheon	88
Die Kosmische Achse	96
2. Segensreiche und dämonische Seegottheiten	**101**
Tibet – ein Hochland voller Seen	101
KOKONOR (TSO NGOMPO)	103
Legende vom Ursprung des Sees Kokonor	103
Der Lama und die Grube	104
Der vergessene Stein	104
Der Lama und der blinde Greis	105
LHAMOI LA TSO	109
Der Orakelsee	109
MANASAROVAR (MAPAM TSO)	115
Der aus Brahmas Geist geschaffene See	115
Des Drachenkönigs Geschenke	116
Anavatapta, der »See ohne Hitze oder Kummer«	117
RAKAS TAL (LHANAG TSO)	118
Der See der dunklen Gottheiten	118
NAM TSO	119
Die Legende von den drei Seen	119
Der »Himmelssee« Tengri Nor	121
SILING TSO	122
Der leuchtende Teufelssee	122
GYARING TSO	124
Mudui Longa und sein überquellender Brunnen	124
DANGRE YU TSO	125
Das »Heilige Wasser« der Göttin Thugiechema	125

Yamdrok Yu Tso und Dremo Tso	127
Der »Lebensspender« der Tibeter	127
Die Äbtissin von Samding und die Mongolen	127
Die Seen von Jiuzhaigou	129
Der Spiegel der Wonuo Semo	129
Seegottheiten als Spiegelbilder des tibetischen Geschicks	129

3. Mythen und Legenden aus dem Changthang   135

Wo und was ist der Changthang?	135
Warum die Berge im Changthang westwärts gewandt sind	136
Bamgo Tso, die Lebensquelle des Dämonenkönigs Dud Aachung	137
Das Unglück der Göttin Gyegang Tashi Nagtsang	138
Die Legende vom Ursprung des Dri Chu	139
Der »Knister«-Strauch	142
Wie die Gerste in den Changthang kam	143
Die Legende vom gesalzenen Buttertee	145
Die Salzkarawanen der Drokpa	147
Lhasa schickt seine Steuereintreiber	151
Der Jäger und der Wildyak	154
Die Legende von Yangzi Jiang und Gelbem Fluß	155
Die Geister der Chüemo-Berge	160
Warum die Mädchen von Yarla so hausbacken sind...	161
Urwelt, Utopie und irdisches Gegenbild – Shangri La und Ombu – im Herzen des Niemandslandes	162
Das Märchen vom Gyaring Tso – Von einer Gruppe, die auszog, das Flüchten zu lernen...	165

4. Lhasa – Die »Stadt der Götter«   169

»Klein-Lhasa« und die goldene Ziege   169
Das Bannen der tibetischen Dämonin   171
Rasa, »Ziegenerde«, und Lhasa, »Stadt der Götter«   173
Die wunderbare Statue des Jobo Rinpoche   177
Die Gründung des Klosters Ganden   178
Die verwirrende Pracht des Potala-Palastes   180
Drukpa Künleg bringt Tsongkhapa ein Opfer dar   182
Warum Tiberinnen in Lhasa ihre Gesichter schwärzten   184
Die Hauptstadt der Tibeter und die Aura der Unerreichbarkeit – Lhasa gestern und heute   187

5. Shambhala und verwandte Mythen   195

Wo und was ist Shambhala?   195
Khembalung, das verborgene Tal   196
Der Yakhirte in Khembalung   197
Das Bön-Reich Olmolungring   199
Die Reise nach Shambhala   201
Beschreibung des Königreiches Shambhala   210
Die Legende von Shakya Shambha   214
Geschichte und Visionen   215
Niedergang und Goldenes Zeitalter   218
Eine alte tibetische Geschichte...   221
Shambhala und Shangri La – Utopische Ideale oder religiöse Wahrheit?   221

Anhang

Ikonographisches Skizzenbuch	227
Anmerkungen	265
Textnachweis	278
Bildnachweis	279
Literatur	280
Register	286
Zum Autor	298

Einleitung

> »Die Gottheiten, an die der Tibeter glaubt, werden von ihm als Freunde, als Verbündete angesehen, die seinen Anstrengungen zu helfen vermögen, als Gegner, die ihm hierbei Hindernisse in den Weg legen wollen, oder als Feinde, die es zu bezwingen oder zu vernichten gilt.«
>
> Alexandra David-Néel[1]

Daß Tibet ein Land voll von Sagen ist, hatte schon Albert Tafel, der Tibetforscher des frühen 20. Jahrhunderts, erkannt: »Der Mensch ist dort umgeben von einer großartigen Natur. Jeder Berg und jeder See ist von der wilden Phantasie seiner intelligenten Bewohner belebt worden. Beim Hüten von Schafen und Rindern hat man Zeit, über die umgebende Natur nachzugrübeln. Man hat auch Zeit, die alten Sagen weiterzuspinnen.«[2] Bis heute leben die Götter und Dämonen der Mythen und Legenden, die von den heiligen Bergen und Seen, von der Wildnis der unwirtlichen Weiten des Changthang-Hochlandes und dem mythischen Paradies Shambhala berichten, im Geist der Bewohner der endlosen Weiten und beunruhigenden Einöden Tibets weiter. Selbst in unserem modernen Zeitalter, das scheinbar das Schicksal des in seinen Traditionen verharrenden Schneelandes bereits besiegelt hatte, ist der Glaube an die Wirksamkeit der magischen Riten noch immer mächtig geblieben, und so ist eine Anthologie der mündlichen Überlieferung, die sich mit Tibets heiligen Stätten beschäftigt, keineswegs nur eine historische Reminiszenz des literarischen Schaffens des einfachen Volkes, sondern ein Zeugnis für die nach wie vor lebendigen, wenn auch nicht unverändert gebliebenen Traditionen.

Schon lange bevor der Westen die esoterische Faszination, die vom Dach der Welt ausgeht, für sich entdeckte, wurden Tibet und seine Bewohner dafür bekannt und bestaunt, daß sich Mythos und Realität, Geschichte und Legenden eng miteinander verwoben. Der Mystizismus eines Shangri La – eines »irdischen Paradieses«, wie es die Vision in James Hiltons berühmtem Roman »Der verlorene Horizont« ausmalt –, von dem klar war, daß es so nicht existierte, übte dennoch eine solche Anziehungskraft aus, daß allein die Nennung von Namen wie Lhasa, Götterberge oder Sitz der Götter, Kailash, heiliger See usw. Emotionen zu wecken imstande war – und noch ist –, Emotionen, die wir in unserem rationalistisch-materialistisch geprägten Alltag kaum mehr von uns gewöhnt sind. Hierin dürfte einer der Gründe liegen, warum das Interesse an Tibet in den letzten Jahrzehnten einseitig in den esoterischen »Sektor« abgeglitten ist. Andererseits ist die politische Frage Tibets eine der bekanntesten, aber nicht wirklich offen diskutierten. Denn dazu gehört mehr, als sich mit Fragen eines Völkerrechtes auseinanderzusetzen, das ohnehin nach westlichen Maßstäben formuliert wurde.

Bei aller Politik und Esoterik, die die Beschäftigung mit Tibet beherrschen, bleibt sozusagen »Volkes Seele« vergessen. Tibetforscher und -reisende früherer Zeiten waren sich immer dessen bewußt und davon fasziniert, daß Wahrheit und Legende auf dem Dach der Welt nie ganz voneinander zu trennen waren – und, wenn wir ehrlich sind, ist es das selbst bei uns im rationalen Westen nicht. Der mahāyānische Buddhismus in seiner mystifizierten, tantrisch-magischen Form ist die Voraussetzung für die enge Verwobenheit von »Realität« (die ja doch keine objektive, sondern nur eine subjektive Realität ist) und Mythos, Legende und Sage.

Tibet »fließt über von Legenden wie eine Quelle mit Wasser«, schreibt die in Tibet lebende Schriftstellerin Ma Lihua. »Solltest du versuchen, von einem Einheimischen den Namen eines bestimmten Sees oder Gipfels zu erfahren, wird er dir sehr wahrscheinlich noch eine Legende dazu erzählen. Die Menschen hier neigen dazu, sich von ihrer Vorstellungskraft davontragen zu lassen, selbst wenn sie über ein Ereignis sprechen, das gerade erst geschehen ist.«[3] Aus diesem Grunde wurden Erzählungen der genannten Gattungen – Mythen, Legenden, Sagen – bei uns in aller Regel einfach als Märchen klassifiziert. Alle frühen Tibetforscher haben sich mit diesem Genre der Volksliteratur und dem Annalenwesen auseinandergesetzt und waren meist geneigt, sie entweder unter der Rubrik »Geschichte« oder jener der »Märchen« einzuordnen. Oft sind sie jedoch nicht »entweder« und auch nicht »oder«, sondern spiegeln schlichtweg verschiedene Realitäten wider: naturkundliches Wissen oder aber geschichtliche Ereignisse, die in gesellschaftliche Wert-, manchmal sogar Wunschvorstellungen eingebettet sind; reale oder utopische Lebenssituationen, die zuweilen erzieherische Absichten haben oder auch als Gesellschaftskritik in satirischer Form anzusehen sind; oder schlicht und einfach Erzählungen, die unterhalten wollen. Die in Annalen und im Volksmund kursierende Erzählliteratur kann für sich zuweilen mehr über die Kultur aussagen als manche wissenschaftliche Abhandlung. Gewiß lassen sich auf diese Weise nicht unbedingt sichere Erkenntnisse gewinnen, doch Mythen und Legenden können uns ein Gefühl dafür vermitteln, wie in einer Kultur – nämlich der tibetischen – gefühlt, gedacht und geträumt wird.

So geht der Anspruch der vorliegenden Anthologie über eine schlichte Sammlung »märchenhafter« Literatur hinaus, denn sie trägt speziell Mythen und Legenden zusammen, die sich um – oft als heilig geltende – Stätten in Tibet herausgebildet haben. Ergänzend tauchen einige Sagen und Legenden auf, die frühgeschichtliche Bezüge aufweisen oder von bestimmten historischen Ereignissen und Persönlichkeiten handeln – angefangen beim Gesar-Epos über kleine Episoden aus dem Leben des Bön-Stifters Shenrab und dessen Verbindungen zu berühmten buddhistischen Lehrern wie Padmasambhava bis hin zur Suche nach dem Dalai Lama (schwerpunktmäßig geschichtliche Bezüge wurden in dem bereits bei Diederichs erschienenen Band »Mythen und Legenden der Tibeter«, DG 124, abgehandelt). Damit ergänzt die vorliegende Anthologie eine skizzenhafte Kultur- und Geistesgeschichte Tibets aus der mythisch-legendären Sicht seiner Bewohner. Die mündliche Erzählliteratur des Schneelandes berichtet von Orten und Menschen, die den Freunden Tibets sicherlich geläufig sind, doch der Großteil der hier zusammengestellten »Geschichten« dürfte der breiten Öffentlichkeit nicht oder kaum bekannt sein, sind sie doch über die umfangreiche Sekundärliteratur zusammengetragen oder von mir selbst vor Ort direkt mündlich von den Menschen aufgenommen worden.

Die Auswahl der Mythen und Legenden richtet sich nach mehreren Gesichtspunkten: kulturgeschichtliche Relevanz, Bekanntheitsgrad innerhalb der tibetischen Bevölkerung, Zugänglichkeit der Quellen und Bedeutung der Persönlichkeiten und Orte (insbesondere Berge und Seen), von denen diese Volkserzählungen handeln. So erhält der Leser die Möglichkeit zu erfahren, warum manche Stätten auf dem Hochland von Tibet für die Vorstellungswelt der Tibeter so wichtig sind. Daher liegt hier eine heterogene Auswahl nachgedruckter, nacherzählter und neu übersetzter Geschichten sowie teilweise nur in ihrer mythischen Bedeutung genannter und erläuterter Begriffe vor. Viele der dargestellten und analysierten Orte sind dem großen Publikum unbekannt. Die Erläuterung dieser Stätten schien insofern sinnvoll, wenn nicht gar zwingend, um ein möglichst abgerundetes Bild vom größten Hochland der Welt zu liefern – wenngleich mir der bruchstück- und schemenhafte Charakter dieses Mosaiks durchaus bewußt ist. Meine Nachforschungen haben eine ungeheure Fülle an Material erbracht, angesichts derer es entsprechend schwerfiel, eine Auswahl zu treffen.

Neben der großen Zahl bei uns so gut wie unbekannter Mythen soll der systematische Rahmen den Reiz der Sammlung erhöhen, die auf diese Weise tiefere Einblicke in die Vorstellungswelt Tibets erlaubt: in seine Literatur, Religion und in andere kulturelle Aspekte. Die inhaltliche Gestaltung hatte sich an den strukturellen Besonderheiten der Quellen zu orientieren: an den originären tibetischen und chinesischen Quellen, die zum Teil in Übersetzungen vorliegen; an der westlichen und östlichen Sekundärliteratur (Anthologien, alte Reiseberichte und wissenschaftliche Kommentare) und den direkten mündlichen Berichten. Manchen der hier aufgenommenen Geschichten liegen verschiedene Quellen zugrunde. In der Regel mußte eine Entscheidung für eine Version gefällt werden. Gravierende stilistische Unterschiede ergeben sich aus der Vielfalt der Quellen, da sowohl Volkserzählungen, kanonische Literatur sowie Übersetzungen verschiedener Autoren (Forschungsreisende, Tibetologen) Aufnahme fanden und durch die Auswertung von Befragungen vor Ort ergänzt wurden. Je nach Quellenlage habe ich vor Ort erfaßte Legenden nacherzählt oder ihre legendären Inhalte nur kurz umrissen.

In Mythen und Legenden finden sich nicht selten besondere Erkenntnisse, vor allem aber die von ihrer Umwelt beeinflußten Vorstellungen der Menschen und oft ein Kern ihres geschichtlichen oder gesellschaftlichen Umfelds. Daher soll es keineswegs ein Verweis ins Fabulöse, ins Mythische sein, wenn in dieser Sammlung beispielsweise auch die Auffindung der letzten Reinkarnation des Dalai Lamas (vgl. Orakelsee, Lhamoi La Tso in Kapitel 2, »Segensreiche und dämonische Seegottheiten«) aufgenommen wurde. Dies ist nun einmal ein wichtiger Aspekt tibetischer Kultur, der dem westlichen Rationalisten eher legendenhaft erscheint; für den in seine Kultur fest eingebundenen Tibeter jedoch durchaus ein Stück Realität darstellt. Andere Beispiele aus der Sammlung sind von diesem Zwiespalt gleichfalls betroffen. Zudem beschränkt sich die Anthologie nicht allein auf die »klassischen« Überlieferungen, sondern berücksichtigt darüber hinaus »moderne« Ereignisse und ihre entsprechenden Interpretationen (z. B. in »Der Jäger und der Wildyak«). Letztlich ist das Anliegen der vorliegenden Sammlung ja gerade, den allmählichen, nicht zwingenden, aber gut nachvollziehbaren Wandel von der Realität zur Sage, Legende, zum Mythos aufzuzeigen, der weniger eine Verwandlung bedeutet als vielmehr die Integration des Mythischen, des Transzendenten in die rationale Wirklichkeit.

Die Kapitel sind thematisch eingegrenzt. Einige geographische Hinweise am Anfang der ersten drei Kapitel erlauben die Lokalisierung der heiligen Stätten auf Landkarten und ihre Einordnung in den tibetischen Kontext. Den Mythen und Legenden ist jeweils ein Unterkapitel nachgeordnet, in welchem durch die Erläuterung des weltanschaulichen Hintergrundes und des historischen Zusammenhangs eine Deutung der Inhalte ermöglicht wird. Stück für Stück kann sich der Leser auf diese Weise der tibetischen Gedankenwelt annähern und wesentliche Grundlagen der Kultur auf dem Dach der Welt erschließen. Textnachweis und Literaturverweise bieten dem interessierten Leser die Möglichkeit tieferen Eindringens in einzelne Aspekte, Regionen, Perioden. Das »ikonographische Skizzenbuch« im Anhang stellt in gängigen Ikonographien eher seltene oder nicht aufgeführte Gottheiten vor, welche in unserer Anthologie jedoch eine Rolle spielen.

Durch die Vielzahl unterschiedlichster Quellen stellt sich das Problem der Umschrift in drastischer Weise. Zum einen steht die Transkription (lautliche Übertragung) gegen die Transliteration (»buchstabengetreue« Übertragung), die jeweils bestimmte Vor- und Nachteile aufweisen. Während eine Transliteration Namen zwar eindeutig wiedergibt,[4] die Texte aber schwer lesbar macht, steht ihr eine Fülle mannigfaltiger Transkriptionssysteme gegenüber, die ihre Begründung u. a. in der ungleichen Aussprache der lateinischen Buchstaben in verschiedenen europäischen Sprachen finden (je nachdem, ob die Geschichten von französischen, deutschen, englischsprachigen usw. Forschern und Reisenden aufgezeichnet wurden). Da die tibetische Schreibweise häufig nicht aufgezeichnet wurde, ließ sich die Aussprache bei fehlerhaften Transkriptionen nicht verifizieren. Ein weiteres Hindernis hierfür sind die Dialekte, da Ortsnamen und Lokalgottheiten entsprechend der lokalen Aussprache aufgenommen und nicht im Lhasa-Dialekt wiedergegeben wurden. Auch über den Sinn einer Transkription von Namen des Mittelalters ließe sich trefflich streiten, da sich die Aussprache seither wesentlich gewandelt hat – ein Problem, mit dem wir allerdings in jeder Sprache konfrontiert sind. Da für die vorliegende Anthologie die gute Lesbarkeit im Vordergrund steht, habe ich mich bei der Wiedergabe tibetischer Namen für eine Transkription entschieden, bei der ich Einheitlichkeit zwar angestrebt habe, aber wegen der großen Zahl unterschiedlicher Quellen und der obengenannten Schwierigkeiten nicht unbedingt und fehlerfrei erreichen konnte. Ich bitte den Leser, mir dies nachzusehen. Für jene, die ihr Wissen vertiefen und gegebenenfalls in der wissenschaftlichen Fachliteratur weiterarbeiten wollen, habe ich die Transliterationen, wo verfügbar, im Register in kursiven Klammern den Namen und Begriffen hintangestellt, also beispielsweise: Trisong Detsen *(Khri-srong lde-btsan)*.

HOCHLAND VON TIBET
und angrenzende Regionen

.... Die Linie gibt das Verbreitungsgebiet tibetischer Stämme an ("ethnisches Tibet")

1. Was von den heiligsten Bergen erzählt wird

Lage der Gebirgszüge und ihrer Hauptgipfel

Mancher Buchtitel oder Reisebericht benennt eine Reise zum Kailash als Pilgerfahrt zu Tibets Heiligem Berg und erweckt so den Eindruck, es gäbe in dem zwei Millionen Quadratkilometer großen Hochland gerade einen einzigen Berg, dem sakral-religiöse Bedeutung zukommt. Gewiß: Der Kailash ist der angesehenste unter den verehrten Bergen, außerdem ist er nicht allein den tibetischen Buddhisten heilig, sondern auch den Hindus Indiens und Nepals, den Jainas und den Bön-Anhängern. Gleichwohl liegt es nahe, daß die religiöse Ordnung der Tibeter eine große Zahl vorbuddhistischer Anschauungen animistischer Art aufgenommen hat und eine größere Zahl herausragender Orte in der Natur verehrt haben dürfte – und bis heute verehrt. Unter solchen als göttliche Wesen personifizierten Orten nehmen neben Seen und anderen Gewässern insbesondere die Berge, d. h. die Berggötter, eine im wahrsten Sinne des Wortes überragende Stellung ein.

Das tibetische Hochland dehnt sich auf einer Fläche aus, die etwa jener West- und Mitteleuropas entspricht. Einem solch großen Raum steht es an, von einer beträchtlichen Zahl von Gebirgszügen mit einer unüberschaubaren Menge von Berggipfeln durchzogen zu werden. Ähnlich unüberschaubar ist eigentlich auch die Zahl heiliger Berge, wobei deren Reputation natürlich unterschiedlich groß ist. Es gibt solche, deren Bedeutung über den tibetischen Kulturkreis hinausgeht – wie beispielsweise der schon erwähnte Kailash; solche wiederum, die überregional, also in weiten Teilen des Hochlandes angebetet werden – z. B. Nyenchen Thanglha, Takpa Shelri, Lapchi Kang und Amnye Machen; andere schließlich, die von eher lokaler Wichtigkeit sind – Chomolhari, Gaurishankar usw. –, und nicht zuletzt jene Berge, die bei uns wegen ihrer Größe oder Schönheit bekannt geworden sind, ohne daß sie von einem größeren Kreis der Tibeter verehrt werden (Mt. Everest, Minya Konka). Außerdem sind einige heilige Berge aufgenommen, die wegen ihrer engen Beziehung zu den alten Königsmythen (Yarlha Shampo) oder zur Bön-Religion (Bönri, Targo Kangri) eine wichtige Rolle spielen, wenngleich ihr Kult schon längere Zeit nur noch geringe oder überhaupt keine Relevanz hat.

Auf drei Seiten wird das durchschnittlich 4 500 m hoch sich erstreckende Hochland von gewaltigen Gebirgsketten umrahmt: dem Kunlun Shan im Norden und Nordwesten, dem Karakorum im Westen und dem Himalaya im Süden. Im Osten vereinigen sich die über 20 größeren, das innere Tibet durchziehenden Gebirge zu den sogenannten tibetisch-chinesischen Randketten, die zu den am schwierigsten passierbaren Gebirgszügen der Welt gehören. Die meisten der oben aufgeführten heiligen Berge finden sich im südtibetischen Raum und sind den Bergketten des Himalaya und Transhimalaya zuzurechnen. Der 6 714 m hohe Kailash, von den Tibetern Kang Tise bzw. Kang Rinpoche genannt, liegt im westlichen, ebenfalls Kang Tise (chinesisch Gangdise Shan) genannten Transhimalaya, dessen bedeutendster, wenn auch nicht höchster Gipfel (Lömbo Kangri, 7 070 m) er ist. Seine Lage im Schnittpunkt der Quellgebiete der großen Ströme Indus, Sutlej, Karnali und Tsangpo-Brahmaputra lassen es nur zu begründet erscheinen, daß er als irdische Manifestation der Weltenachse gilt – des mythischen Berges Meru, welcher der Vollständigkeit halber unter den heiligen Bergen als erster aufgeführt ist. Höchster Gipfel und heiligster Berg des östlichen Transhimalaya ist der hundert Kilometer nordwestlich von Lhasa gelegene Hauptgipfel der Nyenchen-Thanglha-Kette, die in ihrem gleichnamigen Hauptgipfel auf 7162 m hinaufreicht.

Die vier heiligen Berge der Zeit der legendären Könige Tibets geben uns eine Vorstellung davon, auf welches Gebiet sich der relativ kleine, klassische Siedlungsraum der damaligen Bö-Tibeter-Stämme beschränkte: der 6632 m (nach anderer Messung 6594 m) hohe Yarlha Shampo am Südende des südosttibetischen Yarlung-Tales, Nöjin Kangsang (7223 m) zwischen dem Yamdrok-See und der Stadt Gyantse, Kula Kangri (7538 m) an der Grenze zum heutigen Bhutan und, oben schon genannt, Nyenchen Thanglha im Norden. Ebenfalls von großer Bedeutung für die meisten Tibeter sind der in unmittelbarer Nähe zur indischen Grenze gelegene Takpa Shelri (5735 m) im südosttibetischen Tsari sowie die Heim- und Wirkungsstätte von Tibets großem Dichterheiligen Milarepa an den Hängen des Lapchi Kang (7367 m).

Außerhalb Zentraltibets dürfte der in Amdo bis auf 6282 m aufragende Amnye Machen der wichtigste heilige Berg sein. Er ist das vielgipflige Zentralmassiv der gleichnamigen, sich über mehrere hundert Kilometer Länge erstreckenden Gebirgskette im Siedlungsgebiet der nordosttibetischen Ngolok-Nomaden. Seine Ausdehnung wird grob durch die südlichste Großschleife des Ma Chu umrissen – wie der Oberlauf des Gelben Flusses in Tibet heißt. Das beeindruckendste Massiv im osttibetischen Kham ist der Fast-Achttausender Minya Konka (7556 m), dessen Gestalt ehrfurchtgebietend genug ist, um von der örtlichen Bevölkerung ebenfalls Heiligkeit zugesprochen zu bekommen. Durch seine Randlage im Hochland und die starke Zersplitterung der tibetischen und nichttibetischen Stämme ist seine religiöse Bedeutung jedoch bei weitem nicht mehr mit jener der bereits genannten Berge zu vergleichen.

Der Ruf des Himalaya als »Sitz der Götter« ist unbestritten, wobei hier nur einige wenige, für tibetische Völkerschaften bedeutsame Gipfel herausgegriffen werden konnten. Im nepalesischen Sherpa-Gebiet und dem angrenzenden Südtibet sind die auf dem Gaurishankar (7 145 m) residierende Berggöttin Tseringma und ihre vier Schwestern bekannt. Eine davon ist die Göttin Chomolangma, die mit dem höchsten Berg der Welt Mt. Everest (8 848 m) identifiziert wird. Der im Dreiländereck Nepal-Sikkim-Tibet stehende, mit 8 586 m dritthöchste Berg unserer Erde, Kangchenjönga, spielt vor allem in der Überlieferung der Sikkimesen und anderer lokaler Himalaya-Völker eine große Rolle. Chomolhari (7 314 m) dagegen ist den Menschen des südtibetischen Chumbi-Tals heilig. Direkt auf der Grenze zum Nachbarland Bhutan stehend, ist dieser Berg für dessen Bevölkerung ebenfalls von kultischer Bedeutung.

Die heiligen Berge der Bön-Religion sind auf wenige Rückzugsgebiete beschränkt und uns im Westen daher wenig geläufig. Der Bönri ist wegen seiner Beziehung zum berühmteren Kailash (der für die Bön-Gläubigen gleichermaßen bedeutend ist) bekannt, mythologisch aber weniger wichtig. Da die Bön-Lehre heute am stärksten in Nordtibet und im östlichen Kham weiterlebt, haben deren sakrale Berggottheiten eher dort »Unterschlupf« gefunden. So findet sich der Bönri (4 685 m) – als bedeutendstes Bön-Pilgerzentrum – heutzutage im südosttibetischen Kongpo, wo er beim Städtchen Nyingchi über die Vereinigung der Flüsse Nyang Chu und Tsangpo wacht. Einer der wichtigsten heiligen Bön-Berge ist außerdem der im Übergangsgebiet vom Transhimalaya zum südlichen Changthang aufragende Targo Kangri (6 572 m). Er liegt südlich des langgestreckten Sees Dangre Yu Tso und bewacht sozusagen den Zugang aus den buddhistischen Gebieten des Südens zur Bön-Region um den genannten See.

Als Beispiel für die zahllosen lokalen Berggottheiten ist dem Kapitel am Ende die Legende um den Berg Siguniang Shan (6 250 m) angefügt. Da er im Übergangsraum von

Osttibet zum Siedlungsgebiet des Qiang-Volkes und dem Kernland der chinesischen Provinz Sichuan liegt, ist er – bei normalen Straßenverhältnissen – in einer Tagesfahrt vom im Südosten gelegenen Chengdu verhältnismäßig gut zu erreichen.

Meru (Rirab Lhünpo)[1]

Der Weltenberg Meru und sein kosmisches System[2]

Am Anfang der Schöpfung existierte ein ungeheurer See, der Weltozean. Dann wehte ein Wind, so daß über dem Meer eine Haut entstand, so wie die Haut über der Milch. Am Grunde des Meeres lagerte eine riesige Schildkröte. Auf ihrem Rücken kam etwas Erde nieder. Diese wuchs und bildete den Meru, den Zentralberg der Welt, aus schimmerndem Gold und glänzenden Juwelen, einen Berg, der sich in unvorstellbare Höhen hinaufschwingt und dort Sonne und Mond dazu zwingt, ihn zur Huldigung seines unbestrittenen Glanzes zu umkreisen. Auf seinem erhabenen Gipfel, hoch über den Quellen der vier heiligen Flüsse, die an seinem Fuß entspringen, steht der göttliche Thron des Weltenschöpfers Brahma. Um den Meru herum wurden die vier großen Welten und die acht kleinen Welten gebildet, daher ist er die Achse des Universums. An seinem Fuße herrschen – als Könige der dort wohnenden Scharen verschiedener Dämonen und Geisterwesen – die vier Lokapalas oder Weltenhüter: So herrscht auf der Südseite des Berges Meru als König der dort wohnenden Kumbhanda-Dämonen der schwerttragende Virudhaka (Chakyepo) mit dem elefantenköpfigen Helm. Auf der Westseite wohnt als König der Nagas (Lü) der einen Stupa haltende und schlangenbekrönte Virupaksha (Migmisang). Als Beherrscher der Yakshas (Nöjin) herrscht im Norden der König Vaisravana

(Namthöse), mit der Siegesstandarte in der Rechten und dem perlenspeienden Mungo in der Linken; und im Osten hält Dhritarashtra (Yülkhorsung) mit dem Saiteninstrument (Mandoline), der Herr über die Gandharvas (Driza), Wache.

Im Mittelpunkt des Meru-Weltsystems steht der große Berg, der achtzigtausend Meilen hoch ist und ebenso weit unter die Erde reicht. Er ist von Meeren und Kontinenten umgeben. Es gibt auch unterirdische und über ihm schwebende Bereiche. Unsere Welt schwimmt südlich des Zentralberges und wird als »Insel Jambu« (skr. Jambudvipa) bezeichnet.

Der große Berg ist viereckig, seine vier Seiten bestehen aus Smaragd im Norden, Kristall im Osten, Lapislazuli im Süden und Rubin im Westen. Jede Seite färbt den darunterliegenden Kontinent mit der für das widergespiegelte Licht charakteristischen Tönung. Die Insel Jambu im Süden erhält den für sie typischen himmelblauen Farbton von der aus blauem Lapislazuli bestehenden südlichen Wand des Berges Meru.

Der große Weltenberg wird von sieben kreisförmigen Bergen aus Gold umgeben. Zwischen diesen sind sieben Seen gelegen, wovon der erste den Berg Meru selbst umspült. Jeder folgende dieser Sita genannten Seen ist kleiner als der vorhergegangene. Sie sind kühl, klar und haben Süßwasser. Jenseits des siebenten Goldberges liegt das große äußere Salzmeer. Darin sind vier Kontinente gelegen; jeder von ihnen hat zwei Trabanteninseln in der gleichen, für den Kontinent charakteristischen Form und wird von menschlichen und tierischen Wesen bewohnt. Der südliche Kontinent, der sogenannte »Rosenapfelbaumkontinent«, hat die Form eines Trapezes; seine beiden Trabanteninseln ebenso. Sie werden Ost- und West-Chowrie genannt. Nagas, große Schlangengeister, die in prachtvollen Palästen wohnen, bevölkern alle diese Seen und Meere. Der Salzgehalt des äußeren Ozeans rührt von der Ver-

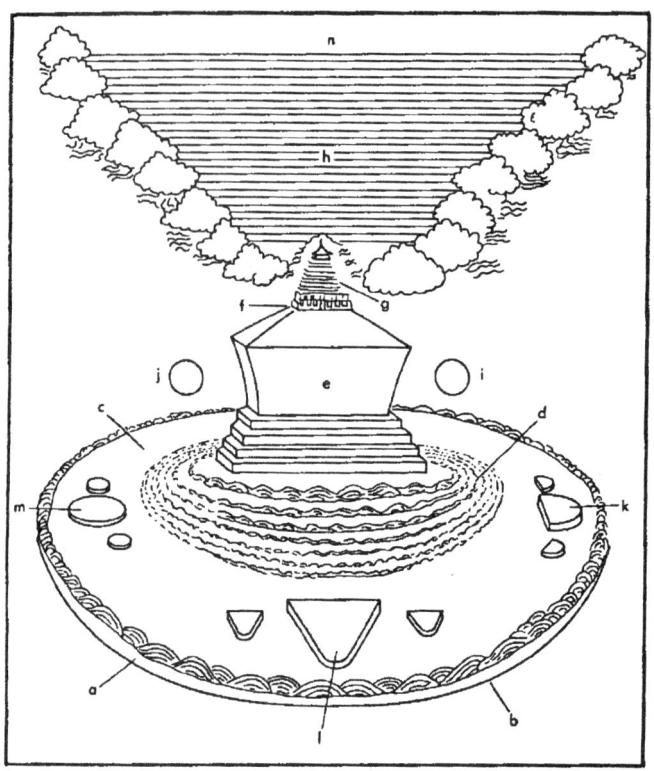

a Eisenwall
b Hungergeister, Heiße und Kalte Höllen
c Salzwasser-Meer
d Sieben Seen, Sieben Ringberge
e Berg Meru, Südseite
f Stadt der Dreiunddreißig Götter
g Indras Palast
h Hohe Devas, Götter des Bereichs Reiner Form und der Formlosigkeit
i Sonne
j Mond
k Östlicher Kontinent
l Südlicher Kontinent, Insel Jambu
m Westlicher Kontinent (hinter dem Berg Meru liegt der Nördliche Kontinent)
n Buddha-Felder

schmutzung durch die Erde her. Außerhalb des Salzmeeres befindet sich ein kreisförmiger Eisenwall. Dadurch erhöht sich die Zahl der Weltenberge auf die magische Zahl Neun: im einzelnen der Berg Meru, die sieben Goldberge und der Eisenwall.

Sämtliche Höllenwelten sind mit der Insel Jambu verbunden. Die »zeitweiligen« liegen an der Erdoberfläche – im Gebirge, in Sand- und Wasserwüsten – und manifestieren sich als Ergebnis bestimmter individueller oder kollektiver Taten. Unter der Erde befindet sich der Hof des Yama, des Herrschers über die Toten. Unterhalb davon liegen die acht Heißen Höllen, wovon jede sechzehn Nebenhöllen hat. Daneben sind die Kalten Höllen zu finden; sie sind in der Form eines Speeres derart untereinander angeordnet, daß die mittlere oder vierte Hölle am breitesten und die obere und untere Hölle jeweils am engsten ist. Die unterste Heiße Hölle, die »unaufhörliche«, verdankt ihren Namen der Tatsache, daß dort die Qualen keinerlei Unterbrechungen kennen. Sie liegt ebenso weit unter dem Meeresspiegel, wie der Gipfel des Meru nach oben reicht.

Yama ist der Herrscher über die Pretas. Diese Geister wandern unter der Erdoberfläche umher und suchen, wenn sie einmal auf der Erde erscheinen, Orte wie Friedhöfe und Höhlen heim. Zu dieser Klasse von Wesen gehören die »Hungergeister« und andere Dämonen, von denen viele übernatürliche Kräfte haben. Auch die Asuras werden ihnen manchmal zugeordnet. Sie bewohnen die unteren Abhänge und das Innere des Meru sowie die Gebirgsketten der Goldberge. Über ihnen wohnen vier Arten von Halbgöttern, die von den oben genannten Wächterkönigen der vier Haupthimmelsrichtungen befehligt werden. Sie bewohnen die Gipfel der Goldberge, den Berg Meru bis zu seinem höchsten Punkt und die Planeten. [...] Oberhalb von ihnen, auf dem Gipfel des Weltenberges Meru, liegen die Paläste und Gärten der Götter aus dem Himmel der »Dreiunddreißig«. Über dem Gipfel liegen die Wolkenbehausungen der vier höheren Göttergruppen aus dem Bereich der sinnlichen Begierden und darüber die entsprechenden Wohnsitze des Bereiches der Reinen Form. Der formlose Bereich ist an keinen Ort gebunden.

Kailash (Kang Tise)
Das Demchok-Mandala[3]

»Die Verkündigung Buddhas lautet getreulich, daß dieser Schneeberg der Nabel der Welt ist, ein Ort, an dem die Schneeleoparden tanzen. Der Gipfel des Berges, die kristallgleiche Pagode, ist der weiße und funkelnde Palast von Demchok... Dies ist der erhabene Ort vollendeter Yogis; Hier erlangt man transzendente Künste. Es gibt keinen herrlicheren Platz als diesen, es gibt keinen wunderbareren Ort als hier.«[4]

Auf dem Kailash residiert »Einer von erhabener Wonne«, die tantrische Gottheit Demchok, die – ehrfurchtgebietend, blau wie der Himmel und mit Schädelgirlanden behängt – mit seiner Shakti in Armen auf der Spitze des heiligen Berges tanzt. Als Residenz dient ihm der unsichtbare Pagodenpalast auf dem Gipfel des Tise, der im Zentrum eines Mandalas liegt: eines geheiligten Kreises, der den göttlichen Raum von Demchok repräsentiert, in dem die Erlösung aus der Knechtschaft des Leidens möglich wird.

Jeder Gipfel und jede herausragende landschaftliche Besonderheit in der Umgebung des Kailash entspricht dem Ort einer bestimmten Gottheit, die ihren Platz im Mandala des Demchok hat. Die den Himmelsrichtungen zugeordneten transzendenten Buddhas Amitabha, Ratnasambhava, Amoghasiddhi und Akshobhya nehmen jeder je eines der Täler auf einer Seite des heiligen Berges ein: Sie verkörpern die verschiedenen Aspekte der transzendenten Wahrnehmung, die durch das Erlangen der Erleuchtung geweckt wird.

Jede der vier Seiten des Kailash blickt in eine andere Himmelsrichtung, und auf jeder dieser vier Seiten entspringt ein anderer der vier großen, hier entstehenden Flüsse Asiens: der Tsangpo, wie der Brahmaputra in Tibet vereinfacht genannt wird, im Osten, der Indus im Norden, der Sutlej im Westen und der Karnali im Süden. Was sich für die Geologen aus der späten Hebung der Himalayas erklärt, hat für die hiesigen Menschen in göttlichem Wirken seine Ursache. Den alten Schriften zufolge sind diese vier Flüsse allesamt Ausflüsse des Manasarovar-Sees, und die Buddhisten glauben, daß diese Flüsse zunächst – ähnlich der heiligen Umwandlung durch die Pilger – siebenmal um den Kailash fließen, bevor sie in die verschiedenen Himmelsrichtungen davonströmen: Auf diese Weise bezeugen sie dem Thron der Götter ihre Ehrerbietung – im Einklang mit dem althergebrachten Umwandlungsritus.

Die Tibeter nennen den Brahmaputra (Tsangpo) dort, wo er im Osten der Kailash-Manasarovar-Region entspringt, den »Fluß, der aus dem Munde eines Pferdes fließt«: Tachog Khamba. Der Sutlej, dessen Quelle im Westen ist, wird Langchen Khamba genannt: »der aus dem Munde eines Elefanten fließt«. Die Quelle im Norden des Kailash ist jene des Indus, des »Flusses, der aus dem Munde eines Löwen fließt«, Sengge Khamba; während der Karnali im Süden, Magja Khamba, der »Fluß aus dem Pfauenschnabel« ist. Diese Tiere gelten als Reittiere der oben schon aufgeführten vier transzendenten Buddhas. Die Namen der Flüsse deuten somit ihre Stellung als Teile des universellen Demchok-Mandalas an, dessen Zentrum der heilige Berg Kailash ist.

Tor-Chörten am Pilgerweg um den heiligen Berg Kailash.

Der Pilgerweg um den Kailash[5]

Der Pilger, der eben über die Dünen des goldenen Sandes im Süden gewandert ist, wird sich bewußt, daß er sich durch ein riesiges Mandala bewegt, das wie durch ein Wunder der Natur hier geschaffen wurde, ein Mandala, das durch Farben und Formen zu ihm spricht in der Symbolsprache der Meditation, die seit Beginn der Menschheit von Generation zu Generation weitergegeben wurde.

Indem er das enge Tal an der westlichen Flanke des Kailash betritt, der Himmelsrichtung Amitabhas, dessen Farbe rot ist,[6] befindet er sich in einem Canyon von roten Felswänden, deren architektonische Struktur im Pilger den Eindruck erweckt, er wandere zwischen Reihen gigantischer Tempel, die mit Galerien, Gesimsen und Pfeilern geschmückt sind dahin. Hoch über ihnen aber erscheint plötzlich der blendend-weiße Dom des Kailash.

Seine Form ist von überraschendem Gleichmaß, als ob er aus einem immensen Eisblock gehauen wäre. Auf seiner

Westseite befinden sich zwei tiefe Aushöhlungen, die wie die Augenhöhlen in einem weißen Totenschädel geheimnisvoll auf den Pilger herniederschauen und ihn an die schrecklichen Eigenschaften Shivas und Demchoks erinnern, die beide mit Schädeln geschmückt sind und die Weisheit der metaphysischen Leere und der Vergänglichkeit aller dinghaften Erscheinungsformen symbolisieren.

Buddhistische Mönche und Eremiten, die über diesen Aspekt des heiligen Berges meditieren wollten, bauten ein kleines Höhlenkloster in der Mitte der gegenüberliegenden Felswand. Wie ein Schwalbennest hängt es am Felsen. Bevor sich das Tal in nordöstlicher Richtung wendet, steigt ein etwa tausend Meter hoher Fels vom Boden des Tals empor. Seine Form erinnert an Shivas heiligen Nandi-Stier, dessen Kopf zum Gipfel des Kailash erhoben ist, als ob er hingebungsvoll zu seinem Meister emporblicke.

Wenn der Pilger die nördliche Seite des Berges erreicht, verändern sich plötzlich die Farbe der Felsen und die geologische Struktur der Vorberge. [...] Dafür aber wird der Pilger durch einen höchst unerwarteten Anblick entschädigt: Die Vorberge, die den Fuß des Kailash umsäumen oder seine Basis bilden, treten plötzlich zur Seite, und der Pilger steht unvermittelt dem gewaltigen Dom des Kailash gegenüber. Der Anblick ist einfach überwältigend. Den heiligen Schriften zufolge ist der Ort, von dem aus dieser Anblick sich eröffnet, die Stelle, an der die in die Rituale und Meditationen der entsprechenden Tantras Eingeweihten ihre devotionellen Riten zu Ehren des »Mandalas höchster Glückseligkeit« ausüben sollten.

Wer das tut, wird nicht nur mit dem Anblick des heiligen Berges in seiner unbeschreiblichen Majestät und Schönheit eines naturgeschaffenen Tempels von vollendeter Symmetrie begnadet, sondern auch mit der Vision seiner erwählten Schutzgottheit, der Gottheit oder dem Ideal seines Herzens beglückt, sei es in Form von Shiva und Parvati oder Demchok und Dorje Pagmo, oder anderer

Emanationen von Buddhas und Bodhisattvas, die mit diesem Ort und seiner emotional geladenen Atmosphäre verbunden sind. [...]

Was der Pilger mit seinem leiblichen Auge sieht, ist nur der Unterbau oder die Emanation von etwas viel Größerem und Gewaltigerem. Für den Tibeter ist der Berg umgeben und bewohnt von Tausenden meditierenden Buddhas und Bodhisattvas, die Frieden und Segen ausstrahlen und den Samen des Lichts in die Herzen derer säen, die den Wunsch haben, sich von der Dunkelheit des Nichtwissens, des Hasses und der Begierden zu befreien.

Die zwei Vorberge, zwischen denen das »Schneejuwel« erscheint, werden als die Thronsitze Vajrapanis und Manjushris benannt. Der erstere ist der das demantene Szepter schwingende Herr esoterischer Mysterien, der gegen die Mächte des Dunkels und der Vernichtung kämpft (der Diamant ist das Symbol der Unzerstörbarkeit), während der letztgenannte der Bodhisattva transzendentaler Erkenntnis und aktiver Weisheit ist, der mit dem flammenden Schwert des Wissens und der Wahrheit die Knoten der Unwissenheit und der Vorurteile zerschneidet.

Neben dem Gipfel Manjushris erhebt sich der Sitz Avalokiteshvaras, des »Gütig Herabblickenden«, des Schutzpatrons Tibets, während in unmittelbarer Nähe des Vajrapani-Gipfels, an der nordöstlichen Seite des Kailash, der Thron der Dölma (die aus einer Träne Avalokiteshvaras geboren wurde) sich erhebt. Diese Berggipfel stehen wie Wächter zu beiden Seiten des Kailash.

Während der Pilger, im Gefühl der Gegenwart jener erleuchtenden Kräfte, sich anschickt, die heilige Stätte zu verlassen, befindet sich sein ganzes Wesen in einem Zustand der Ekstase und der inneren Wandlung. Aber diese Wandlung kann nicht vollständig sein, solange er noch sein altes Ich mit sich herumschleppt. Er muß die Tore des Todes durchschreiten, bevor er das Tal des Akshobhya im Osten betreten und wiedergeboren werden kann zu einem neuen, größeren Leben. Dies ist die letzte Prüfung.

Während er zum Dölma-Paß emporsteigt, der das nördliche von dem östlichen Tal trennt, kommt er zu einer Stelle, an der er den Spiegel des Totenkönigs erblickt, in dem all seine vergangenen Taten sich widerspiegeln. An dieser Stelle legt sich der Pilger zwischen zwei großen Felsblöcken in der Stellung eines Sterbenden auf den Boden. Er schließt die Augen und sieht sich dem Urteil Yamas ausgeliefert, dem Urteil seines eigenen Gewissens, das ihm den Spiegel seiner Taten vorhält. Und indem er sich ihrer bewußt wird, erinnert er sich all derer, die vor ihm starben und deren Liebe er nicht zu vergelten imstande war; er betet für ihr Wohlsein, in welcher Form sie auch wiedergeboren sein mögen. Und als Zeichen dieses Wunsches läßt er Symbole oder Reliquien ihres Erdenwandels an diesem geweihten Ort: ein kleines Stück Tuch, eine Haarlocke, ein wenig Asche vom Scheiterhaufen, auf dem der Leib des Toten verbrannt wurde,[7] oder was immer er für diesen letzten Liebesdienst aufbewahren konnte.

Nachdem er auf diese Weise Frieden gemacht hat mit seiner Vergangenheit und durch die Tore des Todes gegangen ist, überquert er die Schwelle seines neuen Lebens auf dem schneebedeckten Paß der mütterlich-schützenden, allbarmherzigen Dölma. Und siehe, zu Füßen des Passes erscheint ein See von reinster Smaragdfarbe (der Farbe, in der Dölma zumeist dargestellt wird) inmitten von Felsen und Schnee. Die Tibeter nennen ihn »See des Großen Erbarmens«, während die Hindus ihn als Gaurikund bezeichnen. Hier empfängt der Pilger seine erste Taufe als neugeborenes Wesen.

Nun hat er die letzte Prüfung bestanden, und alle Entbehrungen und Mühen liegen hinter ihm. Gar mancher Pilger ist den Anstrengungen des Aufstiegs zum Dölma-Paß erlegen, auf dessen Höhe von 6000 m[8] ein Schneesturm in wenigen Minuten einen Menschen vernichten kann und wo jeder Atemzug als das kostbarste Lebenselixier sorgsam gehütet werden muß. Aber selbst der Tod verliert seinen Stachel für den frommen Pilger, der in Gegenwart der Götter auf geheiligtem Boden stirbt; denn sein Tod fällt mit dem erhabensten Augenblick seines Lebens zusammen und wird so zur Verwirklichung seines höchsten Strebens.

Das freundliche Tal des östlichen Dhyani-Buddha Akshobhya begrüßt den Pilger mit lieblichen grünen Matten und silbernen Strömen kristallklaren Wassers. Als eine letzte Erinnerung an vergangene Prüfungen sieht er beim Abstieg ins Tal einen aufrechtstehenden, einzelnen Felsen, der die Form einer Axt hat. Es ist das Wahrzeichen des Totengottes, die Axt des Karma. Für den frommen Pilger hat sie durch die Barmherzigkeit der Erretterin, der getreuen Dölma, ihren Schrecken verloren, denn Barmherzigkeit ist stärker als Karma; sie wäscht unsere früheren Taten hinweg mit den Tränen ihres Mitleids für alle lebenden und leidenden Wesen. Teilnahme an den Leiden anderer läßt keinen Raum für das eigene Leiden und führt schließlich dazu, daß wir über unser eigenes kleines Ich hinauswachsen.

Dies war es, was der Buddha wie auch viele seiner Nachfolger lehrten, besonders aber der große tibetische Heilige und Dichter Milarepa, an den noch viele Erinnerungen im östlichen Tal lebendig sind, besonders aber in der Höhle von Zutrulpuk. In dieser Höhle sang und meditierte er, und man zeigt dem Pilger noch den Abdruck seiner Hand an der Decke der Höhle, die als Heiligtum neben einer kleinen Einsiedelei zu sehen ist. [...]

Zutrulpuk, die »Wunderhöhle«, ist jener Ort, wo der Magier-Zweikampf zwischen Milarepa und Naro Bönchung (siehe S. 35 f.) stattgefunden haben soll. Nachdem Milarepa bereits am See Manasarovar und an anderen Punkten am Kailash seine magischen Fähigkeiten bewiesen hatte, schlug er hier seinem Gegner vor, einen Unterschlupf vor dem eben einsetzenden Regen zu bauen. Milarepa spaltete einen Fels, um daraus das Dach zu bauen, aber Naro Bönchung war der Stein zu schwer. Milarepa brachte ihn also ganz allein in die richtige Stellung, wobei er die oben erwähnten Abdrücke von Kopf und Händen im Stein hinterließ, die man heute noch sehen kann.[9]

Und so zieht der Pilger durch den letzten Teil des östlichen Tales, ein Märchenland von Farben. Einige Felsen sind flammend rot, andere dunkelblau und grün, und wieder andere, unmittelbar daneben, leuchten in lebhaftem Orange oder in hellem Gelb. Es ist, als ob der Pilger, bevor er den Kailash verläßt, Proben aller Gesteinsarten, deren Farben er auf seiner Wanderung bewunderte, als Abschiedsgeschenk dargeboten erhielte.

Nun betritt er wieder die weite Ebene, und nach kurzer Zeit erreicht er den Ausgangspunkt seiner Bergumwanderung in dem kleinen Kloster von Tarchen. Und während er an zahlreichen Mani-Mauern entlangzieht, die mit Tausenden von Steinplatten mit der Formel OM MANI PADME HUM bedeckt sind – zum Preise Avalokiteshvaras, der als kostbares Juwel im Herzen jedes Gläubigen ruhen soll –, fügt der Pilger seinen Stein hinzu, in Dankbarkeit für alles, was diese Pilgerschaft ihm gab und als Segenswunsch für alle, die nach ihm dieses Weges kommen: »Sukkhe bhavantu! Mögen sie glücklich sein!«

Der wundervolle Wettstreit am Berg Kang Tise zwischen Milarepa und seinem Kontrahenten Naro Bönchung[10]

Als der Jetsün Milarepa dereinst mit einer größeren Zahl seiner Schüler auf dem Weg zum Schneeberg Tise war, kamen die örtlichen Gottheiten vom Tise und dem See Mapam mit großem Gefolge herbei, um sie zu begrüßen. Sie verbeugten sich vor Milarepa und brachten ihm im großen Rahmen Opfer dar. Sie hießen ihn herzlich willkommen und erklärten ihm die lokalen Einsiedeleien, die alle Orte waren, die sowohl hinsichtlich der Geschichte als auch der Legende von großer Bedeutung waren. Sie schworen überdies, seine Anhänger zu beschützen, und kehrten dann in ihre Wohnstätten zurück.

Als Milarepa und seine Schüler die Ufer des heiligen Sees Mapam Tso[11] erreichten, kam zu ihnen ein Bön-Priester mit dem Namen Naro Bönchung. Da dieser Mann schon viel von Milarepa gehört und außerdem vernommen hatte, daß dieser zum Berg Tise kam, ging er mit seinen Geschwistern zum Mapam Tso, um den Jetsün und seine Schüler zu treffen. Der Bönpo tat so, als ob er nicht wüßte, wer sie waren, und fragte daher: »Woher seid Ihr gekommen und wohin wollt Ihr wohl gehen?«

»Wir gehen zum Schneeberg Tise, um dort zu meditieren«, war Milarepas Antwort, »eine Einsiedelei dort ist unser Ziel.«

»Wer bist du, wie ist dein Name?« fragte Naro Bönchung erneut.

»Milarepa ist mein Name.«

»Oh! In diesem Fall«, erwiderte der Bön-Priester, »bist du gerade wie Mapam Tso: von großem Ruf in weit entfernten Gegenden, aber wenn man zu ihm gelangt, findet man ihn nicht gar so großartig wie es berichtet wurde. Der See mag ja vielleicht ziemlich einzigartig sein, aber er und die ihn umgebenden Berge werden alle von uns, den Anhängern des Bön, beherrscht. Wenn ihr hierbleiben wollt, dann müßt ihr unseren Lehren folgen!«

Milarepa antwortete ihm: »Dieser Berg wurde von Buddha selbst als ein Ort der Bewahrer unserer Lehre bestimmt. Und gerade auch für mich ist er von besonderer Bedeutung, da mir mein Lehrer Marpa davon berichtet hatte. Ihr Anhänger des Bön [...] seid in der Tat glücklich zu nennen. Wenn ihr jedoch zukünftig hier bleiben möchtet, so sollt ihr den Lehren meiner Religion folgen; wenn nicht, dann tut ihr gut daran, woanders hinzugehen.«

Milarepa.

»Mir scheint, du hast eine zwiespältige Persönlichkeit«, forderte Naro Bönchung den Jetsün heraus. »Von weit her hatte ich von deiner Größe gehört, doch nun, da ich dich vor mir sehe, kommst du mir klein und unbedeutend vor. Wenn du wirklich die bemerkenswerte Person bist, für die dich die Leute halten, dann solltest du einen Wettstreit mit mir wohl nicht scheuen. Dann werden wir sehen, wessen Wunderkräfte größer sind. Der Sieger soll dann hier bleiben und als der legitime Besitzer dieses Ortes gelten, und der Verlierer möge von hier verschwinden.«

Mit diesen Worten setzte sich der Bön-Priester rittlings über den Mapam Tso und sang Schmähworte über Milarepa. Dieser aber setzte sich selbst auf den See und, ohne seinen Körper zu vergrößern oder den See zu verkleinern, schien er ihn vollständig zu bedecken. Auch er sang, doch milde endete er mit den Worten: »Und wenn ihr, Bönpos und Häretiker, nun dem Dharma folgt, dann werdet auch ihr bald davon profitieren; wenn nicht, solltet ihr davonziehen und woanders hingehen, weil meine Macht größer ist als eure. Seht genau hin und betrachtet, was ich vermag!«

Und so vollführte Milarepa ein anderes Wunder, indem er den ganzen See auf seine Fingerspitze nahm, ohne den Lebewesen darin den geringsten Schaden zuzufügen. Naro Bönchung erkannte den Sieg des Jetsün an, rang ihm jedoch einen weiteren Wettstreit ab. Er begann, den Berg Tise von rechts nach links zu umrunden, während Milarepa und seine Schüler im Uhrzeigersinn um ihn herumgingen. An einem großen Felsen im nordöstlichen Tal des Tise trafen sie aufeinander, und der Bön-Priester sprach zum Jetsün: »Es ist gut, daß du den Berg durch Umwandlung verehrst, nun aber solltest du ihn in der Art von uns Bön umwandeln.« Er griff Milarepa bei der Hand und versuchte ihn in seiner Richtung zu ziehen, was ihm jedoch nicht gelang. »Ich werde gewiß nicht deinem falschen Weg folgen! Es schickt sich besser«, sprach der Jetsün, »wenn du mir folgst und ihn in der buddhistischen Weise umwandelst.« Und er ergriff den Bön-Priester und zog ihn in seine Richtung. Sie zerrten auf dem Felsen hin und her und hinterließen dadurch viele ihrer Fußspuren, bis Milarepa mit seiner größeren Zauberkraft über Naro Bönchung obsiegte.

Nach einem weiteren Wettstreit, in dem der Bönpo einen riesigen Felsen hochhob, Milarepa aber den Felsen samt dem Bön-Priester, zog sich der Jetsün in eine Höhle auf der Westseite des Burgentals zurück, Naro Bönchung in eine auf der Ostseite. Milarepa streckte seine Beine bis zur gegenüberliegenden Seite aus, bis zum Eingang der Höhle, in der sein Gegner saß, und den er aufforderte, es ihm gleichzutun. Als dem Bönpo dies trotz verzweifeltem Bemühen nicht gelang, lachten alle nichtmenschlichen Zuschauer recht herzlich über ihn.

Obschon Naro Bönchung ein wenig beschämt und verlegen war, schrie er: »Und ich möchte noch weiter kämpfen!« und begann wieder, den Tise gegen den Uhrzeigersinn zu umwandeln. Milarepa kam ihm andersherum entgegen, so daß sie sich diesmal auf der Südseite des heiligen Berges begegneten. Als es zu regnen begann, brauchten sie eine Unterkunft gegen die schlechte Witterung. Zuerst wollten sie ein Dach gegen den Regen bauen. Milarepa spaltete einen Stein, der Bönpo sollte ihn als Dach einsetzen, doch seine Kräfte reichten nicht dafür aus. So hob Milarepa ihn selbst – mit nur einer Hand – in die Höhe und hinterließ dabei die Abdrücke seiner Hände, seiner Füße und seines Kopfes – die noch bis heute an der Decke der Höhle in Zutrulpuk zu sehen sind.

Die letzte Entscheidung sollte ein Rennen zum Gipfel des Kang Tise am Tag des Vollmondes bringen. »Wer den Gipfel des Tise als erster erreicht«, so sprach Naro Bönchung, »der wird als der wahre Wirt des Berges anerkannt werden. Dies wird auch, ohne jeglichen Zweifel, entscheiden, wer von uns wirklich die höchste Meisterschaft erlangt hat.« Dem stimmte Milarepa zu: »Bestens, gemäß deinem Wunsch wollen wir verfahren. Doch wie bedauerlich ist es, daß Ihr Bön-Priester von Eurem bißchen innerer mystischer Erfahrung glaubt, es sei die äußerste Vollendung! Um diese zu erlangen, müßt ihr die Natur des eigenen Verstandes erfassen, und dafür müßt ihr den Lehren meiner Schule folgen und ihnen gemäß meditieren [...]«

»Was für einen Unterschied gibt es denn zwischen deinem und meinem Verstand?« fiel ihm Naro Bönchung ins Wort. »Ist der deine gut und meiner schlecht? Was für einen Unterschied gibt es zwischen Bön und Buddhismus? Obschon deine und meine Praktiken einander gleichen, magst du in der Kunst der täuschenden Magie wohl mehr bewandert sein. Soweit scheinst du mir überlegen zu sein. Wie auch immer – der Wettlauf zum Gipfel des Tise wird die Angelegenheit ein für allemal regeln.«

Daraufhin schärfte Naro Bönchung seine Sinne, um fleißig und ohne Zerstreuung seinen Gott anzubeten, während Milarepa weitermachte wie bisher. Als der fünfzehnte

Tag des Monats – der Tag des Vollmondes – anbrach, kleidete sich der Bön-Priester sehr früh am Morgen mit einem grünen Mantel, spielte auf einem seiner Bön-Instrumente und schwang sich auf seine Schamanentrommel, um durch die Lüfte zum Gipfel des Tise zu fliegen. Als das die Schüler Milarepas sahen, war der Jetsün noch in tiefem Schlaf versunken. Daher weckte Rechungpa den Meister: »Lieber Jetsün, wach auf! Obwohl es noch so früh am Morgen ist, fliegt Naro Bönchung bereits auf seiner Trommel zum Gipfel des Tise! Er ist schon fast auf halber Höhe angelangt!« Milarepa lag noch da, als ob nichts geschehen wäre, und meinte schließlich gemächlich: »Ist unser Bön-Freund schon dort angekommen?« Und als all seine Schüler ihn drängten, machte er eine Geste in Richtung des Bönpos: »Nun, so seht!« Als die Schüler wieder zu Naro Bönchung hinschauten, sahen sie, daß jener trotz aller Anstrengung, am Berg höher zu steigen, doch nichts anderes tat als den Berg auf immer der gleichen Höhe zu umrunden.

Als der Tag anbrach und die Sonne aufging, schnippte Milarepa mit seinen Fingern, schlüpfte in einen Mantel, mit dem er sich wie mit Flügeln in die Lüfte schwang und ritt auf den ersten morgendlichen Sonnenstrahlen, welche die Spitze des Kang Tise erreichten, in Sekundenschnelle zum Gipfel des Berges, wo er die Schutzgottheiten des heiligen Tise schaute und sich ob seines Sieges freute. In der Zwischenzeit hatte der Bön-Priester den Berggrat erreicht. Als er Milarepa bequem dort oben auf dem Gipfel sitzen sah, stolz und mitleidig auf ihn herabblickend, war er sprachlos und so überrascht, daß er seine Trommel fallen ließ und hinabstürzte. Die Trommel prallte auf der Südseite des Tise gegen die Felsen, wo noch heute die davon herrührenden tiefen Einschnitte sichtbar sind.

Die Bön-Religion, das Alte, war vom neuen Buddhismus besiegt. Doch Milarepa erlaubte in einer Geste des Mitgefühls den Anhängern der Bön-Lehre weiterhin, den heiligen Berg auf ihre Art zu umwandeln und gewährte ihnen die Bitte, an einem Ort zu bleiben, von dem sie den Berg Tise noch sehen könnten. Daher ergriff der Jetsün eine Handvoll Schnee und warf diesen auf einen Berg im Osten: Den Bönri, »Bön-Berg«, überließ er ihnen, den Berg Bönri zwischen Barkha und Huore, damit sie einen Platz hätten, von dem aus sie den Tise erblicken können. Dies war die Geschichte, wie der große Jetsün Milarepa den Bön-Priester Naro Bönchung am Berg Kang Tise unterwarf.

Yarlha Shampo und das System der Vier Heiligen Berge Tibets[12]

Einer der häufigsten Überlieferungen in tibetischen Schriften zufolge gibt es in Tibet vier Haupt-Berggötter: Im Osten residiert Yarlha Shampo auf einem gleichnamigen Berg im Yarlung-Tal, im Süden Genyen Kulahari auf dem tibetisch-bhutanesischen Grenzberg Kula Kangri, im Westen Nöjin Kangwa Sangpo auf dem Berg Nöjin Kangsang und im Norden schließlich, als der bedeutendste unter den Vieren und deshalb weiter unten separat anzusprechende, der Berggott Nyenchen Thanglha.

Die Gottheit des östlichen Berges Yarlha Shampo gilt als Herrscher über alle Yül-Lha und Sadag genannten Geisterwesen im historischen Yarlung-Tal, in dem auch ihre Residenz auf dem gleichnamigen Berg am rechten Ufer des Yarlung-Oberlaufs liegt.[13]

Die »Lebensseele« des alten Bö-Tibet

Die alten Königslegenden berichten, daß der erste Herrscher der tibetischen Bö-Königsdynastie, Nyatri Tsenpo, vom Himmel auf den Berg Yarlha Shampo herabgestiegen sei und wie die nachfolgenden Könige, die auf verschiedene Berge herabgestiegen waren, an seinem Fuße gelebt und regiert hatte. Daher wird der Berg auch Böje Lha genannt: Lha (»Lebensseele«) der Herrscher von Tibet. Die Biographie des Padmasambhava überliefert, daß der Berggott Yarlha Shampo eine jener einheimischen tibetischen Gottheiten war, die versucht hatten, dem heiligen indischen Tantriker den Weg zu versperren, als er nach Tibet kam. Er erschien Padmasambhava in der Gestalt eines mächtigen weißen Yaks, aus dessen Nüstern ihm ein Schneesturm entgegenblies. Der heilige Lehrer aus Indien jedoch konnte Yarlha Shampo nicht nur bezwingen, sondern ihn auch für den Dienst an der buddhistischen Lehre gewinnen. Der ehemalige, in das Bön-System einzuordnende Yarlha Shampo wurde damit zu einem »Beschützer der Lehre«, einem Dharmapala des Buddhismus.

In der südtibetischen Landschaft Lhoka, direkt an der Grenze zum lamaistischen Nachbarreich Bhutan, liegt die Residenz der Berggottheit Kula Kangri auf dem 7 538 m hohen gleichnamigen Gipfel. Sie wird auch als Genyen Kulahari bezeichnet und als eine Emanation des Heldenkönigs Gesar betrachtet. Oft ist sein Name noch mit dem Vorsatz Masang versehen, was seine Zugehörigkeit zu den sieben oder neun Masang-Brüdern andeutet, die in vorgeschichtlichen Zeiten Tibet beherrscht haben sollen.[14] Der manchmal auch als Pulahari gerufene Berggott residiert in einem Palast aus Edelsteinen und Kristall auf der Spitze des höchsten Berges in Lhoka, umgeben von hunderttausend Giganten, die ihre Schilde und Waffen erheben.

Im Westen des Yamdrok-Sees, auf dem Weg nach Gyantse, liegt der 7 223 m hohe Nöjin Kangsang, auf dem der Nöjin Kangwa Sangpo residiert, eine Erscheinungsform des gelben Vaisravana (Namthöse) und einer der »Acht Herren der Pferde«.

Der nördliche Berggott, Nyenchen Thanglha, ist für Zentraltibet zum wichtigsten geworden.

Nyenchen Thanglha[15]

Thanglha, der große Nyen

Nyenchen, d. h. der »große Nyen« oder »allmächtige Gottheit«,[16] ist einer der vier berühmten heiligen Berge Tibets und der wichtigste unter den schutzspendenden Gipfeln des nördlichen Hochlands. Als südliche Pforte in den Changthang ist die Schutzgottheit mit der Seegöttin des Nam Tso oder »Himmlischen Sees« vermählt, dem ersten und größten See in den »Nördlichen Ebenen«. Der 7117 m hohe Hauptgipfel ist der höchste unter einer Reihe von etwa hundert verschiedenen Gipfeln, und er gilt als Sitz des Schutzgottes Thanglha. In alter Zeit war Thanglha unter der Vielzahl der Nyen[17] lediglich ein mächtiger, aber lokal beschränkter Schutzgeist. Wegen seiner gewaltigen Stärke wurde er Thanglha, der große Nyen, d. h. Nyenchen Thanglha, genannt. In der Zeit der buddhistischen Bekehrung Tibets durch den indischen Tantriker Padmasambhava wurde die alte Berggottheit dazu bestimmt, die gesamte buddhistische Welt zu beschützen. Vielfältig sind die religiösen Aufgaben, die der mächtige Dharmapala seither übernommen hat. Er wird angerufen als Lha (»Lebensseele«) aller Frommen, die er schützt; als Scharfrichter aller Geister, die verweigern, Dharmapalas zu werden bzw. aller Mönche, die ihrem religiösen Eid untreu geworden sind; als Dud-Dämon für alle Eidesbrecher und als jener, der die durch das Karma bestimmten Schicksalsschläge austeilt. Als Yül-Lha der tibetischen Zentralprovinzen Ü und Tsang, als Ku-Lha (einer Art »göttlicher Leibwächter«) des Religionskönigs Trisong Detsen und Wächter des Berges Marpori, den vom Potala-Palast gekrönten »Roten Hügel« in Lhasa, wird von Nyenchen Thanglha erwartet, daß er alle Anhänger des Guru Rinpoche und die edlen Nachkommen des Dharmaraja Trisong Detsen fördere und alle Niedriggeborenen wie eigene Söhne schütze.[18]

Weitere Funktionen erfüllt Nyenchen Thanglha als einer der achtzehn Götter des Windes und Hagels und als Schutzgottheit des Reichtums und der Schätze. Als allmächtiger, heilbringender Geist ist der große Nyen Thanglha allen Tibetern ein Begriff, im wesentlichen aber als spezieller Schutzgott der die Hauptstadt Lhasa umgebenden zentraltibetischen Landschaftsräume bzw. Provinzen Tsang, Lhoka, Kongpo und der Weideplätze im Changthang.[19]

Die Bekehrung des Nyenchen Thanglha

Nyenchen Thanglha, auch Thanglha Yashur, gilt als eine Emanation des Bodhisattvas Chana Dorje.[20] Als der große Guru Rinpoche, der religiöse Lehrer Padmasambhava, durch das barbarische Tibet reiste, und als die Lha-Geister und die Rakshasas des Schneelandes versuchten, ihm allerlei Hindernisse in den Weg zu legen, ließ Thanglha Yashur Schnee auf den indischen Weisen und Religionslehrer fallen. Er blies mit Schneestürmen gegen seine Füße, und indem er Nebel sandte, versuchte er, ihm den Weg zu versperren. In großem Zorn setzte sich der indische Magier Padmasambhava nieder und meditierte über Chana Dorje. Darob ergriff all die Lha und die Rakshasas das blanke Entsetzen, und sie unterwarfen sich. Zu jener Zeit und Gelegenheit wurde auch Thanglha Yashur unterworfen und durch Eid als Beschützer der buddhistischen Lehre gebunden.

Getreu mancher Überlieferung mußte der gewaltige Nyenchen Thanglha insgesamt durch vier Eide an die Lehre gebunden werden, bevor er endgültig zu einem der wichtigsten Dharmapalas wurde. Das erste Mal habe er seinen Schwur auf Befehl des Chana Dorje in himmlischen Sphären getan; ein zweites Mal wurde ihm der Eid auf dem Berg Hapori bei Samye, dem ersten Kloster in Tibet, von Padma Heruka abgenommen. Das dritte Mal mußte Nyenchen Thanglha auf der Spitze des Samye-Klosters – »wo Götter und Geister sich versammeln« – der Initiationsgottheit Dorje Shonnu schwören, während ihm Padmasambhava den strikten vierten Eid abnahm.

Das göttliche Paar Nyenchen Thanglha und Namtso[21]

Der mächtige Gott Nyenchen Thanglha und seine Gattin, die Seegöttin Namtso, werden als würdevolles und hübsches Paar angesehen, und sie sollen mit unermeßlichen Reichtümern und gewaltiger Macht versehen sein. Sie gelten als die Aristokratie unter den Göttern. Die Grasländer der weiteren Umgebung sind ihre Weideländereien und die sie umgebenden Berge ihre Diener, welche die Aufgabe haben, die göttlichen Pferde, Yaks, Ziegen und Schafe zu hüten sowie ihre Hunde zu füttern und ihre Gerste zu mahlen.

Die Legenden berichten davon, daß der heilige Nyenchen Thanglha trotz seiner menschlichen Schwächen und Eifersucht von einer reizenden Natur sei, die sich durch eine Mischung aus Freundlichkeit und Mitleid auszeichne. An seiner Seite ist ein niedrigerer Berg gelegen: sein Sohn. Als Thanglha sah, wie der Knabe immer größer und größer heranwuchs, raunte er eifersüchtig: »Ich werde wohl dafür sorgen müssen, daß du niemals über mich hinausragen wirst!« Und er versetzte ihm einen kräftigen Schlag, was fortan das Wachstum seines Sohnes verhinderte [...]

Neben der Seegöttin Namtso hat Nyenchen Thanglha noch mindestens zwei weitere Frauen, repräsentiert im Batsi-Gipfel bei Yangpachen und der Berggöttin Chimugangga im Kreis Nyemo Dzong. Als eines Tages seine Hauptfrau Namtso eine Liebschaft mit dem Berggott Boji hatte und daraufhin einen Sohn empfing, war der heilige Nyenchen Thanglha außer sich vor Eifersucht, und in seiner Wut zertrümmerte er dem Boji die Beine, so daß jener

*Die Gipfel des Nyenchen Thanglha thronen über dem
See Nam Tso.*

für den Rest seiner Tage verkrüppelt war. Seit der Zeit liegt der unglückliche Riese inmitten der im Südwesten von Nyemo sich erstreckenden Weiden darnieder; die eiternden Wunden seiner Gliedmaßen wurden zu Tälern, die von den Karawanen, die Salz gegen Getreide einhandeln, auf ihrem Weg nach Shigatse durchquert werden müssen. Nach seiner im Zorn vollführten Tat plagten Nyenchen Thanglha Gewissensbisse, und um sie zu sühnen, errichtete er dem Boji einhundert Chörten und bat den verkrüppelten Liebhaber um Vergebung, indem er ihm einhundert Quellen in sein Tal fließen ließ. Bis heute sind in der Nähe von Nyemo einhundert Erdkegel zu finden – die Überreste der von Nyenchen Thanglha errichteten Pagoden.

Die Neuzeit hat dem mächtigen Beschützer der buddhistischen Welt gleichfalls Sorgen bereitet. So erzählen sich die Tibeter in Biru, einem Distriktsort am Fluß Nag Chu,[22] der heilbringende Nyenchen Thanglha habe alle Berggottheiten zu einer Versammlung geladen, weil er eine wichtige Angelegenheit mit ihnen besprechen müsse. Zunächst berichtete er ihnen allen, daß die etwas tolerantere Regierungspolitik gegenüber der Religion bzw. den religiösen Aktivitäten der Menschen es ermöglicht habe, daß die Gläubigen wieder Pilgerschaften zu den heiligen Bergen machten. Das war wohl angebracht und gut. Was jedoch weniger angebracht und überhaupt nicht gutzuheißen war, so hob er hervor, war die Tatsache, daß unter der gegenwärtigen wirtschaftlichen Öffnungspolitik[23] immer mehr Leute in die Berge kamen, um Pilze und Knollen aus der Erde zu graben und sie als Medizin teuer zu verkaufen. Diese aber gehörten ja schließlich zu den Innereien und zum Herzen der Berggötter, die dadurch Schaden nähmen. Wütend und entsetzt über das, was der große Nyen Thanglha ihnen berichtet hatte, begannen all die vielen Berggottheiten lärmend zu diskutieren, wie dem Sakrileg Einhalt geboten werden könnte. Das Problem jedoch scheint nicht leicht zu lösen zu sein, denn, so sagen die Leute aus Biru, ihre Beratungen dauern noch immer an.

LAPCHI KANG[24]

Die bis zu 7 367 m hohe Bergkette Lapchi Kang, die sich etwa zwischen den Achttausendern Cho Oyu und Shisha Pangma ausdehnt, gilt deshalb als so überragend, weil Tibets Dichterheiliger Milarepa (1040–1143), dessen Lebensgeschichte bereits in anderem Zusammenhang dargestellt wurde (siehe Gruschke: „Mythen und Legenden der Tibeter", S. 186–191) hier lange Zeit und bis zu seinem Tode lebte und wirkte. Daher strömen die Frommen aus ganz Tibet am Lapchi Kang zusammen, um die Einsiedeleien, in denen der erlauchte Poet meditierte, und die Klöster, die mit ihm in Verbindung standen, zu besuchen. Sie pilgern aber auch dorthin, weil hier – wie am Kailash und in Tsari – eine der drei paradiesartigen Palastresidenzen der tantrischen Gottheit Demchok liegt. Einer alten Überlieferung zufolge hat sich der Buddha Sakyamuni in der zornvollen Erscheinung Demchoks in die Region des Lapchi Kang begeben, um die Dämonen, die dort ihr Unwesen trieben, in ihre Schranken zu weisen. Nach und nach verwandelte er dieses abgeschlossene Gebiet in ein buddhistisches Sanktuarium. Es war später das Verdienst Milarepas, den Lapchi Kang zu erkunden und schließlich für die gewöhnlichen Sterblichen zur Pilgerschaft zu erschließen. Um das zu erreichen, mußte er freilich zunächst eine weitere Staffel von örtlichen Gottheiten und Dämonen besiegen. Von diesen Auseinandersetzungen zeugen die zahlreichen Eremitagen, Höhlen, Körperabdrücke und Klösterchen, die auf einer knapp zweiwöchigen Wanderschaft zwischen dem südtibetischen Dorf Tingri und Nyalam in der gleichnamigen Himalaya-Schlucht besucht werden. Der Klosterkomplex von Lapchi, in dem Milarepa und seine Schüler gewirkt haben, befindet sich heute auf nepalesischem Boden, da China zur Bereinigung von Grenzfragen diesen Teil des oberen Lapchi-Kang-Chu-Tales an sein südliches Nachbarland abgetreten hat.

Die Dürre im Rongshar-Tal[25]

Zu der Zeit, als Milarepa sich bei Drintang am Südosthang des Lapchi Kang zur Meditation zurückgezogen hatte, wurde das Rongshar-Tal von einer fürchterlichen Dürre heimgesucht. Sie dauerte so lange an, daß die Bewohner der Region über ihre Wasserrechte in Streit gerieten. So suchten sie den weisen Dichterheiligen in den Bergen auf und baten ihn um sein Urteil. Milarepa aber war nicht geneigt, darüber zu entscheiden und sagte:

»Höret, meine Brüder, wir Eremiten wissen nicht viel von solch weltlichen Angelegenheiten. Und bald wird der Regen ohnehin von selbst einsetzen und Euch das kostbare Naß wiederbringen!«

Es war nun einmal seine Überzeugung, daß jene, die von weltlichen Dingen frei bleiben wollten, sich davor hüten sollten, für eine Seite Partei zu ergreifen. Ein einheimischer Knabe namens Dorje Drag ließ jedoch nicht locker und bedrängte Milarepa, helfend einzugreifen. So ließ sich der Mystiker erweichen und begann mit seinen Gebeten. Bald schon ergoß sich ein gewaltiger Regenschauer, und aller Streit ward vergessen.

Der Vater des Knaben Dorje Drag war früh gestorben, und so war seine Mutter von einem Onkel geheiratet worden. Also arbeitete er als Diener im Hause des Onkels. In seiner Jugendzeit vollendete er früh seine Fähigkeit, die Schriften zu lesen, und weil er diese im Dorf verlas, bekam er dafür Geschenke, mit denen er Onkel und Mutter beglückte. Im Alter von 11 Jahren begegnete er Milarepa zum erstenmal und brachte fortan diesem die Geschenke dar. Darüber ergriff den Onkel und die Mutter großer Unmut, den sie ihm und dem Meister selbst kundtaten. Um die streitbaren Angehörigen des Knaben zu verblüffen und sie dadurch zum Schweigen zu ermahnen, versetzte Milarepa den Jungen in eine Trance, die ihn zur »Tummo« befähigte – jener inneren Hitze, die es dem Yogi ermöglicht, ohne Kleidung in Eis und Schnee zu überleben. So wurde jener Dorje Drag zu einem Schüler Milarepas und später, als Rechungpa (1084–1161), zu seinem Biographen.

Milarepa und die Bücher des Rechungpa[26]

Während Rechungpa beim Meister weilte, suchte ihn im Alter von 15 Jahren die Lepra heim, da sein Onkel ihn früher geheißen hatte, Felder zu pflügen und dabei einen Naga erzürnt hatte. Der kranke Rechungpa verbrachte seine Nächte in leerstehenden Häusern. Zu jener Zeit kamen drei indische Asketen, die voller Mitleid waren und ihn daher mit nach Indien nahmen. Dort traf Rechungpa auf den Guru Balacandra, der ihm das Mantra Tum-po khyung-sam-chen schenkte. So rezitierte Rechungpa dieses Mantra, und schon nach kurzer Zeit wurde seine Lepra geheilt, ohne Spuren zu hinterlassen. Daher kehrte er nun mit einer großen Zahl heiliger Bücher zu seinem Meister am Lapchi Kang zurück, der ihn im Tale erwartete.

Milarepa und sein Schüler Rechungpa waren unterwegs von Drintang nach Potho Namkha Dzong. Bevor sie das Dorf verließen, wollte der Jüngere rasten und den Dorfbewohnern von Drintang die Aufwartung machen. Milarepa jedoch wünschte nicht, daß die Leute aus dem Dorf ihre geplante Abgeschiedenheit störten, und so gingen die beiden geradewegs zur Klause Drakmar hinauf. Darüber ärgerte sich Rechungpa. In Potho sandte der Meister seinen Schüler, Wasser zu holen, während er selbst ein Feuer entfachte. Auf den Hängen, welche die Eremitage überragten, wurde Rechungpa von herumspringenden Bergziegen abgelenkt. In der Zwischenzeit verbrannte Milarepa alle Bücher aus Indien, die er als wertlose magische Texte, pure Zerstreuung und Hindernisse für die gute meditative Praxis ansah. Bei seiner Rückkehr wurde Rechungpa leichenblaß. Er hatte in Indien viel Mühe und Anstrengung darauf verwendet, sich diese Bibliothek zu erwerben. Nun wollte er nichts mehr mit seinem Lehrer zu tun haben. Um ihn zu besänftigen und auf andere Gedanken zu bringen, begann Milarepa magische Verwandlungen zu vollführen. Über seinem Haupt erschien sein einstiger Lehrer Marpa als Dorje Chang (Vajradhara), umgeben von den großen Gurus der (Kagyüpa-)Schule. Sonnen und Monde erschienen zu beiden Seiten von Milarepas Augen. Fünffarbige Lichtstrahlen ergossen sich aus seinen Nasenlöchern. Der Schüler aber, der noch zu aufgebracht war, um sich beeindrucken zu lassen, verlangte seine Bücher zurück. Die Vorführung ging unterdessen weiter. Milarepa machte seinen Körper transparent. Er ging durch Felsen hindurch, lief und saß auf Wasser, erzeugte Flammen, die er aus seinem Körper hinausschleuderte, und flog durch die Lüfte.

Als Zugabe begab er sich zum Hauptpfad nach Drintang und machte sich daran, einen mächtigen Felsblock mit seinen bloßen Händen in dünne Scheiben zu spalten. All das ließ Rechungpa unbeeindruckt. Statt dessen schmollte er weiter und beharrte darauf, seine wertvollen Bücher zurückzuerhalten. Daraufhin schwang sich Milarepa wie ein Adler die steilen Klippen von Drakmar hinauf und verschwand.

Mit einemmal wurde Rechungpa von Kummer erfaßt und erkannte, wie übertrieben es war, seinen großen Lehrmeister wegen einiger Bücher zweifelhaften Wertes zu verlieren. Er war darüber betrübt, daß Milarepa sich soviel Mühe gemacht hatte, um ihn wieder aufzumuntern. Voller Pein stürzte er sich die Klippen hinab. Er fiel auf einen Felsvorsprung und blieb wie durch ein Wunder unverletzt. Auf der anderen Seite des Lapchi Kang wartete Milarepa in einer Höhle. Rechungpa gelang es endlich, den Ort zu erreichen, und er freute sich sehr. Gemeinsam gingen sie also nach Potho zurück. Milarepa berichtete seinem Schüler, daß die meisten der Bücher, die er aus Indien mitgebracht hatte, schadenbringend waren, während nur einige wenige – wie die Lehren über die gestaltlosen Dakinis – wirklich von Nutzen waren. Daraufhin sprach der Meister ein Gebet, so daß die geeigneten Schriften wieder auftauchten. In diesem Moment legte Rechungpa einen Schwur ab, den er sein ganzes Leben hielt, nämlich seinem Guru Milarepa mit völliger Hingabe zu dienen. Bis heute werden die Eremitagen Drakmar Khyunglung und Potho Namkha Dzong, wo sich Milarepa mit seinem Schüler Rechungpa aufhielt, von ehrfurchtsvollen Pilgern im Lapchi Kang aufgesucht.

Die Besucher in Ramding Nan Puk[27]

Auf der Südseite des Lapchi Kang sammeln sich die Schmelzwässer der Schneeregionen. Dort wo sich die Flüßchen Takialing Chu und Rongshar Chu zum Kang Chu vereinigen, liegt auf einem Felssporn das Kloster Lapchi, auch La Rinpoche, »Kostbarer Hügel«, genannt. Es ist die berühmte Heimstatt Milarepas und die meistbesuchte Pilgerstätte im Himalaya. Über ihr thronen die Gipfel des Lapchi Kang, von denen die wichtigsten die Gottheiten Chana Dorje (Vajrapani), Jampeyang (Manjushri), Demchok und Chenresi repräsentieren. Etwa zwei Stunden Weges oberhalb des Dorfes Lapchi liegt in den Bergen die Höhleneremitage Ramding Nan Puk mit einem Bildnis Milarepas. Zu der Zeit, als der große Mystiker mit seinen Schülern hier weilte, kamen einst einige wohlhabende Gönner aus Nyalam zu Besuch. Sie waren entsetzt, als sie sahen, daß Milarepa völlig nackt, mit entblößter Scham, in der Höhle saß. Schließlich näherte sich einer der Besucher und bot ihm ein Stück Tuch dar. Daraufhin erhob sich der Heilige und sang ein Lied. Darin erzählte er seinen Gönnern, er sei so viel gereist, daß er darüber seine Heimat vergessen habe, und er habe so viel Zeit in Einsiedeleien verbracht, daß er jegliche Ablenkung vergessen habe. Seine Erziehung, seine weltliche Scham, Kleidung und Besitz habe er gleichermaßen verworfen. Für ihn gäbe es keinerlei Veranlassung, irgendwelchen irdischen Sitten und Normen Beachtung zu schenken. Buddhaschaft, so sang er, ist Ungezwungenheit und Natürlichkeit:

»Um nichts mich kümmernd, lebe ich, wie es mir gefällt.
 Eure sogenannte Scham erzeugt nur Falschheit.
Und Betrug. Wie könnte ich vorgeben, dies nicht zu
 wissen.«

Bis ins hohe Alter wurde Milarepa immer wieder in der Einöde des Lapchi Kang von nach Erlösung Strebenden aufgesucht. Selbst sein größter Neider, der Geshe Tsapuwa aus Drintang, wurde noch zu seinem Schüler, nachdem er den Dichterheiligen vergiftet hatte. In Chubar im Rongshar-Tal ist der Guru im Alter von 83 Jahren ins Nirvana eingegangen.[28]

TAKPA SHELRI (TSARI)[29]

In der heutigen Zeit werden von tibetischen Pilgern der Kailash, Lapchi Kang und Tsari als die überragendsten Pilgerziele genannt. Über die Bedeutung des Kailash als Weltenberg und des, aufgrund der Anwesenheit Milarepas, besonders mystischen Lapchi Kang wurde bereits gesprochen. Darüber hinaus gelten die drei Orte allesamt als Palastresidenzen der tantrischen Gottheit Demchok, die als zornvolle Erscheinung Sakyamunis aufgefaßt wird. In diesem Zusammenhang werden die drei Orte als »Körper, Rede und Geist« der Gottheit aufgefaßt.

Der Geist Demchoks also residiert in Tsari, einem südtibetischen Tal im Himalaya. Über diesem thront der heilige Berg Takpa Shelri nahe der Grenze zu Indiens Bundesstaat Arunachal Pradesh, so daß der Rongkhor – der »Große Pilgerweg durch die Täler« – auch über die Grenze in die Dörfer der Lopas führt. Manche dieser Himalaya-Bergstämme in der Region scheinen zuzeiten ihr gutes Auskommen vom tibetischen Pilgertourismus zu beziehen.

Gemäß tibetischer Pilgertexte ist Tsari (auch Tsaritra) ein kosmisches Abbild, eine geographische Darstellung des Devikota-Tempels im assamesischen Gauhati, der als einer der 24 heiligsten Orte Indiens gilt. Es verkörpert die physischen und geistigen Eigenschaften von Demchok. Auf Tsaris wichtigstem Berg Takpa Shelri residiert Dorje Jigje, der »Herr des Todes«. Die Topographie des Tales wird gerne mit einem Mandala verglichen (vgl. den Kailash), das friedliche und zornvolle Zonen aufweist. Die Region ist der

Mythologie zufolge über vier »Tore« zugänglich, über welche die Bodhisattvas Manjushri (im Osten), Vajrapani (Süden), Tara (Westen) und Avalokiteshvara (Norden) wachen. Vier Schluchten umgeben sie: die sogenannte »Menschenhaut«, die »Blendende«, das »Tigernest« und die »Schreckliche Bärenhöhle«, und diese werden von vier heiligen Flüssen durchflossen.

In einer Höhle namens Zilchen Sangwe Puk soll im achten Jahrhundert Padmasambhava sieben Jahre geweilt haben, und im Dorf Potrang Kar der indische Dzokchen-Meister Vimalamitra. Der Atisha-Lehrer Lawapa erreichte das östliche Tor von Tsari, danach gelangte er bis Chikchar und meditierte in den Höhlen Machen Lawapuk und Khajor Ri Dorjepuk. Im Tsari-Tal verweilte lange Zeit Tsangpa Gyare (1161–1211), der im 12. Jahrhundert die Drukpa-Kagyüpa-Schule begründete. In Jomo Kharak hatte er sich zur Meditation zurückgezogen, bis ihm eine Vision offenbarte, daß er nach Tsari gehen und dort ein Verborgenes Tal (Beyül) eröffnen würde. In der Folge hatte er als erster Sterblicher das heilige Tsari-Tal grundlegend erkundet. Von ihm heißt es, daß er einst 100 000 Srinmo-Dämonen, die sich Pilgern auf ihrem Weg nach Tsari in den Weg stellten, unterworfen und vernichtet habe. An der Stelle, wo er ihre Überreste vergrub, stehen heute die zwei Chörten des kleinen Bumda-Sebum-Klosters, das auf dem Anmarschweg von Tromda (im Tsangpo-Tal) liegt.

Da die sakralen Gipfel der schneebedeckten Takpa-Shelri-Kette sich im Süden über das Tsari-Tal erheben, gilt die feuchte und fruchtbare Region als besonders geheiligter Bezirk. Obschon das Tal wegen seines Status als »Verborgenes Tal« sakrosant und dort daher nur wenig Landwirtschaft erlaubt ist, gibt es für die wenigen Einwohner und die Pilger ausreichend frische Milch und Tsampa. In einigen Weilern allerdings – wie Chösam, Chikchar oder Yume – ist der Ackerbau völlig verboten. Daß Fleischgenuß tabu ist, versteht sich von selbst. Hier lebt man von den Milchprodukten und den Gaben der Pilger. Über Chikchar hinaus war in alter Zeit selbst das Reiten nicht erlaubt; auch auf Pilgerschaft gekommene Dalai Lamas mußten hier, wo der Chilkhor-Parikrama um den Berg Takpa Shelri startet, vom Pferd steigen.

Um den heiligen Berg gibt es zwei heilige Umwandlungswege – den Großen und den Kleinen Pilgerpfad: den Rongkhor und den Chilkhor. Der Rongkhor wird insbesondere alle zwölf Jahre – im Jahr des Affen (zuletzt war dies 1992) – begangen. Früher erschienen in solchen Jahren bis zu 100 000 Pilger aus Kongpo, Pome, Dakpo und Lhasa. Die Pilgerzeit liegt zwischen dem 19. des dritten Mondmonats und dem 15. des achten. Der Rongkhor führt sowohl über eisige Pässe als auch durch tropische Wälder, durch extreme Schwüle ebenso wie durch eiskalte Schneeregionen. Tibetische Behörden mußten früher den Lopas, die Fremde mit Pfeil und Bogen angriffen, »Lösegeld« in Form von Schwertern, Stoffen und Tsampa bezahlen, damit sie die Pilger, die zudem von tibetischen Wachmannschaften begleitet wurden, unbehelligt ließen. Der Überlieferung nach kann ein Pilger, der den Rongkhor geschafft hat, jeden beliebigen heiligen Ort im wilden Schneelande erreichen.

Der eigentliche zwei- bis dreiwöchige Pilgerpfad beginnt bei den vielen schönen und sakrosankten Orten des oberen Tsari: in Chösam, Chikchar, Migyitun; dann strebt er südwärts in das Lopa-Gebiet, um das sich Tibet und Indien streiten, verläuft im Chayul-Tal westwärts, führt nach Norden ins Yume-Tal und über den Rip La zurück nach Chösam. Der Chilkhor oder »Kleine Pilgerpfad« strebt zunächst dem Dölma La zu, dem ersten von sieben zwischen 4 550 und 5 100 m hohen Pässen der Khora. Bis 1950 wurde die Pilgersaison am 19. des dritten Mondmonats hier mit der rituellen »Schneepilgerschaft« eröffnet. Beendet wurde sie Mitte des achten Monats, weil es dann schier unmöglich ist, nicht auf eine der zahlreichen Maden auf dem Weg zu treten und somit nicht gegen den Geist der Pilgerschaft zu verstoßen. Frauen ist die Umrundung auf dem Chilkhor nicht erlaubt: Insbesondere dürfen sie den Paß Dölma La nicht überschreiten.

Warum Frauen die Khora um Takpa Shelri nicht vollenden dürfen[30]

Vor langer Zeit wünschte die Göttin Dölma das Verhalten von Männern und Frauen zu beurteilen. Aus diesem Grunde legte sie sich selbst über den Pfad, der den Paß an der höchsten Stelle des Bergrückens überquerte. Schließlich näherte sich ein Mann und fand den Weg durch die Göttin, die sich verkleidet hatte, versperrt. Als nun der Mann näher kam, fragte er sie freundlich, ob sie den Weg freimachen könne. Da antwortete ihm die Göttin: »Mein Bruder, ich bin so schwach, daß ich mich nicht rühren kann. Wenn du Mitleid mit mir hast, so suche Dir bitte einen anderen Weg. Wenn nicht, dann steige einfach über mich hinweg!« Als der Mann das hörte, suchte er sich einen anderen Weg und überquerte den Paß, ohne die Göttin zu belästigen. Nach einer Weile kam eine Frau des Weges. Auch sie sah die Göttin, ohne zu erkennen, daß es Tara war, und forderte sie auf, den Weg freizumachen. Wieder gab die Göttin zur Antwort: »Ich bin so schwach, meine Schwester, daß ich mich nicht rühren kann. Hab' Mitleid mit mir und suche dir bitte einen anderen Weg. Wenn nicht, so steige einfach über mich hinweg!« Die Frau besann sich nicht lange, näherte sich, stieg über den Körper der Göttin hinüber und ging ihres Weges. Aus diesem Grunde und von jenem Tage an wurde es Frauen verboten, jene Paßhöhe zu überschreiten, und der Paß wurde bekannt als Dölma La. Um aber Frauen nicht ganz von der segenbringenden Wirkung des heiligen Berges Takpa Shelri auszuschließen, gibt es für sie eine kleine Pilgerkhora um einen Bergsporn zu Füßen des Passes.

Amnye Machen[31]

Magyal Pomra und die vier Klassen großer Nyen

Entsprechend dem alten System der Vier Heiligen Berge Zentraltibets berichten tibetische Schriften von den »vier Klassen der großen Nyen« – jenen die himmlischen Sphären bewohnenden Geistern in der alten Bön-Religion und im heutigen Volksglauben; diese haben wir schon bei der Besprechung des Nyenchen Thanglha erläutert. Hatte letzterer in diesem Ordnungssystem die Position des heiligen Berges des Westens eingenommen, so kommt dem Gott des Amnye-Machen-Gebirges, der in diesem Falle Magyal Pomra heißt, die Wacht über den Osten zu. Die entsprechenden Nyen-Gottheiten für den Norden und Süden werden mit Kyochen Dangra und Jigyal Magpön benannt.

Der König der Erdherren des Landes Ma

Der Sadag (»Erdbesitzer«) Machen Pomra gilt als Herr über alle Sadag im Lande des Flusses Ma und über die Gebirgskette, in deren Gipfel er residiert. Die lokalen Stämme, insbesondere die Ngolok, die westlich und südlich des Ma Chu leben, betrachten ihn als ihre Schutzgottheit. Schon das frühe osttibetische Pra-Geschlecht in Amdo leitete sich vom berühmten Berggott Machen Pomra ab, dem Gott des Machen Kangri, der einst einen Berg nördlich des Sees Kokonor bewohnt haben soll.[32] Ähnliches gilt für die Stämme, die heute den Raum zwischen Kokonor und Amnye-Machen-Gebirge besiedeln, und daher erklärt sich wohl die Unerbittlichkeit, mit der die Ngolok dereinst alle Fremden von »ihrem« heiligen Berg fernhalten wollten. Darüber hinaus wirkt die Berggottheit als Schutzgottheit des Heldenkönigs Gesar.[33]

Machen Pomra ist jedoch nicht nur von lokaler Bedeutung, da er von dem aus Amdo stammenden Tsongkhapa zu einer speziellen Schutzgottheit des Ganden-Klosters erkoren wurde. Dort jedoch wird Machen Pomra von den zölibatären Gelugpa-Mönchen als Laie betrachtet, der in besonderen Riten aufgefordert wird, das Kloster nachts zu verlassen, da er seine Gemahlin bei sich hat.

Machen Pomra, der Berggott der Ngolok

Südlich des »Blauen Sees«[34] wird von einem märchenhaften Gipfel erzählt, und die Tibeter, die um den Berg leben, lassen Fremde nur ungern in seine Nähe. Er ist für sie ihr bedeutendstes Heiligtum, wohin sie in wochenlangen Märschen pilgern und den Berg umrunden. Im Jahr des Pferdes, das für die Nomaden von besonderer Bedeutung ist, pilgerten bis zur Mitte des 20. Jahrhunderts rund zehntausend Ngolok jährlich zu ihrem heiligen Berg und umwandelten ihn auf dem 180 km langen Parikrama.[35] Pilgerschaften werden auch von den Klosteräbten von Labrang, Rakya und Rongpo unternommen – für die es auf dem Parikrama spezielle Zeremoniethrone gibt. Der zentrale Gipfel trägt den Palast der Berggottheit Machen Pomra, die dort residiert. Die weiteren achtzehn eisbedeckten Sechs- und Fünftausender, die den inneren Gipfel umgeben, gelten als seine neun Söhne und neun Töchter. Weiterhin wird er von 360 Brüdern und anderen Sippenverwandten begleitet,[36] die als Marig bezeichnet werden, und über 1 500 Heldenkrieger gehören zu seinem Gefolge, als kleinere Gipfel säumen sie die ganze Gebirgskette. Die Fürstin der Ngolok-Stämme mußte früher einmal im Jahr dem Berg ein Opfer darbringen und dabei allein und nackt in Richtung auf den jungfräulich-weißen Schneegipfel zugehen. Auf diese Weise wirkte sie als Mittlerin zwischen den Göttern, die auf dem Berg thronen, und den freien Yak-Nomaden.[37]

Der Kristallpalast des Machen Pomra

Wenn die Winde die blaugrauen Wolken, die das heilige Massiv gewöhnlicherweise umhüllen, einmal davonblasen, dann wird ein großartiger Blick auf die drei Gipfel enthüllt, die aus reinem weißen Schnee zu bestehen scheinen. Der dramatischste, im Süden gelegene gleicht einer Pyramide und wird nach dem Bodhisattva der Barmherzigkeit und tibetischen Schutzgott Chenresi genannt. Der höchste Gipfel, eine Schneekuppel im Norden, scheint wie eine Wolke über den Gletschern zu schweben, die zu seinen Füßen entspringen. Der zentrale Gipfel, der ruhig zwischen seinen höheren und beeindruckenderen Nachbargipfeln liegt, ist die tatsächliche Wohnstatt der Berggottheit: des kriegerischen Gottes Machen Pomra. Seine Bergresidenz ist ein gigantischer Kristallpalast, dessen quadratische Grundmauern bis tief unter die Erde reichen, während die runde Palastanlage von Regenwolken umgürtet liegt, und die Turmspitze in die ätherischen Bereiche von Sonne und Mond hinaufreicht.[38]

Der Sohn des Berggottes vom Amnye Machen

Es wird berichtet, daß die alten Meister in ihren Träumen und Visionen einen dunkelblauen Mann auf einem dunkel gescheckten Pferd sahen, der in einer Hand eine mit einem weißen Wimpel versehene Lanze trug. Ebenso hatte eine Frau im Traum gesehen, wie ein dunkelblauer Mann auf einem dunkel gescheckten Pferd, eine Lanze mit einem weißen Zeichen tragend, vom Berg Machen Kangri herabkam und wieder verschwand, nachdem er zu ihr gesagt hatte: »Brauchst du einen Sohn?« Hiernach kam die Frau mit dem wohlgestaltigen Lama Suggang Yangtrul nieder, der Inkarnation des Suggang Pema Detsal. Als die Bewohner der Umgebung die Frau fragten: »Wer ist der Vater deines Sohnes?«, antwortete sie: »Ich habe keinen Ehemann. Einmal träumte ich des nachts, wie ein dunkelblauer Mann auf einem dunkel gescheckten Pferd, eine Lanze mit einem weißen Zeichen tragend, vom Berg Machen Kangri, auf dem die Gottheit Machen Pomra residiert, herabkam und wieder verschwand, nachdem er mich gefragt hatte, ob ich einen Sohn brauche. Ich habe keinen anderen Ehemann als diesen.« Ob dieser Worte waren alle sehr erstaunt. Der genannte Lama hatte in einer früheren Existenz einen Vater gehabt, der im Alter zwischen 40 und 50 Jahren gestorben war. Er war nicht größer als eineinhalb Ellen und, wenn er angekleidet war, so fühlte er sich da unten sehr beklommen und litt darunter. Als er starb, schickte er ein inniges Gebet zu den Göttern, er möge doch mit einer größeren Statur gesegnet werden. Man kam seinem Wunsch nach, und bei der nächsten Geburt erhielt er einen großen und schweren Körper, größer als sieben Ellen lang, mit einem Gesicht, das länger als eine Elle war, und einer sehr edlen Erscheinung. Alle Welt nannte ihn daher Sohn des ehrwürdigen Machen Pomra.[39]

Der Palast des Heldenkönigs Gesar von Ling

Als Sohn eines Berggottes und einer Seegöttin war der Heldenkönig Gesar in der Nordostregion des tibetischen Hochlandes geboren worden, um das Land von den bösen Mächten, welche die buddhistischen Lehren bedrohten, zu befreien. Nachdem Gesar ein Pferderennen gegen einen bösen Onkel gewonnen hatte, kam ihm das Königreich zu, das ihm von Rechts wegen ohnehin zustand. Von diesem Wettkampf kehrte Gesar in die Heimat zurück und fuhr fort, Feinde in allen vier Weltgegenden zu unterwerfen. All dies geschah in der Umgebung des heiligen Berges Amnye Machen, in dessen Innern das magische Schwert Gesars der Überlieferung nach bis heute verborgen ist und der Wiederkehr des Helden harrt – nämlich wenn er als König von Shambhala wiedergeboren wird, um die Mächte des Bösen niederzuwerfen und in der ganzen Welt ein Goldenes Zeitalter zu begründen.[40]

Amnye Nyenchen

Des Machen Pomra schwarzer Widerpart

Im unteren Amdo, südlich von Linxia, liegen die drei Gipfel des Amnye-Nyenchen-Gebirges mit seinen drei Gipfeln, die den Berggott Nyenchen, dessen Gattin und Sohn beherbergen. Die Gottheit des Amnye-Nyenchen-Gebirges gilt als schwarzer Widerpart des weißen Amnye Machen, als böser Gegenpol zum heilbringenden Machen Pomra. Zu Anfang lagen die beiden im Widerstreit. Während Machen Pomra der Beschützer der Gelben Kirche (Gelugpa-Schule) war, unterstützte Nyenchen die Vertreter der Rotmützen-Sekten. Sie konnten sich daher nicht miteinander verständigen, zumal Nyenchen – so will es die Überlieferung – die Gattin von Machen Pomra geraubt hatte. Als dieser ihn verfolgte und ihm dabei einen Pfeil ins rechte Auge schoß, erblindete er. Allerdings wollen andere wissen, daß ein Magier, der sich auf gegen Hagel gerichtete Zauberpraktiken verstand, die schwarze Berggottheit mit seinem magischen Feuer geblendet habe.

Wie dem auch sei: Der wütende Amnye Nyenchen wurde vom zweiten Jamyang Shepa, der höchsten Inkarnation des nördlich des Berges gelegenen Labrang-Klosters, unterworfen und bekehrt. Fortan ist Nyenchen selbst zu einem Beschützer der Gelbmützen geworden, wofür er von seinem Bezwinger, der Inkarnation aus Labrang, mit einer anderen Berggöttin als Gattin belohnt wurde.[41]

Minya Konka[42]

Des Donnergottes Schneeberg im Lande Minyag

Mit 7 556 m Höhe ist der Minya Konka der gewaltigste Berg Tibets außerhalb der Himalaya-Kette. Allein im Bereich der höchsten Gipfel erstreckt sich sein Hauptmassiv über dreißig Kilometer von Norden nach Süden. Auf der Ostseite fällt das Gebirge in die bis auf 1 500 m hinabreichende Schlucht des Dadu He ab, im Westen geht es in 3 500–4 000 m hohe Hochländer über. Das Wort »Konka« ist die Dialektform von Gangkar und heißt »weißer Schnee«, »weißer Gletscher«. Damit bedeutet es soviel wie das Wort »Kangri« und verweist auf »schneebedeckte Gipfel« – d. h., Minya Konka bezeichnet die »schneebedeckten Gipfel des (Landes) Minya(g)«.

Minya Konka gilt als Sitz des »Donnergottes« Dorjelutru, die örtliche Berggottheit. Nach einer alten Überlieferung wird er um Regen angebetet, wobei während der Durchführung der Riten absolute Stille gefordert ist, da Reden Hagel provoziere. Gleich vielen anderen Berggottheiten wird Dorjelutru wie ein Krieger auf einem Pferd reitend dargestellt, mit einer Art Zepter und Standarte und kronenähnlichem Kopfschmuck. Um ihn zu ehren und seinen Kult zu pflegen, wurde auf der Südwestseite des vom höchsten Gipfel herabfließenden Gletschers vor 600 Jahren das Karmapa-Kloster Konka Gompa gegründet. Einer Klosterüberlieferung nach – die den Minya Konka als den schönsten Ort der Welt rühmt – zählt eine am Berg verbrachte Nacht wie zehn Jahre des Gebets und der Meditation im eigenen Hause zu verbringen. Ein Wacholder-Räucheropfer im Konka-Kloster wiegt Hunderttausende von Gebeten auf. Eine Inschrift soll davon berichten, daß Padmasambhava die Gottheit Dorjelutru dem bedeutendsten Bodhisattva Chenresi gleichgestellt habe. Die beiden seien

Minya Konka, der mächtigste Gipfel in Osttibet.

desselben Ursprungs und ihr Wirken daher von gleichem Wert.

Sämtliche Schutzgottheiten der lamaistischen Kirche wohnen der örtlichen Tradition zufolge im gewaltigen Gebirgsstock des Minya Konka, und jedem, der zum Gipfel blicken kann, werden zuvor begangene Sünden – sei es in diesem oder in vorhergegangenen Leben – ausgelöscht. Nach einer Pilgerschaft zur mächtigsten aller osttibetischen Bergketten kann der Gläubige ein neues Leben beginnen. Zum Schluß gemahnen die Schriften im Konka Gompa, daß jeder, der diesen Worten keinen Glauben schenke, ein gar schlechter Kerl und ein arger Ketzer sei.

Bönri[43]

Kongpo Bönri wird als der heiligste aller Berge der Bön-Religion betrachtet. Dieser alte Pilgerort wurde im frühen 14. Jahrhundert vom Eremiten Kuchok Ripa Drukse (1290 geboren) erkundet und für Gläubige erschlossen; bei der linksläufigen Umwandlung (Khora) des Berges legte Kuchok Ripa Drukse genau den Pilgerweg fest. Bis heute pilgern Bön-Anhänger aus ganz Tibet, insbesondere aus dem nordtibetischen Chungpo (Kreis Tengchen), hierher. Die Einheimischen der Kongpo-Region, gleich welcher Glaubensrichtung sie zugehören, bringen Bönri gleichfalls Verehrung entgegen. Ein wesentlicher Grund für die Sakralität des Bönri ist seine enge Verbindung zu Tönpa Shenrab, dem mythischen Begründer der Bön-Religion. Auch Kuntu Sangpo, der allumfassende Weltgott der Bön-Lehre, soll einer Legende zufolge auf dem Bönri in tiefer Meditation gesessen haben, während Shenrab im Felsgestein sogenannte Termas, »Schätze«, versteckte. Diese Termas genannten geheimen Lehrschriften sind später von Kuchok Ripa Drukse entdeckt worden.[44] Von größter Bedeutung für die Bön-Pilger aber ist Tönpa Shenrab. In

Tibet trat er durch seine magischen Wettbewerbe in den Vordergrund; die befähigten ihn dazu, seinen Erzrivalen Khyapa Laring hier in Kongpo zu unterwerfen. Die meisten der heiligen Stätten an der Khora beziehen sich auf die Kämpfe zwischen diesen beiden.

Die Entstehung des Berges Bönri im Kampfe Shenrabs mit Khyapa Laring[45]

Das segensreiche Wirken des Bön-Meisters Tönpa Shenrab Miboche erregte die Aufmerksamkeit und den Ärger des teuflischen Fürsten »mit den langen Armen«, Khyapa Laring, der begann, das Reich des großen Lehrers heimzusuchen und dort Unruhe zu stiften. Mit einer großen Schar ihm untergebener, wütender Dud, deren vier unheilvolle Ströme im Dämonischen Reich durch die wundervollen Taten des Meisters Shenrab austrockneten, zog Khyapa Laring gegen diesen in den Kampf.

Eines Tages gelang es dem Dämonenfürsten, die sieben Pferde Shenrabs zu stehlen und sie in seinem Schloß Kongje Karpo zu verbergen. Der Bön-Meister aus Olmolungring brach daher nach Kongpo auf, um seine gestohlenen Pferde zurückzuholen. Während der Verfolgung aber mußte Shenrab Miboche das Reich Shangshung verlassen, und als er auf diese Weise nach Bö (Tibet) gelangte, beschloß Shenrab, die Gelegenheit zu nutzen und den Menschen dort die Bön-Religion beizubringen. Doch er mußte bald davon Abstand nehmen, da er erkannte, daß die Menschen in Bö noch nicht soweit waren, den rechtgläubigen Weg der Bön-Lehren zu gehen. Auf dem Weg ins wilde Wald- und Schluchtenland des östlichen Tibet durchquerte Tönpa Shenrab eine brennende Wüste. Dort traf er zum ersten Mal auf seinen Erzrivalen Khyapa Laring, und sie nahmen ihren verheerenden Kampf auf. Immer weiter gerieten sie nach Osten, bis Shenrabs Gegner ihm, auf einem großen schwarzen Teufelsberg auf dem Südufer des Tsangpo stehend, den Zugang zu den schwarzen Schluchten des Kongpo versperrte. Als Khyapa so den Weg des Meisters Shenrab versperrt hatte, sprach er zu ihm: »Du Mensch, überschreite nicht meinen Athletenstein! Wenn du auch hinaufzusteigen trachtest, so ist es dir doch nicht möglich hinaufzusteigen.« Der Lehrer Shenrab erwiderte: »Ihr Leute von Kongpo, wie seid ihr doch zu bedauern! Durch diesen Athletenstein, den schwarzen Berg, soll mir der Zugang verwehrt werden? Seht nur hierher, ob mir der Weg versperrt bleibt oder nicht!« Und er nahm den schwarzen Berg mit dem kleinen Finger der linken Hand. Mehr aber erschuf er darüber hinaus einen Berg, der noch größer war als der seines Gegners, und setzte ihn auf einer Stelle nieder, wo drei Bergfurchen zusammenliefen. Er erhielt den Namen Götterberg Gyangtho, d. h. »Hohe Stampferde«. Dies ist der heutige Lhari Gyangtho, der höchste der drei Gipfel der Bönri-Kette. Der Kampf zwischen Shenrab und Khyapa Laring jedoch dauerte noch lange an, zumal sich auch andere Dämonen in den Kampf einmischten. Zahllose Örtlichkeiten am Pilgerpfad und in der Umgebung des Bönri weisen noch Spuren davon auf: So ist Semo Bönthang der Ort der Verwandlung in einhundert dämonische Erscheinungen. Bei Nyingtri steht der wohl über 2000 Jahre alte Wacholderbaum Kushuk Demdrug, den eine Dämonin nach ihrer Bekehrung dem Tönpa Shenrab schenkte. Dreizehn linksläufige Umwandlungen dieses »Baumes des ewigen Lebens« sollen das gleiche karmische Verdienst mit sich bringen wie eine Khora um den Bönri. In Drakar Shabje findet sich eine Stelle, von der Shenrab einen Pfeil auf Khyapa Laring abgeschossen hat. Jener hatte sich jenseits des Tsangpo in Bemdrong hinter neun ehernen Schilden verschanzt, die jedoch allesamt von Shenrabs Pfeil durchbohrt wurden. Der Pfeil drang bei Chumik Dhadrang sogar noch in die Erde, und als die Prinzessin Kongsa Ticham, die Tochter des Königs von

Kongpo, diesen Pfeil aus dem Boden zog, begann hier eine Quelle zu sprudeln. Daher gilt das Wasser dieser Quelle als heilkräftig und verleiht den Gläubigen ein langes Leben.

Je mehr jedoch Shenrab sich in zornvolle Gottheiten verwandelte, um den Teufelsfürsten zu überwinden, um so weniger Erfolg schien ihm beschieden zu sein. Endlich zog sich Tönpa Shenrab zurück und versank in Meditation. Dies erwies sich als die ultimative Waffe: Denn der Dämon war überwältigt von der Weisheit und dem Mitleid des Bön-Lehrers. Er bereute seine fürchterliche Vergangenheit, gab Shenrab in Drena, dem Ort, wo die ersten Menschen sich angesiedelt hatten, dessen sieben Pferde zurück und bat ihn, als sein Schüler bei ihm bleiben zu dürfen.

Herkunft der frühen tibetischen Herrscher vom Bönri[46]

Der Kongpo Ri ist heilig, und es heißt von ihm, wenn man andächtig betet und auf den Berg steigt, kann man – wenn einem Glück beschieden ist – das Feenland auf dem Berge sehen und auch sein zukünftiges Schicksal erkennen. Der Berg besitzt diese magische Kraft, weil vier Götter ihn tragen und er genau in der Mitte zwischen Himmel und Erde liegt. Im Osten steht der Pferdekönig, im Westen der heilige Elefant, im Norden der Pfau und im Süden die heilige Schildkröte. Diese vier Götter halten den Berg in der Luft, und daher kann man von ihm aus das Paradies und die irdische Welt erblicken und die Zukunft voraussehen.[47]

Aus der Bönri-Kette erheben sich drei Gipfel, von denen einer ebenfalls Bönri oder Shenri genannt wird und die beiden anderen Muri und Lhari Gyangtho heißen. Gemäß der alten Bön-Überlieferung ist das Volk der Tibeter in ihrer Umgebung – am Fuße des Kongpo Ri, des »Berges von Kongpo« – entstanden. Sie widerspricht damit dem bereits buddhistisch inspirierten Schöpfungsmythos, der diese Vorgänge im Yarlung-Tal spielen läßt. In einem Dorf namens Drena sollen sich die Nachfahren des Affen und der Bergdämonin[48] zuerst angesiedelt haben.[49] Entsprechend sind nach der Bön-Tradition auch der erste König Nyatri Tsenpo vom Himmel auf den Bönri-Gipfel Lhari Gyangtho[50] herabgestiegen und der erste sterbliche König Drigum Tsenpo in der Nähe bestattet worden.[51]

»Zu jener Zeit gab es keinen Herrscher über die Menschen. Aus diesem Grunde, berichtet die Überlieferung, wurde aus dem Lande der Obersten Lha der Herrscher Nyatri Tsenpo gesandt. Er bemächtigte sich der Sphären der dMu(-Geister) und schritt auf dem Pfad der Wolken. In Übereinstimmung mit der Weissagung wurde berichtet, daß einem gewissen Magyapa, Nachfahr des Königs Mangkur, ein Sohn mit türkisfarbenen Augenbrauen geboren wurde, eine Inkarnation, die von der Dunkelheit vollkommen gereinigt sei. Als ein schlechtes Omen angesehen, wurde er ergriffen und von der Höchsten Gnade auf den Gipfel des Lhari Gyangtho herabgelassen. Als er herabstieg, setzten ihn sich zwölf ausgezeichnete Mannen, Bönpos und andere, auf den Nacken. Die zwölf Gyaltren (rGyal-phran) machte er zu seinen Untertanen, und sie ehrten ihn als ihren Herrscher. Zu jener Zeit saß er auf einem Thron im Nacken aller Männer, und wenn jemand fragte, so wurde er Nyatri Tsenpo (›Held, der den Nacken als Thron hat‹) genannt.«[52]

Am Fuße des Bönri liegt nahe des Zusammenflusses von Nyang Chu und Tsangpo das Dorf Miyul Kyithing mit einem Grabhügel, von dem angenommen wird, daß es die letzte Ruhestatt Drigum Tsenpos sei,[53] des siebten der legendären tibetischen Könige. Dem Text Detön Chöjung zufolge soll König Nyatri Tsenpo nach seiner Herabkunft vom Himmel auf den Lhari Gyangtho hier erstmals verweilt haben. Seine Nachfolger haben sich später flußaufwärts im Yarlung-Tal eingerichtet – so auch der König

Drigum Tsenpo. In Dunhuang gefundene Dokumente berichten folgendes über jenen Herrscher: »König Drigum Tsenpo lebte einst im Schloß Chingwa Tagtse im Yarlung-Tal. Von dort zog er gegen Longam, den Herrscher des Landes Nyangro Shampo, in die Schlacht. Der König wurde getötet und sein Körper in einen Fluß geworfen. Seinen Söhnen, die nach Kongpo verbannt worden waren, gelang es, die Gebeine ihres Vaters im flußabwärts gelegenen Dorf Drena aus dem Tsangpo zu fischen. Anschließend bestatteten sie ihn an einem Gyangtho Labub genannten Ort im Südwesten des Berges Lhari Gyangtho.«[53] Bei der Einmündung des Gyamda Chu in den Tsangpo erhebt sich heutzutage der »Unzerstörbare Thron-Friedhof«, »Mijik Tri Durtrö«, der heiligste aller Bön-Bestattungsorte. Pilger glauben, daß dieser Friedhof ursprünglich viel höher in den Bergen gelegen habe. Über die Jahrhunderte, so geht die Legende, bewegte er sich unmerklich abwärts auf den Fluß zu. Sobald er den Fluß erreicht haben wird, so vermutet man, beginne ein langsamer, aber unerbittlicher Zerfallsprozeß unseres Universums. Höllische sieben Jahre des Leidens werden die Menschen erleben, wenn Mijik Tri ins Wasser eintaucht; und wenn er am jenseitigen Ufer wieder auftaucht, werde die Welt aufhören zu existieren.

TARGO KANGRI[54]

Heiliger Berg der Bön, Mt. Targo

Der Name Targo besagte in der alten Shangshung-Sprache soviel wie »Schneeberg«. Zusammen mit dem im Norden an den Berg anschließenden See Dangre Yu Tso wird er als heilig verehrt. Beide werden dementsprechend wie heilige Bön-Schreine gegen den Uhrzeigersinn umwandelt: Sie gelten als das Elternpaar der Vorfahren der gesamten Welt.

Auch den Buddhisten Tibets sind diese beiden Orte eine Pilgerschaft wert, allerdings in der entgegengesetzten Umwandlungsrichtung. Besonders im Jahr des Affen – quasi dem »Geburtsjahr« des Berggottes Targo – wird der heilige Bön-Berg umwandelt.[55] Im Changthang und manchen an ihn südlich anschließenden Gebieten werden Targo und Dangre Yu Tso ebenso geschätzt wie der als Weltenachse angesehene Kailash und Manasarovar in Westtibet, die daher unzweifelhaft als heiligster Berg bzw. heiligster See anzusehen sind. Sowohl Bön-Gläubige als auch Buddhisten in Nordtibet erzählen sich, daß die beiden Seen Manasarovar und Dangre Yu Tso durch einen unterirdischen Strom miteinander verbunden sind und die beiden heiligen Plätze daher ebenfalls. Deshalb, so meinen sie, brauche derjenige, der zum heiligen Berg Targo pilgert und ihm und dessen Shakti, der Seegöttin Dangre, die Aufwartung macht und seine Verehrung bezeugt, eigentlich nicht mehr zum entsprechenden Götterpaar in Westtibet zu pilgern.

Wie es bei manch anderem Götterberg und heiligen See der Fall ist, so sind Targo und Dangre gleichfalls ein himmlisches Götterpaar, von denen manche sagen, sie hätten neun Töchter gehabt, von denen sieben das Haus nach der Heirat verließen. Die bekannteste Tochter ist Dangchung Yuyi Surpu, die ihre Residenz in dem kleineren, nördlich des Dangre Yu Tso gelegenen Dangchung-Sees hat. Die Alten von Ombu dagegen erläutern, daß die sieben Gipfel im Targo-Gebirge keineswegs ihre Töchter seien, sondern vielmehr andere Götter, darunter vier berittene Kriegsgötter. Das mag daran liegen, daß sowohl die Seen als auch der Berg Targo noch von einer großen Zahl weiterer Gottheiten, Geisterwesen und selbst Dämonen bewohnt werden. Allen voran ist der Berggott Targo Gegan Chögyal zu nennen, der zusammen mit seinem »Minister« Targo Ngomar Tselmig von großer Bedeutung für die Initiation der Pawo-Schamanen[56] ist. Für die Feststellung, ob ein solcher Pawo-

Schamane gut, mittelmäßig oder schlecht ist, wird eine Pilgerschaft zum Targo für ihn absolut notwendig, ja eigentlich sogar für all jene, die seine Hilfe erbitten. In einer Höhle des Targo Kangri, von der es heißt, Padmasambhava habe darin meditiert, wird ein schlechter Pawo nach einer spirituellen Sitzung sein Leben aushauchen, während ein mittelmäßiger die Sitzung zwar überstehe, aber weiter kein Verdienst erwerbe. Ein guter Pawo würde nicht nur eine vorzügliche Sitzung absolvieren, sondern darüber hinaus noch ein bedeutendes »Göttergeschenk« finden: wie z. B. eine jener breiten und flachen Bön-Glokken (gshang), eine Trommel, oder vielleicht sogar einen Tsäl-Stein (mtshal).[57] So können wir davon ausgehen, daß inmitten des Changthang, unbehelligt von den Wandlungen, die in Tibet sowohl durch die buddhistische Reformation seit Tsongkhapa als auch durch die kommunistische Revolution seit dem chinesischen Einmarsch, nicht nur die Urahnen der Welt auf dem Dach der Welt thronen, sondern noch immer ihre Kontrolle über die wesentliche Erbmasse der Bön-Religion im tibetischen Buddhismus ausüben. Targo initiiert die Medien, die mit der jenseitigen Welt kommunizieren, und ist daher eine ähnliche Weltenachse, wenngleich bei uns weniger bekannte, wie der Kailash.

Targo verheiratet seine Töchter[58]

Als Targo in die Jahre gekommen war, rief er seine sechs jüngeren Brüder zusammen, um gegen seinen Erzfeind, den Berggeist Dotseng Kang, zu Felde zu ziehen. Er hatte sich in dessen Stärke jedoch getäuscht, denn obgleich Dotseng Kang den Kampf gegen sie völlig allein zu bestehen hatte, verteidigte er sich tapfer und wirkungsvoll. Mit einem gezielten Pfeilschuß verletzte er Targo im Gesicht und wirbelte in der Schlacht so wild umher, daß Targos sechs Brüder durcheinandergerieten und schließlich in alle

Himmelsrichtungen davonstoben. Schlecht gelaunt kehrte der alte Targo nach Hause zurück, wo er seine drei Töchter zusammenrief und zu ihnen sprach: »Hört, meine lieben Töchter, ihr seid inzwischen alle erwachsen geworden, und ich denke, es ist Zeit für euch, in den Hafen der Ehe einzufahren. Mit welchem Berggott möchtet ihr gern verheiratet werden? Sagt es eurem alten Vater!«

»Du Vater, magst statt unserer die Entscheidung fällen!« riefen ihm die zweitälteste Tochter Shyagang Gyalmo und Dugu Tseri, die dritte und jüngste, wie aus einem Munde zu. Daher sandte Targo unverzüglich Kupplerinnen aus, die seine Töchter schon bald in ehrbare Sippen vermitteln konnten. Die gerade fünfzehn Jahre alt gewordene Tochter Shyagang Gyalmo verheiratete er mit dem sechzig Jahre alten Berggeist Gulang, während seine jüngste, Dugu Tseri, dem Berggott Asu zur Frau gegeben wurde. Nun aber war die schönste unter den drei Schwestern die älteste Tochter, Gyegang. Sie war ausschweifend und ein wenig liederlich, und daher hatte sie schon seit langem einen Geliebten. Als nun ihr Vater sie danach fragte, welchen Bräutigam sie sich erwählt habe, sagte sie ihm freudestrahlend: »Früh schon habe ich mich dem Berggott Yawang versprochen.« Targo hatte dagegen nichts einzuwenden, und bald heiratete seine göttliche Tochter den im Westen Shentsas thronenden Yawang.

Nach nicht allzu langer Zeit wurde Gyegang ihres Gatten überdrüssig und bändelte mit dem Berggeist Matseng Guru an. Heimlich und verstohlen suchten sie einander auf, und so kam es, daß Gyegang schließlich ein uneheliches Kind zur Welt brachte. Als Yawang das entdeckte, entflammte seine Wut; der als seine Residenz dienende Berg schien im Innern lichterloh zu brennen, da über seinem Gipfel düstere Rauchwolken emporquollen und sich bedrohlich zusammenballten. In seinem Zorn griff er zum Bogen und schoß zunächst einen Pfeil auf seine Gattin ab, welcher sich in ihre Brust bohrte. Bis heute finden sich daher in den Bergen um Shentsa feine Streifen schneeweißer Erde, die als Medizin betrachtet wird, und ein gutes Heilmittel für Lungenentzündungen ist: Es sei die Milch aus der verletzten Brust der Targo-Tochter Gyegang.

Nachdem Yawang seine Gattin mit einem Pfeilschuß verletzt hatte, wandte er sich zur Verfolgung des dritten Beteiligten, jenes Matseng Guru, der es gewagt hatte, in seinem Garten zu wildern und seine Gattin anzurühren. Matseng Guru hatte sich sogleich zur Flucht gewandt, um einem frühen Tode zu entgehen. In wilder Verfolgung kam Yawang ihm immer näher, die Wut steigerte all seine Kräfte. Allmählich ermattete das Pferd des Liebhabers, so daß Matseng Guru es zurückließ und zu Fuß weiter flüchtete. Schließlich aber wurde er von Yawang eingeholt, der ihm einen mächtigen Hieb in die Hüfte versetzte und damit in die Knie zwang. So kam es, daß der jugendliche Berggeist Matseng Guru bis heute westlich von Shentsa, an den Ufern des Gyaring-Sees auf den Knien liegt.

Yawang verstieß seine Gattin Gyegang und machte sich zum Stamm der Tigerhaften auf, um sich dort eine Frau zu suchen. Danach begab er sich außerdem zum Khyung-Stamm, welcher dem mythischen Rock-Vogel diente, und nahm sich ein Khyung-Mädchen zur Nebenfrau. Im Westen wohnte ein Berggott namens Chüpei, dessen medizinische Kenntnisse ihn von allen Ärzten im Reiche Targos hervorhoben. Ihm gelang es, die Pfeilwunde Gyegangs zu heilen. Die von Yawang verstoßene Göttertochter verband sich mit Chüpei und ritt fortan dessen himmlisches Maultier, auf dem sie jedem Feind in Windeseile entfliehen konnte. Auf der Südseite des Berges Gya Kang kann man bis heute klar einen schwarzen Felsen erkennen, der aussieht wie eine auf einem gewaltigen Maultier nach Süden reitende Fee. Die Legende überliefert von diesem Felsen, daß es die Gyegang sei, die sich zu ihrer zweiten Hochzeit aufmacht.

Gaurishankar (Tseringma)

Der im nordöstlichen Nepal im Himalaya lebende Volksstamm der Sherpa berichtet von fünf Göttinnen, die als die »Feengöttinnen des Langen Lebens« verehrt werden und über Gletscherseen auf den Gipfeln zwischen Nepal und Tibet wohnen. Tashi Tseringma, die älteste der Feen, ist von völlig weißer Erscheinung und steht für ein langes und glückliches Leben. Sie ist die Hauptgöttin der »Fünf Schwestern des Langen Lebens«. Sie residiert nicht nur auf dem (auf tibetisch) gleichnamigen Berggipfel in Nepal, den die Hindus Gaurishankar nennen, sondern auch auf dem in West-Bhutan gelegenen Chomolhari.[59]

Die Göttin Tseringma und die Sherpas[60]

Fern im Osten Tibets, in Kham, lebten in der Hochgebirgslandschaft Salmogang die Landbesitzer Chakpa, Minyag und Thimmi, die offenbar sehr wohlhabend waren. In den abgelegenen Schluchten dieser Region konnten sie lange Zeit unbehelligt von großen politischen Mächten leben und ihrem Glauben der Alten (Nyingmapa)[61] nachgehen. Nun ergab es sich, daß immer häufiger Nachrichten aus dem fernen Lhasa zu ihnen gelangten, die davon berichteten, daß die dortige Regierung den Glauben reformiert habe und ihre Macht mit dem reformierten Glauben weiter ausdehne. So entschlossen sich die Chakpa, Minyag und Thimmi – nachdem ihre Kinder herangewachsen und miteinander verheiratet waren –, alles unbewegliche Gut zu verkaufen und mit ihren Angehörigen ihre alte Heimat Kham zu verlassen. Eine Anzahl weiterer Familien schloß sich ihnen an. Die Familien aus Osttibet wanderten mit viel Gold, Silber, Bronze und wertvollen Kleidungsstücken bepackt nach Südwesten. Hunderte von Kilometern weit zogen sie über die einsamen Hochflächen des Schneelandes, immer auf der Suche nach dem mysteriös verborgenen Heiligtum der »Göttlichen Mutter«, sozusagen nach ihrem »Verheißenen Land«, das weit im Süden liegen sollte, und gelangten in die zentraltibetischen Provinzen Ü und Tsang. So gelangten die Auswanderer schließlich zum Kloster Drigung, das im Nordosten Lhasas gelegen ist. Dort lebte ein berühmter Abt, dem sie ihre Verehrung bezeugten. Dann wanderten sie weiter nach Lhasa, wo sie allesamt im ältesten buddhistischen Tempel des Landes, dem Jobo Lakhang, die heilige Statue des Jobo-Buddhas einhunderttausendmal ehrfurchtsvoll umschritten, Butter opferten und weiße Khatag-Schleifen niederlegten. Dadurch konnten sie für ihre weitere Wanderung den Schutz der Götter erlangen. Über das Kloster Samye zogen sie nach Süden weiter, über reißende Gebirgsflüsse und einsame Paßhöhen. Des öfteren ließen sie sich für einige Jahre in der Nähe von Klöstern nieder und hatten auf diese Weise genug Zeit, als treue Anhänger der alten Nyingma-Schule ihre urtümlichen religiösen Riten zu zelebrieren.

Zwei Generationen lang wanderten die Familien aus dem Osten durch Südtibet, bis sie schließlich in das für sie seit jeher legendäre Gebiet der großen »göttlichen Mütter des Langen Lebens«, der Tashi Tsering Chenga im Hoch-Himalaya, gelangten. Es sind jene gewaltigen, mit den Urmüttern der Erde und der Menschheit gleichgesetzten Bergmassive um Chomolangma (dem – wie wir heute wissen – höchsten Berg der Welt): Ama Dablang und eben jener Urmutter Tseringma, die im heiligsten Berg der nepalesischen und tibetischen Völker Nepals, Gaurishankar, verehrt wird. An den Hängen der Eis- und Schneefelder dieses Bergriesen hatten dereinst schon die großen buddhistischen Mystiker und Heiligen Milarepa und Padmasambhava ihre Meditationsübungen durchgeführt und dabei magische Kräfte erlangt.

So kamen die Nachkommen der Auswanderer aus Kham zu den ebenfalls altgläubigen Mönchen der Rongbuk-Klöster, die auf der Nordseite der Wohnstätten der »Fünf Schwestern des Langen Lebens« liegen. Einzelne der Auswanderer erwählten sich diese Plätze zu Stätten ihrer Meditation. Unter den Emigranten hatte sich eine weitere Familiengruppe, die sich die Serwa, »die Goldenen«, nannten, besonders hervorgetan und eine Führungsrolle übernommen. Während sie in den Tälern an den Nordhängen dieser großen Bergmassive saßen, gingen sie intensiv der Zelebrierung ihrer uralten Nyingmapa-Riten mit all ihren magischen Praktiken nach. Aus der Urheimat Kham waren inzwischen weitere Nachzügler eingetroffen, die jedesmal festlich empfangen wurden. Alle diese Menschen, die ihre Heimat fern im Osten Tibets verlassen hatten, nannte man Sherpa: »Menschen aus dem Osten« – und diese Bezeichnung blieb ihren Nachkommen bis heute erhalten, obschon sie doch im äußersten Süden des tibetischen Hochlandes leben.

Einer der Sherpa-Anführer hatte eines Nachts einen Traum, in dem ihm eine Dakini erschien – wohl mochte es eine Erscheinungsform der Göttin Tseringma sein, in deren Wirkungskreis sie sich ja befanden. Die Göttin wies die Emigranten an, weiter nach Süden – in Richtung Indien – zu ziehen. Dort würden sich die verschiedenen Gruppen an Berghängen und Tälern niederlassen, wo sie ihr Auskommen fänden. Das alles hatte die Dakini sehr genau beschrieben. Also brachen die Sherpas bald auf und zogen über den Paß Nangpa La nach Süden in ihr »Verheißenes Land«.

Am Anfang war diese verborgene Region, als die Sherpa in sie einwanderten, von den höchsten Höhen bis in die tiefsten Schluchten mit dichtem Urwald bewachsen. Die Wälder waren die Heimat von allen erdenklichen Tierarten. Nur Menschen gab es nicht. Flüsse hatten keine Brücken, Felsen keine Stufen. Es gab keine Fußpfade, keine Wohngelegenheiten, kein Saatgut, kein Vieh zum Melken. Es gab niemanden, der etwas hätte verleihen können.

Nichts gab es als Stätten der Urzeit – so ist es uns überliefert worden.

Dann kamen die Sherpas und brachten Frauen, Kinder, Hunde, Ziegen, Schafe und andere Lebensnotwendigkeiten mit. Es war ihnen gleichgültig, ob etwas schmutzig oder sauber war. Und es erschien ihnen nicht wichtig, ein moralisches Erdenleben zu führen. Außer dem Aufzählen von Genealogien ihrer Clans war ihnen alles ohne Belang. Sie lebten nur in den Tag hinein. So war ihr Leben. Aber sie vermehrten sich im Gebiet von Solu. Sie zerstörten die Wälder und verwandelten die Landschaft in Anbaugebiete für Feldfrüchte und Weiden für das Vieh. Doch sie opferten der Göttin Tseringma, die sie gnädig unterstützte.

Mutik Tängwar – Anleitung zum Gebet an Tseringma[62]

Dies ist die Regel für die Anbetung der Tseringma. Mache die äußeren sowie die inneren Elemente heilig. Hum. Diese zelebrierend stelle man sich die Gottheit vor, als stünde sie vor einem gleich einem schönen Berg, der sehr sehenswürdig ist und über dessen Mitte sich Wolken bewegen. Am Fuß des Berges befindet sich ein Garten mit den verschiedensten Blumen und heilkräftigen Bäumen. Das wohltuende Geräusch von herabstürzendem Wasser dringt von allen Seiten ans Ohr, und es gibt einen Wald, in dem Vögel aller Art ihre Melodien singen. Wer einen solchen Ort kennt, der wird doch immer dorthin streben. In der Mitte dieses Ortes ist das Wort »Drum«.[63] Aus diesem »Drum« geht ein schönes Schloß aus Rubinen und Brillanten hervor. Die Vorhänge des Schlosses sind aus den feinsten Stoffen, und im Innern desselben steht ein Lotosthron. In der Mitte steht die Hauptgöttin Dorje Kunsangma, »Mutter des immerguten Dorje«,[64] die von schöner Gestalt ist. Ihr wohlgeformter Körper spiegelt sich im Schnee des Berges wider. Sie hat ein schmales, leuchtendes Gesicht wie der Mond, drei Augen und schimmerndes blauschwarzes Haar, das schlangenartig hochgewickelt und mit einem Rubin geschmückt ist. An ihren Ohren hängen hübsche Ohrringe, und in ihren Händen hält sie eine Amrita-Vase und einen Dorje mit Schmuckstücken, die kostbarer sind als jene der Menschen und Götter. Sie trägt ein dünnes, weiches und enges Kleid und sitzt auf einem sich aufbäumenden Löwen.

Vor Dorje Kunsangma befindet sich die Göttin Thinggi Shelsangma, die von hellblauer Farbe ist. Sie reitet auf einem wilden Pferd und hält den Griff eines Spiegels in Händen. Zu ihrer Rechten steht die Göttin Miyo Losangma, deren Farbe gelb ist. Diese hält eine Schüssel mit Speisen und reitet auf einem Tiger. Dahinter ist die Göttin Chöpen Drinsangma zu sehen, deren Farbe rot ist. Sie hält einen Rubin auf einem Teller und reitet auf einem Reh. An der linken Seite befindet sich die Göttin Tekar Drosangma, die von der Farbe der Türkise ist. Sie zeigt die Haut einer Schlange und reitet auf einem türkisfarbenen Drachen. Diese fünf Göttinnen sind in jeder Hinsicht wohlgefällig und schön. [...] Die Dakini Khadoma, deren Herrin Tseringma ist, und Ihr alle, eilt herbei und setzt Euch. Heiliges Wasser, Blumen, die nur im Wasser wachsen, Weihrauch und Butterlampen sind in gutem Zustand aufbewahrt worden, und das Wasser, die Nahrung der Gottheit, die Zimbel und das geweihte Wasser werden den Tsering Chenga dargereicht. [...]

Die hellblaue Tinggi Shelsangma ist wie ein brennendes Licht. Die gelbe Miyo Losangma erfüllt Euch alle Wünsche. Die rote Chöpen Drinsangma gibt Euch Juwelen, Perlen und Brillanten in Fülle. Die blaugrüne Tekar Drosangma läßt die Tiere gedeihen. Dorje Pagmo, welche die höchste Mutter aller Buddhas, Bodhisattvas und Jinas ist, erschien in der Form der Dakinis für die Bedürfnisse aller lebenden Wesen. Die uns die höchsten Güter gewährt und alle damit verbundenen Wünsche erfüllt, ist die edle Mutter Tashi Tseringma, der ich meine Ehrfurcht bezeuge. Tashi Tseringma besitzt die Gesichtsfarbe des leuchtenden Mondes in einer Herbstnacht. Ihr Alter ist wie das eines jungen Mädchens. Ihre Farbe ist wie die einer Koralle, ihre lachenden Zähne sind wie Perlen. Sie hat schwarzes, glattes Haar, das wie der Rubin strahlt, der die Wünsche erfüllt. Ihre aufrechte Brustwarze hat die Macht, den Regenfall auf die Erde zu bringen. Sie besitzt eine schmale, biegsame Taille und hat einen Blick, von dessen Glanz die Drachom (Arhats) aus dem Stadium tiefer Meditation erweckt werden, damit sie den lebenden Wesen behilflich sind, sich weiterzuentwickeln. [...] Wir sollen diejenigen Götter und Göttinnen verehren, die unsere Beschützer und immer mit unseren Gaben zufrieden sind. [...] Bitte, hilf uns, oh Tseringma, langes Leben und Reichtum, Ehre und Erkenntnis, Nachdenken und Kenntnis der Buddha-Worte und -Kommentare sowie eigene Entscheidungsfähigkeit zu erlangen! Der Segen der Lehre und der Lebewesen möge wie der zunehmende Mond blühen. Reichtum und Wohlstand, die wir uns wünschen, mögen uns gewährt werden. Die gigantische Lehre der gelben Mützen, ihre Tradition und die Bewahrer dieser Lehre mögen vor bösen Mächten, die durch Menschen oder Geister geschaffen werden, bewahrt bleiben. Deine gewaltige Kraft, oh Tseringma, möge derartige Hindernisse zerstören! Wenn wir in die Ferne gehen, begleite uns. Wenn wir heimwärts ziehen, bitte, empfange uns herzlich. Wenn wir fern sind, und was wir auch immer tun mögen, beschütze Du uns, dreimal zur Tages- und dreimal zur Nachtzeit. Hilf uns, daß unsere Wünsche vollkommen erfüllt werden.

Mt. Everest[65]
Die Göttin Chomolangma[66]

Es wird erzählt, daß es im Himalaya fünf Göttinnen gibt, die als die »Feengöttinnen des Langen Lebens« verehrt werden und in fünf verschiedenfarbigen Gletscherseen zu

Füßen des Gipfels Lachigang zwischen Nepal und Tibet wohnen. Die völlig weiße Tashi Tseringma, die älteste der Feen, gilt als die Hauptgöttin der vielen Feen und verteilt Glückseligkeit und langes Leben. Die zweitälteste Schwester, Thinggi Shelsangma, ist von jadeblauer Farbe und übt die Kontrolle über Prophezeiungen aus. Miyo Langsangma, die dritte der fünf Feen, erscheint cremefarben und hat die Verantwortung für den Ackerbau. Chöpen Drinsangma, die vierte in der Reihe der Schwestern, ist mit ihrem roten Antlitz die Wächterin und Verleiherin der Schätze. Die jüngste von allen heißt Tekar Drosangma, hat eine hellgrüne Erscheinung und verwaltet den Viehbestand. Die drittjüngste, Miyo Langsangma, mit ihrer schlanken und großen Statur sowie ihren langen, zarten Gliedern ist von überaus hübscher Erscheinung. Ihre Vorliebe ist es, auf dem Gipfel des Berges zu stehen, von dem aus sie das gesamte Panorama der Welt genießen kann. Da sie von aller Welt geschätzt und bewundert wird, kamen einst Leute von überall her, um am Fuß dieses Berges zu siedeln. Sie erbauten Paläste und Pavillons, legten Teiche an und zogen Mandarinenten und weiße Löwen auf. So wurde der Ort bekannt als der schönste Platz auf Erden.

Der Berg, den Tekar Drosangma sich erkoren hatte, wird infolgedessen der Sitz der Göttin Miyo Langsangma genannt: Chomo Miyo Langsangma, oder kurz: Chomolangma, und ist im Schneeland Tibet der Name des höchsten Berges der Welt. Als heiliger Berg ist er, obschon der höchste der Welt, von relativ untergeordneter Bedeutung. Gerade auf der Südseite, wo das Siedlungsgebiet der Sherpa liegt, ist er kaum wahrgenommen worden – was nicht zuletzt daran liegen dürfte, daß er vom besiedelten Raum aus kaum sichtbar ist. Für die – tibetischstämmigen – Sherpas selbst ist ein rund 3 000 m niedrigerer Berg heilig, der Khumbila. Im Herzen ihres Siedlungsgebiets gelegen, hat auf diesem Berg die lokale Schutzgottheit Khumbu'i

Yül-Lha, der »Landesgott von Khumbu«, seinen Sitz genommen. Während ein Sherpa zu den Erstbesteigern des Mt. Everest gehörte, würden die Sherpas niemals auf die Idee kommen, das Sakrileg einer Besteigung ihres Khumbila zu begehen.[67]

KANGCHENJÖNGA[68]

Der heiligste unter den Achttausendern

Als Sitz der Schutzgottheit Sikkims und seiner Bewohner kann der Kangchenjönga als der heiligste unter den über achttausend Meter hoch reichenden Himalaya-Riesen gelten. Tibetische Texte vergleichen den dritthöchsten Gipfel der Welt mit einem König, der auf einem mit weißen Seidenbahnen drapierten Thron sitzt. Die fünf Gipfel des Kangchenjönga werden als die Spitzen einer Krone betrachtet, die von der über die friedlichen Täler Sikkims herrschenden Gottheit getragen wird.

Die fünf Schatzkammern des großen Schnees

Der Name des Berges, Kangchenjönga, bedeutet »Fünf Schätze des Großen Schnees« oder »Die Fünf Brüder des Großen Schnees«. Die erste Deutung geht auf eine Überlieferung zurück, die besagt, daß in jedem der fünf verschiedenen Gipfel des gewaltigen Massivs je ein Schatz verborgen sei. Der höchste Gipfel, der das goldene Licht der Morgendämmerung einfängt, enthalte Gold, jener, der im grauen Schatten verbleibt, berge Silber, während die drei anderen Gipfel Juwelen, Getreide und heilige Schriften hüteten. Angemessenerweise hat Vaisravana (Kubera), der buddhistische Reichtumsgott, seine Residenz auf dem Kangchenjönga, dessen Schätze er hütet und deren Verteilung er regelt. Wie der fünfte der Schätze – die heiligen

Schriften – andeuten mag, haben die im Schnee des Kangchenjönga verborgenen wertvollen Gegenstände nicht nur eine materielle, sondern vor allem auch eine spirituelle Bedeutung, die sich auf die Reichtümer der Weisheit und des Mitleids beziehen, welche auf dem Weg zur Erleuchtung gefunden werden können.

Die Auslegung des Namens Kangchenjönga als die »Fünf Brüder des Großen Schnees« weist darauf hin, daß die oben genannten Schätze von fünf göttlichen Brüdern gehütet werden. Jeder dieser fünf Wächter thront auf einem der fünf Gipfel des Bergmassivs und hat ein anderes Reittier: Löwe, Elefant, Pferd, Drache und Khyung – eine Art mythischer Urvogel.

Konglo Chu und das Reich der Toten

Bei den Lepchas, den ursprünglichen Bewohnern des kleinen Himalayalandes Sikkim, die sich selbst Rongpas – »Bewohner der Täler« – nennen, trägt der Kangchenjönga einen anderen Namen: Konglo Chu, was soviel wie »Höchster Schleier aus Eis« bedeutet. Gemäß der ihnen eigenen Überlieferung wurden ihre Urahnen in grauer Vorzeit von einer Schöpfergottheit aus dem Eis der Gletscher des Kangchenjönga geformt. Sie glauben des weiteren, daß sich hinter der gewaltigen Gebirgsmauer des Bergmassivs wie ein Schleier aus Eis das mysteriöse »Königreich der Toten« über den nördlichen Horizont erstrecke. Dorthin gehen die Rongpas ein, nachdem sie gestorben sind. Um den Segen der auf dem Kangchenjönga thronenden Berggottheit Kongchen zu erbitten, errichten sie kleine Schreine aus Steinhaufen, wie die tibetischen Latses, an denen Kongchen von den Rongpa-Priestern zu bestimmten Anlässen zeremonielle Yaks geopfert werden. So erlangen sie seinen Schutz vor den bösen Mächten, die nicht nur sie selbst, sondern das ganze Land bedrohen könnten.

Lhatsün Chembo kommt ins Land der Schluchten

Für die vor allem seit dem 15. Jahrhundert in Sikkim eingewanderten Tibeter, die 1642 die politische Kontrolle in dem kleinen Himalaya-Land übernahmen, ist der Schutzgott Kangchenjönga von besonderer Bedeutung. Ihrer Überlieferung nach verhalf der Berggott selbst dazu, daß der tibetische Buddhismus ins Land gebracht und im 17. Jahrhundert überhaupt verbreitet werden konnte. Das geschah in der Person des 1595 geborenen Lhatsün Chembo, eines Lamas aus dem südtibetischen Kongpo, der viele Jahre in verschiedenen Klöstern Südtibets und des Himalaya-Raumes verbracht hatte, bevor er sich vor 1648 nach Lhasa begab, um dem Dalai Lama mit Rat und Tat zur Seite zu stehen.[69] Doch noch vor seinem Besuch in der Hauptstadt des Schneelandes brach der Heilige in Begleitung von fünfzehn Schülern vom Kloster Samye nach Südwesten auf, um einen Weg über die Himalaya-Berge nach Süden zu suchen. Er sprach zu seinen Schülern: »Gemäß der Prophezeiung des Guru Rinpoche muß ich gehen, das nördliche Tor des verborgenen Landes der Reis-Täler, Dremo Jong,[70] zu öffnen, und ich soll dem Lande dort die Lehre unseres großen Meisters bringen und sie dort verbreiten.« Daraufhin schlug er den Weg ein, der an Tashilhünpo und Sakya vorbei nach Tsar führt, nur wenig nördlich der Grenze zu Nepal, wo er ein Kloster gründete. Danach versuchte er, das Land der Schluchten (Sikkim) über Jongri zu erreichen, jedoch konnte er keinen Pfad finden und blieb so manche Tage in einer Nyamgatsel genannten Höhle. Von weitem konnte Lhatsün Chembo die Schneeberge von Dremo Jong erkennen, und er führte ihnen zu Ehren eine Opferzeremonie durch. Zu dieser Zeit kam ein weißer Vogel, genannt der »König der Gänse«, aus dem Südosten angeflogen und setzte sich nahe des Heiligen auf den Boden: Die auf dem Gipfel des Kangchenjönga thronende Berggottheit selbst hatte nämlich die Gestalt einer Wildgans angenommen, um dem gelehrten Mönch aus dem Schneeland entgegenzufliegen und ihn zu begrüßen. Sie trafen sich an einem hochgelegenen Ort gerade nördlich der heutigen Grenze, und dort beschrieb die Gottheit Kangchenjönga dem Lama das Land, welches er besiedeln sollte, und wie er sicher dorthin gelange. Mit diesen himmlischen Informationen über den weiteren Weg ausgestattet, führte Lhatsün Chembo seine Gruppe sicher über die Pässe in das schluchtenreiche Land Sikkim hinunter, wo er einen seiner Gefolgsleute dazu bestimmte, als Chögyal (König) über das Land zu herrschen, das die Tibeter so lange Zeit als ein mysteriöses verborgenes Heiligtum, sozusagen als ihr »Verheißenes Land« betrachtet hatten. Unterwegs benutzte der Lama seine magischen Fähigkeiten, um zu einem schneebedeckten Gipfel nahe des Kangchenjönga zu fliegen, von wo er die einsamen Täler einsehen konnte: die einsamen Täler, von denen eine Prophezeiung gesagt hatte, daß sie von ihm erschlossen würden für jene, die in unruhigen Zeiten Zuflucht suchen müßten. Nach der Ankunft in Sikkim opferte Lhatsün Chembo zu Ehren des Gottes vom Kangchenjönga. Diese Danksagung entwickelten die Anhänger des Lamas zu nun alljährlich durchgeführten Riten und daraus endlich jene sorgfältig ausgearbeiteten zeremoniellen Tänze, die bis auf den heutigen Tag das religiöse Leben im lamaistischen Fürstentum Sikkim bereichern.[71]

CHOMOLHARI[72]

Tseringma und die Missionierung Bhutans

Von den fünf im Himalaya lebenden »Feengöttinnen des Langen Lebens« residiert Tashi Tseringma, die älteste der Feen, nicht ausschließlich auf dem (auf tibetisch) gleichnamigen Berggipfel in Nordostnepal, sondern auch auf dem in West-Bhutan gelegenen Chomolhari – der »Herrin der Götterberge«. Die Überlieferung in Bhutan verleiht der Göttin Tseringma eine große Bedeutung hinsichtlich der Festigung der Drukpa-Kagyüpa-Lehre in ihrem Land. Die bhutanesische Legende berichtet davon, wie einer der großen Lehrer dieser lamaistischen Schulrichtung, Töndrub Gyaltsen, aus Zentraltibet floh und nach Süden wanderte. Als er sich der Grenze zum Königreich Bhutan näherte, machte sich die Göttin Chomolhari auf, den Gelehrten zu treffen. Sie war gekommen, ihn zu segnen, damit ihm bei der Missionierung des Drachenlandes, Druk-Yül, wie Bhutan in der Landessprache heißt, Erfolg beschert sei.

Siguniang Shan[73]

Die vier Mädchen aus dem Changping-Tal

Vor langer Zeit lebte in Osttibet der Berggott der Westberge, der vier schöne Töchter hatte, die von den Leuten schlicht die »Vier Mädchen« genannt wurden. Als Nachbarn hatten sie den düsteren und grimmigen Berggott Meldu. Wie Meldu die vier Mädchen immer schöner heranwachsen und ihren Vater vom Alter immer mehr geschwächt sah, schlug er jenem eines Tages vor, einen Wettstreit in Kriegskunst und Zauberei abzuhalten, wobei der Verlierer sein ganzes Land an den Sieger abtreten und sich zum Sklaven desselben machen sollte. Freundlich versuchte der Vater immer wieder abzulehnen, aber vergeblich: Meldu ließ nicht nach. Ein schrecklicher Kampf fand statt, in dem der alte Vater der vier Mädchen starb. Meldu ergriff von ihrem Land und ihren Gütern Besitz und wollte sie zwingen, sich ihm als seine Frauen zu fügen. Sie aber wollten lieber sterben, als sich ihm zu ergeben. Um Mitter-

Siguniang Shan – der Berg der »Vier Mädchen«.

nacht rannten sie heimlich davon. Bei jedem Schritt vorwärts blickten sie mit Tränen wie Schneeflocken zurück. In der Dämmerung des zweiten Tages erreichten sie den Rilong-Paß, der völlig von Wolken und Nebel eingehüllt war. Deshalb schlugen sie den Weg nordwärts ins Changping-Tal ein. Als die Nacht hereinbrach, fing es heftig an zu schneien. Sie kämpften tapfer gegen Kälte und Hunger an, doch als der Tag anbrach und das Schneegestöber aufhörte, fand ein Jäger die vier Mädchen erfroren in einem wilden Tal. Mit Tränen in den Augen begrub der Jäger die vier Mädchen eines nach dem anderen unter einem Schneehügel. Mit der Zeit wuchsen diese Schneehügel zusehends – heute formen sie die hohen Berggipfel.[74]

Nachdem sie zu vier Berggipfeln geworden waren, wurden sie durch das Licht von Sonne und Mond, aber auch durch die Verehrung, die ihnen die einfachen, armen und aufrichtigen Leute entgegenbrachten, wieder zum Leben erweckt. Des Nachts erschienen sie stets den an Kälte und Hunger Leidenden im Traum und brachten ihnen die Blumen und die Wärme des Frühlings. Tagsüber verwandelten sie sich in Dorfmädchen, die mit den Bauern auf den Feldern zusammenarbeiteten, um sich deren Leidensgesänge über das schwere Leben anzuhören. Die Lieder ergriffen sie so sehr, daß sie Tag und Nacht darüber nachdenken mußten, bis ihnen schließlich eine Idee kam. Sie zogen ihre bunten Schürzen aus und breiteten sie über die kahle Berglandschaft aus, die sich nun mit Gräsern für das Vieh der Bauern und mit Blumen für ihre Augen bedeckten. Aus ihren Halsketten wurden die herrlichen Blüten der Kaiserkronen.[75] Sie sammelten Schneeflocken aus dem neunten Himmel und schmolzen diese zu kristallklaren Quellen und blauen Bächen, womit sie den Dämon der Dürre vertrieben. Außerdem schnitten sie einige von ihren schwarzen Haaren ab, um daraus Wälder entstehen zu lassen und den Boden mit grünem Laub zu beschatten. Durch ihre wunderschönen Gesänge riefen die Vier Mädchen viele Vögel herbei, welche ihre fröhlichen Melodien wiederholten und den Menschen damit die Einsamkeit vertrieben.

Die Fröhlichkeit der Menschen und die Schönheit des Tales, in dem sie nun lebten, erweckte den Neid eines Bergdämons aus dem Nachbartal Shuangqiao. Als eines frühherbstlichen Abends ein hübsches Mädchen aus Wenchuan hierher kam, um sich mit ihrem Geliebten zu treffen, schoß der übelwollende Berggott in der Nähe des Passes Wuse Shan heimlich einen Pfeil auf sie ab, und sie wurde getötet. Ihr Blut rötete die Wolken, ihre Liebe flog um die Berge. Sofort verwandelten die »Vier Mädchen« die Getötete in eine Fee, die am Paß Wache hielt, um die Erinnerung an die Bosheit des Berggottes allzeit wachzuhalten. Der heimtückische Berggott gab sich reuevoll und bekannte sich schuldig, doch er verbündete sich mit Meldu, dem Feind der »Vier Mädchen«. So soll es am Rilong-Paß schließlich zu einem heftigen Kampf zwischen Gut und Böse gekommen sein. Mit Hilfe der Einheimischen gelang es den »Vier Mädchen« jedoch, Meldu zu töten. Sie teilten seinen Leichnam in Stücke und verwandelten ihn in einen Haufen loser Steinbrocken, zwischen denen kein Grashalm mehr wuchs. Aber während des Kampfes war die älteste der »Vier Mädchen« getötet worden. Als sie sich schützend vor die drei anderen gestellt hatte, war ihr von Meldu der Kopf abgeschlagen worden. Aus diesem Grunde besitzt der vierte und kleinste Berg der »Vier Mädchen« bis heute keinen (Schnee-)Gipfel.[76]

Die Stellung der Berggottheiten im tibetischen Pantheon

Der auf Bergeshöhen vollzogene Ahnenkult ist ein Kennzeichen der Hirtenkriegerkulturen in (Nord-)China, Tibet, Innerasien, Mittel- und Vorderasien, aber auch in Afrika. Die vergöttlichten Ahnen nehmen ihren Wohnort auf Bergen, die aus diesem Grund sakrale Bedeutung erlangen, zu »heiligen Bergen« werden. Entsprechend der Ausdehnung des tibetischen Hochlands und der großen Zahl verschiedener Stammesgruppen und Sippen finden sich sehr viele solcher Berge auf dem Dach der Welt: »Es gibt kaum einen Gipfel in Tibet, der nicht als Wohnsitz eines Berggottes oder einer -göttin betrachtet würde.«[77] Unter diesen Berggöttern hoben sich in vielen Kulturen entsprechend der Himmelsrichtungen vier von den anderen ab, und mit ihnen entstand ein Ordnungssystem von vier heiligen Bergen, manchmal auch fünf, wenn die Mitte als Zentrum und Kreuzungspunkt der vier anderen separat verehrt wurde.

Im mythischen Yarlung-Tibet ist das System der vier heiligen Berge durch die Gipfel von Kula Kangri, Yarlha Shampo, Nyenchen Thanglha und Nöjin Kangsang vertreten. In manchen Quellen kommt der Berg (und »Vater« Nyenchen Thanglhas) Öde Gunggyal sozusagen als Urkönig oder wenigstens mächtigster Urahn hinzu. Die Namen mancher Götter variieren, wie ja auch nicht alle Vierersysteme dieselben Berggottheiten nennen. Das obengenannte ist auf den zentral- bzw. südtibetischen Raum beschränkt. Mit der Ausdehnung der politischen Macht fanden bedeutende Berggottheiten anderer Tibeterstämme Eingang in die sakrale Weltordnung Zentraltibets, so daß ein jüngeres Vierersystem die Berggötter Machen Pomra, Nyenchen Thanglha, Tise Lhatsen (Kailash) und Yarlha Shampo aufzählt. Außerdem existiert eine erweiterte Reihe mit Öde Gunggyal als Vater von acht Berg-Ahn-Schutzgeistern (»Neun Geister der Weltschöpfung«), die der Mitte sowie den Haupt- und Nebenhimmelsrichtungen zugeordnet werden. Die Kombinationsmöglichkeiten scheinen unermeßlich. Sie haben nicht nur in der historischen Entwicklung einen Wandel durchgemacht, sondern auch lokalen Varianten zu ihrem Recht verholfen.[78] So haben beispielsweise die mächtigsten dieser Berggottheiten in aller Regel ein größeres Gefolge von zumeist 360 Heldenkriegern, deren Verkörperung leicht in der großen Zahl der Nebengipfel der mächtigsten Gebirgsmassive – wie Nyenchen Thanglha und Amnye Machen – erkannt werden. Auch treten durch die Zahl der begleitenden »Geister« kosmologische Bezüge, die in den alten animistischen Anschauungen fußen, an den Tag.

Nach Hermanns[79] zeigt sich die große Bedeutung der Ahnenschutzgeister nicht allein in der alten tibetischen Volksreligion, sondern auch in der systematisierten Bön-Lehre und darüber hinaus in allen lamaistischen Schulen bis in die Gelugpa-Lehre hinein. Die Auseinandersetzung der »importierten« Weltanschauungen mit den örtlichen Gegebenheiten und dem Volksglauben hatte Assimilierungsprozesse zur Folge, durch die solche Ahnengottheiten in die neuen Lehrsysteme integriert wurden. Der Volksglaube fand Eingang in die Hochreligion. Die buddhistische Terminologie bot dafür ohnehin – aufgrund einer ähnlichen Vorgeschichte in Buddhas Muttererde Indien – gute Integrationsmöglichkeiten: Zunächst wurden

aus den Ahnengeistern örtliche Schutzgeister, die mächtigeren von ihnen entwickelten sich zu »Landesschutzgeistern« (gZhi-bdag) und schließlich gar zu »Weltbeschützern« ('Jig-rten pa'i- srung-ma). Daß von diesen schließlich mehrere existierten, hatte bald eine räumliche Aufteilung zur Folge: als Lokapalas, wie das Sanskritwort für »Beschützer der Himmelsrichtungen« lautet. Dem Lamaismus ursprünglich feindlich gesonnen (vgl. entsprechende Mythen um Yarlha Shampo, Nyenchen Thanglha und Padmasambhava), wurden die Berggötter gemäß der lamaistischen Überlieferung überwunden und in den Dienst der buddhistischen Lehre gezwungen. Auf diese Weise wurden sie schließlich sogar zu Dharmapalas, d. h. »Beschützern der Lehre« (tibet. Chögyong). Die Geschichten um die Bekehrung der Berggötter durch Padmasambhava ähneln sich in ihrer Typologie: »Die Geister fallen den Zauberer immer zunächst wuterfüllt an, werden dann aber von ihm durch magische Künste gebannt und geben ihm ihre Lebensessenz hin. [...] Padmasambhava verwandelte somit vom buddhistischen Standpunkt aus die ›unheilvollen‹ Berge in segensreiche und ihre ›bösen‹ (weil Bön-)Geister in Schutzgottheiten der neuen Religion.«[80]
Gleichwohl sind nicht alle Berggötter zu buddhistischen Schutzgottheiten geworden, aber doch fast all jene, die in Ackerbaugebieten und den nahe gelegenen Steppengebieten liegen. Die Berggötter von besonders großer Bedeutung sind in erster Linie vom Lamaismus beschlagnahmt worden, während die Bönpo, deren heilige Stätten sie ja ursprünglich waren, dort heute meist nur mehr oder weniger »geduldet« werden: wie am Kailash und Amnye Machen – dessen buddhistischer Name Machen Pomra, in der Bön-Lehre jedoch Magyal Pomra lautet. Sakrale Berge, die ausschließlich den Bön-Anhängern vorbehalten sind, gibt es allerdings nach wie vor – jedoch nur in Rückzugsgebieten wie dem Changthang (Targo Kangri) oder in Kham (Bönri bei Nyingtri) und südlichen Amdo.

Für diesen Ahnenkult spricht die Tatsache, daß sich etwa bei den Yarlung-Tibetern der heilige Ahnenberg der Himmelsherrscher, der Yarlha Shampo, das Grab des ersten verstorbenen Herrschers und der Ahnensitz, die Wohnung seiner Nachkommen, im selben Gebiet[81] befinden: und zwar im oberen Chonggye-Tal mit den Gräbern der Yarlung-Könige sowie der Ahnenburg Chingwa Tagtse (»Tigergipfel von Chingwa«). Neuere archäologische Forschungen haben weiter im Osten eine große Gräbergruppe in Nang Xian erschlossen, in der Landschaft Dagpo, an die sich im Süden der Tsari anschließt – ein anderer sakraler Berg von größerer Bedeutung in Südosttibet, der als Sitz des Yidams Khorlo Demchok gilt.[82] Weil man den heiligen Berg als Ursprungsort eines Stammes oder eines Menschen betrachtete, bestattete man im vorbuddhistischen Tibet die Schamanen auf den Bergen, da sie als Mittler zwischen der diesseitigen und der jenseitigen Welt den Berggöttern ohnehin näherstanden. Zu deren Wohnsitz sollen die Seelen aller Verstorbenen zurückkehren;[83] in diese Richtung weist denn auch die Totenreich-Legende der sikkimesischen Lepchas, die ihre Ahnen hinter der gewaltigen Gebirgsmauer des Konglo Chu (d. h. Kangchenjönga) wähnen.

Die heiligen Berge dienten auch als Wohnort der Ahnengottheiten, von dem die – zunächst eher göttlichen, später aber sterblichen – Herrscher von himmlischen Sphären in die Welt herabsteigen, über den sie aber auch wieder dorthin zurückkehren – wie z. B. in der Epoche der sieben legendären Yarlung-Könige, die an einem Himmelsseil oder auf einer Himmelsleiter ins Schneeland gekommen waren. Von dieser Vorstellung ist der Weg nicht mehr weit zur Achse Erde-Himmel und schließlich zur Weltenachse schlechthin.

Die Bedeutung des heiligen Berges als Sippenursprung betont und verdeutlicht auch die Heimatgebundenheit der Tibeter – wie ja vieler anderer Asiaten. »In Tibet ist die Lebenskraft (bla) eines Menschen, einer Familie oder eines ganzen Volkes mit einer Örtlichkeit (bla-gnas) verhaftet, von der ihre Existenz abhängig ist.«[84] Diese Örtlichkeit ist in vielen Fällen ein Berg. Deshalb steht diesen Bergen natürlich eine entsprechend ehrerbietige Anrede zu, woraus sich die Verwirrung bei der Namenswiedergabe einiger Berge insbesondere in Amdo, also in Nordosttibet, erklärt. Dort trägt eine Zahl von dreizehn Bergen den Titel Amnye (A-myes).[85] Der wichtigste Berggott dort ist Machen Pomra, der auf dem Berg Machen Kangri residiert. Gleichwohl taucht der Name des Berges in der tibetischen Literatur nirgends in dieser Form auf, sondern er findet sich ausschließlich als Amnye Machen. Das liegt daran, daß die Bedeutung des Berges bzw. Berggottes eine neutrale Namensnennung nicht zuläßt, sondern er in ehrerbietiger Form mit der honorativen Anrede Amnye, »ehrwürdiger Ahn«, benannt werden muß, woraus Amnye Machen (Pomra/Kangri) wird. Das gleiche gilt für »artverwandte« Berggottheiten in Amdo – wie z.B. Amnye Nyenchen oder Amnye Chungngön, jener Felsklippe am Ma Chu, auf der die spezielle Schutzgottheit des Klosters Rakya ihren Sitz hat: Chungngön, der »Blaue Garuda«.[86]

Am längsten überliefert war die Rolle eines Berges als Ahnengottheit in Amdo, wo die Ngolok – in alten Schriften das osttibetische Pra-Geschlecht – sich vom berühmten Berggott Machen Pomra ableiten. Dieser soll einst einen Berg nördlich des Kokonor-Sees bewohnt haben, bevor er seinen Sitz auf dem als Amnye Machen angesprochenen Gipfel Machen Kangri nahm. Nach Hummel[87] entspricht dies zum einen dem Wanderungsweg der frühen Tibeter; zum anderen macht es die Unerbittlichkeit verständlich, mit der die Ngolok dereinst alle Fremden von »ihrem« heiligen Berg fernhalten wollten. Die Gottheit erscheint als die kriegerischste von allen, da sie außerdem als persönliche Schutzgottheit des Heldenkriegers Gesar gilt[88] und somit für die Identität der Ngolok-Tibeter von zentraler Bedeutung ist.

In alter Zeit war in vielen Gesellschaften die Fruchtbarkeitsgottheit weiblich, weshalb es wenig überrascht, daß die Ngolok sich trotz ihres kriegerischen Berggottes Machen Pomra auf eine Urahnin berufen, die ursprünglich ebenfalls die Gottheit des entsprechenden Berges war. Nach einer Überlieferung wurde sie durch einen Pfeil, den ihr Geliebter – ein tibetischer Berggott – abschoß, schwanger und gebar den Vorfahren der Ngoloks. Eine andere Version sieht die Ngolok-Ahnin als Seegottheit.[89] Durch diese verschiedenen Überlieferungen ist es wiederum nicht überraschend, daß sehr häufig tatsächlich ein Götterpaar (männlicher Berg und weiblicher See) auftritt, mit den entsprechenden kriegerischen, männlichen wie weiblichen Attributen: Pfeil und Spiegel, Donnerkeil (Vajra, Dorje) und Edelstein (Mani), Speer und Vase usw. Der Pfeil mit dem angebundenen Spiegel gilt als eines der beliebtesten Attribute der Berggottheiten und wird im tibetischen Kulturkreis als phallisches Fruchtbarkeitssymbol angesehen.[90]

Die Berggottheiten stellte man sich als Dralha, »Kriegsgottheiten« oder Reichtumsgötter vor. Gerade in den nomadischen Hirtenkriegergesellschaften läßt die Heerführerfunktion ihrer Oberhäupter – und damit ihrer Stammesahnen – den kriegerischen Charakter der Berggottheiten gut verständlich werden. Die gesellschaftliche Organisationsstruktur ist lediglich auf die Gottheiten-Beziehung übertragen worden. Außerdem waren die heiligen Berge Nahrungs- und damit Lebensspender: Durch die geographischen Besonderheiten ihrer Umgebung förderten sie Wolkenbildung, Regenfälle und Bodenfeuchtigkeit. Sie lieferten damit die Grundlagen für die Bodenfruchtbarkeit, und waren verantwortlich für gute Weiden oder Ackerböden, für gesunde und große Herden sowie üppige Ernten – somit für den Wohlstand der Menschen schlechthin.[91]

Manche Berggottheiten – wie Kangchenjönga oder Nöjin Kangsang – werden mit dem lamaistischen Reichtumsgott Kubera (Vaishravana) gleichgesetzt. Hier handelt es sich um eine in der geschichtlichen Entwicklung eher spät erfolgte Angleichung alteinheimischer Gottheiten an das buddhistische Pantheon. Darin gilt Kubera als der bedeutendste Hüter und Spender von Fruchtbarkeit, weshalb auch die Identifikation der Berggottheiten mit ihm besonders leichtfiel, da sie die gleichen Funktionen innehatten.

Aus den einstigen Ahnengeistern haben die Berggottheiten sich folglich zu Schutzgottheiten entwickelt, die Fruchtbarkeit und damit Reichtum und Wohlstand spenden. Nach wie vor stellt man sie sich als mächtige Herrscher über unter- oder überweltliche Reiche vor, wie die zahlreichen Berggötter, die als Herrscher über all die Erdgeister, die Sadag (»Erdherren«), in ihrer Umgebung gelten. Während die Sadag der Yarlung-Region von Yarlha Shampo befehligt werden, unterstehen jene der Provinz Ü dem Nyenchen Thanglha, von Tsang dem Kangwa Sangpo. Die Region, die vom Ma Chu (Oberlauf des Gelben Flusses) durchflossen wird, gilt als Domäne Machen Pomras, während die Götter, welche ihren Sitz auf den Bergen Chola Tshaltse, Jangri Mugpo und Riwo Tsenga (chin. Wutai Shan) haben, den Sadag der Länder Hor (Zentral-Kham), Jang (südöstliches Randgebiet von Kham) und China zugeordnet werden.[92] Gerade letztere Beispiele verdeutlichen noch einmal die enge Verwandtschaft im Gedankengut der sino-tibetischen Völkerschaften, die im Detail lediglich durch die im Laufe der Jahrtausende erfolgten Wanderungsbewegungen divergierten: Hier fällt nicht allein die Analogie zu den »Vier-heilige-Berge-Systemen« in China auf,[93] sondern auch, daß der in Nordchina gelegene buddhistische heilige Berg Wutai Shan als Riwo Tsenga im tibetischen System ebenfalls auftaucht.

Die Bergschutzgottheit Vaisravana (Namtōse).

Die Kosmische Achse

Nicht nur für die tibetischen Buddhisten ist der Kailash der heiligste unter all diesen Bergen, sondern auch für einige andere Religionsgemeinschaften. Er ragt deutlich aus der Masse der anderen sakralen Berggipfel heraus.

Mit 6 714 m Höhe ist der Kailash der Hauptgipfel des Kang Tise (chin. Gangdise Shan), des westlichen Teils des bei uns als Transhimalaya bekannten Gebirgszugs. So lautet der eigentliche tibetische Name des Kailash Tise bzw. Tese Kang, er wird aber in aller Regel mit dem höchste Verehrung ausdrückenden Namen Kang Rinpoche bezeichnet. Obschon rund zweitausend Meter niedriger als die höchsten Himalaya-Riesen, überragt der Kailash seine Umgebung derart, daß er von weither sichtbar ist. Da er von beeindruckender Schönheit und erhabener Größe ist, erstaunt es nicht, daß er zum heiligen Berg von fünf Religionen wurde: für die Buddhisten, die Bönpos, die Hindus, Jainas[94] und die Sikhs.

Der schneebedeckte Gipfel, auf tibetisch bedeutet Kang Rinpoche »Schneejuwel«, ist von einer äußerst markanten, die Fantasie anregenden Form. In den aus dem Schnee ragenden Felsen meinen die Hindus das Gesicht Shivas zu erblicken. Dagegen berichtet die Legende vom Zweikampf zwischen dem tibetischen Mystiker Milarepa und dem Bön-Priester, daß die Felsen von der Trommel des Bön-Priesters herausgeschlagen wurden, als der Bönpo sie vor Schreck, daß Milarepa vor ihm am Gipfel angelangt war, hatte fallen lassen. Von den Buddhisten wird der Kailash als der irdische Teil der Weltenachse, dessen Entsprechung im Kosmos der Meru ist, sowie als Wohnung der tantrischen Gottheit Demchok (Samvara) angesehen, und die Hindus sehen in ihm den Thron Shivas, der zerstörerischen Kraft in der dreifach gegliederten Göttlichkeit des Hinduismus.

Die Jainas verstehen den Kailash als den Ort, wo ihr erster Heiliger Adinath[95] seine Erleuchtung hatte, während die Anhänger der alten Bön-Religion den von ihnen Yungdrung Gutse[96] genannten Berg als das geistige Zentrum des alten Landes Shangshung ansehen und als den Ort, an dem ihr Religionsstifter Shenrab Miboche vom Himmel auf die Erde herabstieg. In noch früherer Zeit war er einfach Sitz örtlicher Gottheiten; so berichten manche Texte[97] davon, daß Tise Lhatsen – eines der Tsen genannten himmlischen Wesen – seinen Wohnsitz auf diesem Berg habe. Auch seine Unterwerfung – wie die der auf dem Tise thronenden Gottheiten, welche die »achtundzwanzig Mondwohnungen« (rGyu-skar nyi-shu rtsa-brgyad) beherrschen – wird dem Guru Padmasambhava zugeschrieben. Nicht von ungefähr heißt es von dem großen indischen Weisen, daß er sich in das Gebiet um den Kailash zurückgezogen hatte, um zu meditieren. Gleiches wissen wir von dem Dichtermystiker Milarepa, der hier seinen Bön-Gegner besiegte.

Eine Pilgerschaft zum Kailash bedeutet eine Reise zum wahrhaften Mittelpunkt des Universums: Hier liegt der kosmische Punkt, an dem alles beginnt und alles endet, die göttliche Quelle von allem, was existiert und von Bedeutung ist. Der Berg wird rituell umkreist, so wie das Rad sich um die Achse, die Welt sich um den Weltenberg dreht. Indem die Pilger den Gipfel umwandeln und einer Vision von Shiva (Hindus) oder Demchok (Buddhisten) auf dem glänzenden Gipfel huldigen, stellen sie den Kontakt zu etwas tief in ihrem eigenen Inneren her, das sie mit der übergeordneten Wirklichkeit verknüpft, die dem Kosmos selbst unterliegt. Die den Kailash umgebenden Schneeberge sind die Wohnstätten von fünfhundert buddhistischen Heiligen, die das Nirvana, den gesegneten, von Leiden befreiten Zustand jenseits unserer Begrifflichkeit erlangt haben. Der Legende nach können all jene, die die geistige Reife erlangt haben, manchmal die göttliche Musik der Gesänge dieser Heiligen in der klaren Atmosphäre des tibetischen Hochlandes vernehmen.[98]

»Für Hindus und Buddhisten ist der Kailash das Zentrum der Welt. Nach ältester Sanskrittradition wird die Achse des Universums als Meru oder Berg Sumeru bezeichnet, und dies bezieht sich nicht nur auf die physische, sondern ebenso auf die metaphysische Welt«, schrieb Lama Govinda.[99] »Und da unser psycho-physischer Organismus ein mikrokosmisches Abbild des Universums darstellt, entspricht Meru der Wirbelsäule beziehungsweise dem Rückenmark in unserem Nervensystem. Und ebenso wie die verschiedenen Bewußtseinszentren (skt. cakra) mit dem Rückenmark der Wirbelsäule (skt. meru danda) verbunden sind, von dem sie wie vielblättrige Lotusblüten abzweigen, in ähnlicher Weise bildet der Berg Meru die Achse der verschiedenen überweltlichen Bereiche. Und so wie der psycho-physische Mikrokosmos des Menschen vom höchsten Bewußtseinszentrum, dem ›tausendblättrigen Lotus‹ gekrönt ist, in gleicher Weise ist der Weltberg Meru, bzw. Kailash, der sein irdisches Gegenstück ist, von dem unsichtbaren Tempel der höchsten transzendenten Mächte überwölbt, die jedem Pilger in der jeweiligen Form erscheinen, die ihm die höchste Wirklichkeit symbolisiert. In dieser Weise ist Kailash für Hindus der Sitz Shivas, während er für die Buddhisten ein riesiges Mandala von Dhyani-Buddhas und -Bodhisattvas darstellt, wie dies in dem berühmten Demchog Tantra, dem ›Mandala der höchsten Glückseligkeit‹ beschrieben wird.«[100] Demgemäß ist auch die Personifizierung dieses Tantras, der Yidam Khorlo Demchok (skt. Samvara), der besondere Beschützer des Kailash und damit jener außergewöhnlichen Weltenregion, die Himmel und Erde, das Reich der Götter mit dem der Menschen, der Erd- und Wassergeister verbindet. Die verschiedenen Himmelsebenen finden ihre Entsprechung in den abwechselnden Schichten aus dunklem und hellem Gestein, von nacktem Fels und Eis.

Wie eine Pyramide geformt, hat der Kailash vier annähernd gleichmäßig geformte Seiten, die gemäß der Mythologie im Norden aus Gold, im Osten aus Silber, im Süden aus Lapislazuli und im Westen aus Rubin bestehen. Leicht lassen sich ihnen dementsprechend nicht nur die Farben Gelb, Weiß, Blau und Rot zuordnen, sondern auch die diesen Farben entsprechenden Lokapalas (Himmelswächter): Vaishravana bzw. Kubera im Norden (»Hüter der Schätze«), Dhritarashtra (»Herr über die himmlischen Musikanten«) im Osten, Virudhaka (»Wächter der Kumbhanda-Dämonen«) im Süden und Virupaksha (»Wächter der Buddhareliquien«) im Westen. Und schon ist der Kailash ein völlig natürliches Mandala, ein Abbild des Kosmos auf Erden, ja des Kosmos schlechthin.

In gleicher Weise fand eine Zuordnung der am heiligen Berg entspringenden großen Flüsse zu den Dhyanibuddhas der Mandalas statt. Mit ihren Namen korrespondieren die Namen der Täler, in welchen sich die Quellen der Flüsse befinden, die wiederum nach den sogenannten »Reittieren« der Buddhas benannt sind. Der Indus (Sengge Tsangpo) entspringt dem »Löwenmaul« (Sengge Khamba, chinesisch Shiquan He) und korrespondiert mit dem Dhyani-Buddha der Mitte, Vairocana. Der in Tibet meist nur »(der) Fluß«, Tsangpo, genannte Brahmaputra entspringt dem »Pferdemaul« (Ratnasambhava, Süden), der Karnali dem »Pfauen-Schnabel« (Amitabha, Westen) und der Sutlej einem »Elefantenmaul« (Akshobhya, Osten). »Der Pilger wird sich bewußt, daß er sich durch ein riesiges Mandala bewegt, das wie durch ein Wunder der Natur hier geschaffen wurde, ein Mandala, das durch Farben und Formen zu ihm spricht in der Symbolsprache der Meditation, die seit Beginn der Menschheit von Generation zu Generation weitergegeben wurde.«[101] Der Pilger mag vielleicht eher nur gefühlsmäßig erfassen, was Lama Govinda bewußt wird – jener aus dem Westen gekommene buddhistische Mönch, der sich viele Jahre seines Lebens mit der höheren Philosophie der lamaistischen Geistlichkeit auseinandersetzte. Tatsächlich sind die Ziele der Pilgerschaft und des ein- bis dreitägigen Parikrama von 55 km Länge für die einfachen Gläubigen von konkreterer, leichter faßbarer Natur. Sie erhoffen sich von einer Umrundung, daß die Sünden ihres Lebens weggewaschen werden, während 108 Umwanderungen das Nirvana noch in diesem Leben garantieren. Es ist die Heiligkeit des Ortes, die Erlösung verheißt – selbst für jene, die der hohen Schule der Meditation fernstehen.

2. Segensreiche und dämonische Seegottheiten

Tibet – ein Hochland voller Seen

Die Seen auf dem tibetischen Hochland bilden die am höchsten gelegene und zahlreichste Seengruppe auf der Welt: 612 Seen mit mehr als einem Quadratkilometer Fläche befinden sich allein in der Autonomen Region Xizang/Tibet auf einer Höhe zwischen 4 500 und 5 000 m. Ein knappes Dutzend unter ihnen ist etwa so groß oder größer als der Bodensee. Die über eintausend Seen des Hochlandes von Tibet bedecken mehr als zwei Prozent seiner Fläche: Ihre Wasseroberfläche (rund 38 000 qkm) entspricht ungefähr der Landfläche der Schweiz. Es sind überwiegend Salzseen bzw. Seen mit sehr hohem Mineralanteil, 20–30 Prozent sind bereits versalzen oder salzverkrustet. Die minimale Vergletscherung des Hochlands bringt diesen Seen einen nur geringen Zufluß, was zur allmählichen Austrocknung der meist großen Wasserflächen führt. Davon zeugt die große Zahl ehemaliger Uferlinien: alte Seeterrassen liegen beispielsweise am Dangre Yu Tso oder an seinem nördlich benachbarten Dangchung Tso oft in luftiger Höhe an den steilen Bergflanken.

In Tibet gibt es im wesentlichen drei Großregionen, die eine besonders hohe Seendichte aufweisen: 1. im äußersten Norden das Qaidambecken, das aufgrund seiner enormen Trockenheit fast nur Salzseen besitzt. Lediglich im Osten geht es in leicht feuchtere Steppengebiete über, wo noch weiter östlich der größte See auf dem Hochland überhaupt liegt: der Kokonor (4 583 qkm), wie er unter seinem mongolischen Namen bei uns bekannt geworden ist (tibet. Tso Ngompo, chines. Qinghai Hu); 2. das Quellgebiet des Gelben Flusses (tibet. Ma Chu), das stark versumpft ist und daher mit einem starken Grundwasserstrom den Mineralienanteil der beiden größten Süßwasserseen Tibets, Gyaring Nor (526 qkm) und Oring Nor (611 qkm), verdünnt; und 3. der Changthang, das ausgedehnteste Seengebiet, dessen Süden mit über sieben Prozent Wasserbedeckung die größten Seeflächen aufweist. Sie werden überwiegend von den aus dem Transhimalaya kommenden Flüssen gespeist, dessen monsunale Niederschläge im Sommer genügend Wassernachschub liefern. In dem sich zwischen Transhimalaya im Süden, Karakorum und West-Himalaya im Westen sowie Kunlun Shan im Norden erstreckenden zentralen Hochland mit einer durchschnittlichen Höhe von 5 000 m liegen Tausende von Seen und saisonalen Wasserreservoirs verstreut. Erst dort, wo sich die weiten Hochflächen des Changthang dem Quellgebiet des Jangtse (Yangzi/Chang Jiang; tibet. Dri Chu) und Salween (Nag Chu) nähern, nimmt der Grundwasserfluß wieder zu und damit die Dichte der Seen ab. Im südöstlichen Teil Tibets finden sich daher nur noch kleine und kleinste Bergseen – wie der berühmte Orakelsee Lhamoi La Tso.

In diesem Kapitel sind sowohl Legenden der größten Seen des Hochlandes (Kokonor, Nam Tso und Siling Tso) berücksichtigt als auch Legenden der heiligsten Seen (Manasarovar, Yamdrok Tso, Lhamoi La Tso). Den Kokonor, den flächengrößten See des gesamten tibetischen Hochlands, entdecken wir leicht auf der Landkarte in Tibets äußerstem Nordosten, in Amdo. Das Seenpaar Manasarovar (412 qkm) und Rakas Tal (269 qkm) breitet sich in Westtibet zwischen den Bergen Kailash und Gurla Mandata nahe der Grenze zu Nepal und Indien aus, während die größten Changthang-Seen Nam Tso (1 940 qkm) und Siling Tso (1 640 qkm) ungefähr in der geographischen Mitte der Tibetischen Autonomen Region (Xizang) liegen. Der heiligste See der Bön, Dangre Yu Tso (835 qkm), erstreckt sich im Herzen des südlichen Changthang, etwa auf halbem Weg zwischen Nam Tso und Kailash bzw. zwischen Nagchu und dem heiligsten aller Berge. Der noch zum Einzugsgebiet des Siling Tso gehörende Süßwassersee Gyaring Tso (466 qkm) wird – auf der Karte und großräumig – eingerahmt von den Seen Dangre Yu Tso, Siling Tso und Nam Tso, während sein wichtigster Zufluß aus den direkt im Süden an ihn anschließenden Transhimalaya-Ketten kommt. Der 678 qkm große Yamdrok Yu Tso, »Türkissee des oberen Weidelandes«, der am häufigsten besuchte und daher bekannteste aller tibetischer Seen, umschließt vielgliedrig eine bergige Landschaft zwischen dem Tsangpo-Tal und der Grenze zu Bhutan.

Auffällig ist, daß diese legendären heiligen Seen – vom Yamdrok-See abgesehen, der als »Lebensspendende La-Seele« für die Tibeter von zentraler Bedeutung ist – weit entfernt von der lamaistischen Ackerbau-Ökumene liegen und daher in alter Zeit wohl eher für die nomadische Bevölkerung von Bedeutung waren.

Kokonor (Tso Ngompo)

Legende vom Ursprung des Sees Kokonor[1]

Nach einer alten Legende wurde der Ursprung des Kokonor der Wut eines tibetischen Gottes zugeschrieben, der sehr weit von dort entfernt hauste. Er lebte so weit weg, daß die Bewohner in der Ebene des heutigen Kokonor ihm nicht gehorchen wollten, ja sogar seine Existenz leugneten. So entschloß sich der Dämon, sie allesamt zu ertränken.[2] Aus einem großen Loch ließ er Wasser hervorsprudeln, das nach und nach das ganze Land bedeckte. Beim Anblick ihrer überschwemmten Weideflächen bereuten die Menschen ihren Ungehorsam, und der Dämon hatte Erbarmen mit ihnen. Er sandte den mächtigsten Adler, der in seinen Diensten stand, aus; dieser ließ einen gewaltigen Felsen in die Mitte des Sees fallen, stopfte auf diese Weise das unheilvolle Loch und schuf eine Insel im Herzen des Sees. Diese war fortan von wunderbaren Stuten bevölkert,[3] die imstande waren, eintausend Li (ca. 500 km) an einem Tag zurückzulegen: die Stuten, die »Blut schwitzten«.

Der Lama und die Grube[4]

In grauer Vorzeit grub ein Lama eine gewaltige Grube in die Erde. Anschließend nahm er eine weiße und eine schwarze Wurzel einer gewissen Pflanze, hielt sie über die Grube und schnitt die schwarze Wurzel in zwei Hälften. Aus ihr quoll Wasser hervor und füllte die Grube an. Hätte er in die weiße Wurzel geschnitten, so hätte sich die Grube mit Milch gefüllt. Daß sie statt dessen voll Wasser war, wurde als ein sehr großes Glück angesehen; denn sonst hätten die Leute der Gegend ihre liebste Beschäftigung, die Viehzucht, aufgeben müssen. Daraufhin stieg der Lama auf einen hohen Berg in der Nähe, nahm einen gewaltigen Felsblock und warf ihn mitten in den See, und so war die dort befindliche Insel entstanden.

Der vergessene Stein[5]

Gar, der berühmte Ratgeber des Königs Songtsen Gampo, wurde dereinst aus dem Lande Tibet verjagt. Er war blind, da man ihm beide Augen ausgerissen hatte. Während er so mit seinem Sohn über die weiten Hochländer des Schneelandes irrte, sagte er, inmitten einer großen Ebene, zu ihm: »Geh, mein Sohn, und bringe mir Wasser!« Dieser blickte in der öden Weite um sich und erwiderte: »Aber Vater, an diesem Ort hier gibt es nirgendwo Wasser.« Der Vater antwortete ihm: »Geh, und du wirst ein Schaf erblicken, das an einem Stein leckt. Hebe diesen Stein auf, und du wirst sehen: Dort gibt es Wasser. Nachdem du dort Wasser geschöpft hast, lege den Stein wieder auf seinen Platz zurück, komm dann und bring mir das Wasser.«

Der Sohn tat, wie ihm geheißen. Er erblickte das Schaf, das an einem Stein leckte, hob diesen auf und fand Wasser darunter. Er beeilte sich, das Wasser für seinen durstigen Vater zu schöpfen, und vergaß darüber im Weggehen, den Stein wieder an seinen ursprünglichen Platz zurückzulegen. Der Vater aber konnte den Geruch des langsam sich entwickelnden, allmählich ansteigenden Sees riechen und sprach zu seinem Kind:

»Sohn, das ist nicht gut! Nimm mich auf deine Schultern und laufe los!«

Der Sohn nahm den Vater auf seine Schultern und lief eiligst zum Gipfel des Berges Lombo Serchen. Als sie dort oben angelangt waren, fragte Gar seinen Sohn: »Was siehst du?« – »Ich sehe einen Adler, der seine Kreise dreht«, antwortete jener. – »Das ist gut; so können wir hier rasten«, sagte der königliche Rat Gar. Denn der Adler war Padmasambhava, der aus dem fernen Indien den Gipfel des Berges Mahadeva hierhergebracht und damit – inmitten des Sees – die eifrig sprudelnde Quelle abgedeckt hatte. So verhinderte er die Überschwemmung, die sonst über das ganze Land hereingebrochen wäre. Darin liegt der Grund, warum der indische Berg Mahadeva heutzutage einen abgestumpften Gipfel besitzt. Als sich die Wasser aus der Quelle zum großen See ergossen, ertränkte dieser zehntausend Familien, weshalb er Tso Trishor Gyalmo, »Mutterkönigin der zehntausend Familien«, genannt wurde.

Der Lama und der blinde Greis[6]

Die Tibeter im Königreich Ü wollten mitten in ihrem Tal einen Felsentempel bauen, der auch schnell fertig wurde, dann aber zusammenstürzte, ohne daß man sich die Ursache erklären konnte. Im nächsten Jahre wiederholte sich ganz derselbe Fall an derselben Stelle, und als man im dritten Jahre noch einmal den Bau versuchte, war es nicht anders. Die Leute kamen in Verzweiflung und wollten nicht zum vierten Male den Versuch wagen. Der König befragte einen berühmten Wahrsager; dieser hatte zwar nicht selber den Schlüssel zum Geheimnis, erklärte aber, daß ein großer Heiliger im Osten denselben besitze. Wenn er reden wolle, sei weiter keine Gefahr mehr zu befürchten. Aber wer der Heilige war und wo er lebte, das wußte der Wahrsager nicht zu berichten. Ein mutiger und kluger Lama machte sich auf, um ihn zu suchen, und durchreiste alle Lande im Osten von Ü. Nach langen vergeblichen Bemühungen riß ihm in der großen Ebene zwischen China und Tibet der Sattelgurt, und er fiel vom Pferde. An einem kleinen Teich stand ein armseliges Zelt; dorthin ging der Lama, um den Schaden auszubessern, und fand einen Greis in eifrigem Gebet. »Bruder«, sprach der Reisende, »in Deinem Zelte möge immer Friede wohnen.« – Der Alte entgegnete ohne sich zu regen: »Setze Dich an meinen Herd, Bruder.« Der Lama äußerte sein Bedauern darüber, daß der Greis blind sei, worauf dieser bemerkte, daß er seinen Trost im Gebet finde. Der Lama entgegnete: »Ich bin ein armer Lama aus dem Osten und habe gelobt, alle Tempel in den mongolischen Landen zu besuchen und mich vor den Heiligen niederzuwerfen. Da ist mir nun mein Sattelgurt gerissen, und ich möchte hier den Schaden ausbessern.«

»Meine Augen sind erblindet, ich kann Dir nicht an die Hand gehen, aber Du wirst alles Nötige hier im Zelt finden. Oh, Lama aus dem Osten, wie bist Du zu preisen, daß Du unsere geheiligten Tempel besuchen kannst. Die prächtigsten sind im Lande der Mongolen, die Böpa [Tibeter] werden niemals dergleichen haben. Vergeblich mühen sie sich ab, schöne Tempel in ihrem Tale zu erbauen, denn die Grundlagen werden allemal von einem unterirdischen See zerstört, dessen Dasein sie nicht ahnen. Ich sage das, weil Du ein mongolischer Lama bist, aber Du darfst es keinem Menschen mitteilen. Triffst Du unterwegs einen Lama aus dem Lande Ü, so hüte Deine Zunge; denn wird mein Geheimnis verraten, so ist diese Gegend hier verloren. Denn wenn ein Lama aus Ü wüßte, daß dort im Tale ein unterirdischer See ist, so würde flugs das Wasser verlaufen und unsere Steppen überfluten.« – Da erhob sich der Reisende und rief: »Unglücklicher Greis, rette Dich so schnell Du kannst! Denn bald werden die Wasser herbeiströmen. Ich bin ein Lama aus dem Lande Ü!«

Er sattelte sein Pferd in aller Eile und ritt hinweg. Für den Greis aber waren diese Worte wie ein Donnerschlag, und er schrie und wehklagte. Da kam sein Sohn, der Yaks von der Weide heimtrieb. »Spring auf Dein Pferd, nimm Deinen Säbel, reite nach Westen zu, und wenn Du einen Lama antriffst, so haue ihn nieder, denn er hat mir meinen Sattelgurt gestohlen.« – »Wie, ich soll einen Mord begehen? Alle Leute reden von Deiner großen Heiligkeit, mein Vater, und jetzt soll ich einen armen Reisenden töten, weil er ein Stück Leder nahm, das er gewiß sehr notwendig brauchte!« – »Eile, spute Dich!« rief der Greis, »ich beschwöre Dich; Du mußt den Fremden niedermachen, wenn wir nicht im Wasser umkommen sollen!«

Der Sohn glaubte, sein Vater habe den Verstand verloren, wollte ihn jedoch nicht weiter aufregen, sondern setzte dem Lama aus dem Lande Ü nach, welchen er auch vor Einbruch der Dunkelheit einholte. Er sprach: »Heiliger Mann, verzeihe, wenn ich Dich aufhalte. Du warst in unserem Zelte und hast einen Sattelgurt mitgenommen, den mein Vater zurückverlangt. Er ist so erbittert, daß er verlangt, ich solle Dich töten. Aber was ein Greis befiehlt, der seines Verstandes nicht mächtig ist, soll man ebensowenig tun, als was ein Kind befiehlt. Gib mir den Gurt, ich werde ihn dann schon beruhigen.«

Der Lama stieg vom Pferde, gab dem jungen Mann das Verlangte und sprach: »Dein Vater hatte mir dieses gegeben, aber hier, bring es ihm zurück.« Dann löste er seinen Gürtel ab, benutzte ihn als Sattelgurt und ritt fürbaß. Der Sohn kam erst spät in der Nacht im Zelte seines Vaters an, wo er viele Hirten fand. »Ich habe den Sattelriemen, beruhige Dich, Vater!« – »Und wo ist der Fremde? Hast Du ihn getötet?« – »Nein, ich mochte nicht sündigen, wollte nicht einen Lama umbringen, der mir kein Böses getan hatte.« Damit gab er seinem Vater den Riemen. Der Greis zitterte an allen Gliedern, denn nun wurde ihm klar, daß sein Sohn den Sinn seiner Worte nicht verstanden habe. Im Mongolischen drückt nämlich ein und dasselbe Wort *Geheimnis* und *Sattelgurt* aus. Er rief laut: »Das Abendland trägt den Sieg davon; es ist des Himmels Wille!« Und nun riet er den Hirten, sich mit ihren Herden zu flüchten. Er selbst warf sich im Zelt auf den Boden und sah ruhig dem Tod entgegen.

Noch vor Tagesanbruch begann es unter der Erde zu brausen und zu rauschen, wie wenn Gebirgsströme über gewaltige Felsmassen hinabstürzen. Und das Tosen wurde immer stärker, und der kleine Teich, an welchem das Zelt des Greises stand, fing zu schäumen an. Und die Erde erbebte, und unterirdische Wasser drangen mit mächtiger Gewalt heraus und ergossen sich über die unabsehbare Ebene. Und alles Vieh und was von Menschen sich nicht retten konnte, kam in den Wogen um, der Greis zuallererst.

Der Lama aber kam nach dem Lande Ü zurück, wo er alles in großer Bestürzung fand. Im Tal hatte man ein furchtbares Tosen vernommen und wußte doch nicht, woher es rührte. Da erzählte er die Geschichte von dem blinden Greis, und alle legten Hand an, um den prachtvollen Tempel zu bauen, der noch heute steht. An demselben siedelten sich viele Familien an, und so entstand Lhasa, das »Land der Geister«.

Lhamoi La Tso[7]

Der Orakelsee

>»An der Grenze zwischen Olka und Dagpo liegt Gyalme Togten, eine Residenz von Gyalwa Gedün Gyatso, und am oberen Ende des Tales der ›Lebenskraft-See‹ der Göttin Marsorma, wo die verschiedensten Arten von Erscheinungen wahrgenommen werden.«[8]

Es gibt in der Provinz Dagpo, rund hundert Meilen südöstlich von Lhasa, einen See, der Chökhor Gyalkyi Namtso genannt wird, »Himmlischer See des siegreichen Rades der Lehre«. Jeder Dalai Lama besucht ihn einmal in seinem Leben, da er ihm die zukünftigen Ereignisse seines Lebens und die Art und Weise seines Dahinscheidens offenbart. Nahe des Sees gibt es eine »Schutzgötterhalle« und darin ein Bildnis der Marsorma, der schrecklichen Göttin, die über den See herrscht und hier residiert. So schreckenerregend ist sie, daß niemand außer dem Dalai Lama selbst sich in das Gebäude hineinwagt. Er tritt allein ein und spricht dort zur Göttin. Vom neunten bis zum zwölften Dalai Lama statteten alle ihre Besuche im Alter zwischen neun und siebzehn Jahren ab. Jung wie sie waren, hatten sie noch nicht genügend Kenntnisse, den Zorn der Göttin, der sie leicht befällt, von sich abzuwenden, und so starben sie bald nach der Begegnung mit Marsorma. Der 13. Dalai Lama Thubten Gyatso war fünfundzwanzig Jahre alt, als er den See Lhamoi La Tso und dessen furchterregende Göttin besuchte, und er war bis dahin wissend genug, um sich ihres Schutzes und ihrer Unterstützung zu versichern.[9] Mit großem politischen Erfolg regierte er Tibet bis zu seinem Tod im Jahre 1933. Danach fing die Suche nach seinem Nachfolger an. Über diese Suche und die Auffindung seiner Reinkarnation berichtet uns der heutige 14. Dalai Lama selbst:[10]

Der fünfte Dalai Lama.

»Im Wasser-Vogel-Jahr schied Thubten Gyatso aus dieser Welt. Tiefe Trauer ergriff das Volk, als die Nachricht sich in Tibet verbreitete. [...] So große Verdienste hatte sich der Dreizehnte Dalai Lama um den Frieden und das Wohlergehen Tibets erworben, so daß sich das Volk entschloß, ihm zum ehrfürchtigen Gedenken ein ganz besonders prächtiges goldenes Mausoleum zu errichten. Nach uraltem Brauch wurde dieses Grabmal innerhalb des Potala-Palastes in Lhasa erbaut.

Nach dem Tod des Dreizehnten Dalai Lama begann unverzüglich die Suche nach seiner Reinkarnation, denn jeder Dalai Lama ist eine Wiedergeburt seines Vorgängers. Der erste, der im Jahr 1391 christlicher Zeitrechnung geboren wurde, war eine Inkarnation von Chenresi, dem Bodhisattva der Gnade, der gelobt hatte, alle lebenden Geschöpfe zu beschützen.

Zunächst mußte von der Nationalversammlung ein Regent ernannt werden, der das Volk zu führen hatte, bis die neue Reinkarnation erschienen, aufgefunden und herangewachsen war. Dann wurden, den altehrwürdigen Gebräuchen und Überlieferungen folgend, die staatlichen Orakel und gelehrten Lamas konsultiert, um als erstes festzustellen, an welchem Ort die Reinkarnation vor sich gegangen sei. Im Nordosten Lhasas hatte man seltsame Wolkenbildungen gesichtet. Man erinnerte sich daran, daß der Körper des Dalai Lama nach seinem Tod auf einen Thron im Norbulingka, seiner Sommerresidenz in Lhasa, mit dem Gesicht nach Süden gesetzt worden war; einige Tage später jedoch entdeckte man, daß sich sein Antlitz nach Osten gewendet hatte. Und auf einem hölzernen Pfeiler an der Nordostseite des Schreins für den toten Dalai Lama zeigte sich plötzlich ein sternförmiger Schwamm. All dies und andere Erscheinungen wiesen die Richtung, in der man nach dem neuen Dalai Lama zu suchen hatte.

Als nächstes pilgerte der Regent im Jahr 1935 – es war nach dem tibetischen Kalender das Holz-Schwein-Jahr – an den heiligen See von Lhamoi Latso in Chökhorgyal, ungefähr neunzig Meilen südöstlich von Lhasa. Nach tibetischem Glauben vermag man in den Wassern dieses Sees die Zukunft zu erblicken. Es gibt viele solcher heiligen Seen in Tibet, aber Lhamoi Latso ist der berühmteste. Manchmal sollen die Visionen in Form von Schriftzeichen erscheinen, manchmal als Bilder von Orten und zukünftigen Ereignissen. Einige Tage wurden in Gebet und Meditation zugebracht, dann hatte der Regent die Vision von drei tibetischen Schriftzeichen, *ah, ka* und *ma*, gefolgt von dem Bild eines Mönchsklosters mit jadegrünen und goldenen

Dächern und einem Haus mit türkisfarbenen Ziegeln. Eine detaillierte Beschreibung dieser Geschichte wurde aufgezeichnet und streng geheimgehalten. Im folgenden Jahr wurden hohe Lamas und Würdenträger, denen das Geheimnis bekannt war, in alle Teile Tibets ausgesandt, um den Ort zu suchen, den der Regent im Wasser des heiligen Sees gesehen hatte.

Die weisen Männer, die ostwärts gewandert waren, kamen im Winter nach Dokham. Bald entdeckten sie die grünen und goldenen Dächer des Klosters von Kumbum. Im Dorf Taktser stießen sie auf ein Haus mit türkisfarbenen Ziegeln. Ihr Anführer erkundigte sich, ob die Familie, die dieses Haus bewohnte, etwa Kinder habe, und man sagte ihm, daß zu ihr ein Knabe gehöre, der nahezu zwei Jahre alt sei.

Als sie diese bedeutsame Kunde vernommen hatten, gingen zwei Mitglieder der Gruppe und ein Diener, geführt von zwei ortsansässigen klösterlichen Beamten, in Verkleidung zu dem Haus. Ein jüngerer Klosterbeamter der Suchgruppe, der Losang Tsewang hieß, gab vor, der Leiter zu sein, während der wirkliche Anführer, Lama Kewtsang Rinpoche aus dem Kloster Sera, ärmliche Kleider angelegt hatte und den Diener spielte. Am Tor des Hauses trafen die Fremdlinge mit [den] Eltern [des heutigen Dalai Lamas] zusammen, die Losang ins Haus baten, da sie ihn für den Ranghöchsten hielten, während der Lama und die übrigen in den Räumen des Gesindes Unterkunft erhielten.

Hier fanden sie das jüngste Kind der Familie. Sobald der Kleine den Lama erblickte, ging er auf ihn zu und wollte unbedingt auf dessen Schoß. Der Lama hatte sich durch einen Mantel, der mit Lammfell gefüttert war, unkenntlich gemacht, aber um den Hals trug er einen Rosenkranz, der dem Dreizehnten Dalai Lama gehört hatte. Der Bub entdeckte diesen Rosenkranz und bettelte darum. Der Lama versprach, ihm den Rosenkranz zu geben, wenn er herausbrächte, wer er sei. Darauf erwiderte das Kind, er sei

›Sera-aga‹, was im Dialekt der Gegend soviel wie ›Lama von Sera‹ bedeutet. Nun fragte der Lama, wie denn wohl der Anführer heiße, und der Knabe nannte den Namen Losang. Außerdem wußte er, daß der richtige Diener Amdo Kasang war. Der Lama beobachtete das Kind den ganzen Tag hindurch mit wachsendem Interesse, bis es Zeit war, es zu Bett zu bringen. Die ganze Gruppe blieb über Nacht im Haus. Früh am nächsten Morgen, als sie sich zum Aufbruch vorbereiteten, kletterte der Knabe aus seinem Bett und wollte sich nicht davon abbringen lassen, mit den Fremden zu gehen.

Dieses Kind war ich. [...]

Bei kleinen Kindern, die Reinkarnationen sind, ist es üblich, daß sie sich an Gegenstände und Personen aus ihrem vorigen Leben erinnern. Einige können auch heilige Schriften zitieren, ohne daß man es sie gelehrt hat. Durch alles, was ich gesagt hatte, war der Lama zu der Überzeugung gekommen, daß er möglicherweise die gesuchte Reinkarnation entdeckt habe. Nun war die ganze Gruppe erschienen, um mich weiter zu prüfen. So hatten die Würdenträger zwei völlig gleiche Rosenkränze bei sich, von denen der eine aus dem persönlichen Besitz des Dreizehnten Dalai Lama stammte. Als sie mir beide darboten, ergriff ich denjenigen, der ihm gehört hatte, und legte ihn mir – wie man mir später erzählte – um den Hals. Derselbe Versuch wurde mit zwei gelben Rosenkränzen unternommen. Darauf hielten sie mir zwei Trommeln hin, eine kleine, die der Dalai Lama dazu verwendet hatte, sein Gefolge zusammenzurufen, und eine größere, viel reicher geschmückte Trommel mit goldenen Beschlägen. Ich wählte die kleine und begann sie so zu bearbeiten, wie man es während des Betens tut. Zuletzt wiesen sie mir zwei Wanderstäbe. Ich faßte den falschen an, hielt dann inne und betrachtete ihn eine Weile; schließlich nahm ich den anderen, der dem Dalai Lama gehört hatte, und behielt ihn in der Hand. Über mein Zögern verwundert, fand man später heraus, daß auch der erste Wanderstab eine Zeitlang vom Dalai Lama benutzt worden war. Er hatte ihn später einem Lama verehrt, der ihn wiederum an Kewtsang Rinpoche weiterverschenkt hatte.

Alle diese Versuche bestärkten die Abgesandten in der Überzeugung, daß die Reinkarnation gefunden war; auch die Vision der drei Schriftzeichen, die der Regent im [heiligen] See [Lhamoi Latso] erblickt hatte, sprach für ihre Ansicht. Denn sie meinten, daß das erste Schriftzeichen – *ah* – Amdo bedeute. Und Amdo ist der Name unseres Bezirks; *ka* mochte auf Kumbum hinweisen, eines der größten Mönchsklöster der Gegend, das überdies dem Regenten in seiner Vision [am Lhamoi Latso] erschienen war. Auch konnte mit den zwei Schriftzeichen *ka* und *ma* das Mönchskloster Karma Rolpai Dorje am Berg oberhalb unseres Dorfes gemeint sein.

Nun bekam der Umstand Bedeutung, daß der Dreizehnte Dalai Lama einige Jahre zuvor auf seinem Rückweg von China im Kloster Karma Rolpai Dorje geweilt hatte. Er war vom verkörperten Lama des Klosters willkommen geheißen worden und hatte die Huldigungen der Dorfbewohner entgegengenommen, unter denen sich auch mein Vater – damals neun Jahre alt – befand. Man erinnerte sich jetzt daran, daß ein Paar Stiefel des Dalai Lama – sie heißen bei uns Jachhen – im Kloster zurückgeblieben waren. Auch hatte der Dalai Lama eine Zeitlang mein Geburtshaus betrachtet und dabei geäußert, dies sei ein wunderschöner Ort.

Durch das Zusammentreffen all dieser Umstände kam die Suchkommission vollends zu der Überzeugung, daß die Reinkarnation gefunden war.«

Manasarovar (Mapam Tso)

Der aus Brahmas Geist geschaffene See[11]

Im Glauben der Hindus ist der Manasarovar von Gott Brahma geschaffen worden, um auf der Pilgerschaft zum Kailash, dem Sitz Shivas, hier die rituelle Reinigung durchzuführen. Nach der Überlieferung der alten buddhistischen Legenden ist der Manasarovar der König aller heiligen Seen in der Welt. Weil der See nur vom Schmelzwasser des Kailash gespeist wird, ist sein Wasser besonders klar und transparent. Deshalb wird er auch als der süße Tau, den Buddha der Menschheit geschenkt hat, bezeichnet. Mit seinem heiligen Wasser kann man die fünf Gifte der Seele »reinwaschen« – nämlich Habgier, Ärger, Dummheit, Faulheit und Eifersucht – und den Körper von allem Schmutz befreien. Hier zu baden, gleicht einer »Taufe« der Seele. Der menschliche Körper wird gereinigt, und das Leben kann verlängert werden. Wenn von Ende Sommer bis Anfang Herbst die frommen Pilger an den Manasarovar kommen, um ein reinigendes Bad zu nehmen, gehört zu ihrer Pilgerschaft, daß sie als wertvollstes Geschenk für Verwandte und Freunde klares Seewasser mit nach Hause nehmen.

Der Abfluß aus dem Manasarovar in den Rakas Tal erfolgt durch den Kanal Ganga Chu, der nur in feuchten Jahren Wasser führt – was als gutes Omen für Tibet gilt. Nachdem er seit etwa 1950 dreißig Jahre lang trocken gelegen haben soll, war er seit Mitte der achtziger Jahre wieder wasserreich: Die schlimme Zeit der Kulturrevolution war vorüber.

Gemäß der buddhistischen Überlieferung wird das Herabsteigen des Bodhisattva in sein letztes Erdenleben – in Erfüllung seines Gelübdes, in die Welt zurückzukehren, um alle Lebewesen zur Erlösung zu führen – mit dem Manasarovar verbunden. Nach einer Tradition träumte die

Königin Maya eines Nachts, daß das Bett, auf dem sie ruhte, von den Schutzgottheiten zum Anavatapta-See getragen und sie in seinen heiligen Fluten gebadet wurde, woraufhin alle irdischen Unreinheiten und Unvollkommenheiten von ihr wichen, so daß der zukünftige Buddha in ihren Leib eingehen konnte. Er erschien ihr im Traum in der Gestalt eines weißen Elefanten, der, in einer Wolke vom heiligen Berg Kailash kommend, sich ihr näherte und in ihren Leib einging.

Des Drachenkönigs Geschenke[12]

Im heiligen See Mapam Tso befinden sich die Paläste des Drachenkönigs des Reichtums. Darin hat der Drachenkönig all seine Schätze versteckt. Wenn ein Pilger bei seinem Rundgang um den See einen Fisch, einen Kiesel oder gar eine Vogelfeder findet, so ist das ein Geschenk des Drachenkönigs, und er wird sein ganzes Leben lang nie Mangel leiden. Daher dienen bis heute zermahlene Kiesel aus dem Manasarovar den Pilgern als Medizin und Heilkräuter vom Ufer als *prasad*, heilige Gabe. Aus demselben Grund wird Wasser aus dem See abgefüllt. Wenn Fische durch die Wellen an Land geschleudert werden, dann trocknen die Tibeter sie; wenn sie später verbrannt werden, dann sollen sie böse Geister vom Haus abhalten. Dem Drachenkönig der Reichtümer zu Ehren wurde vor einem knappen Jahrtausend dieser See daher mit seinem Namen verehrt und Matu Tso genannt. Erst als im elften Jahrhundert die buddhistischen Lehrmeister in den religiösen Auseinandersetzungen über die Bön-Lehre siegten, wurde der See in Mapam Tso umbenannt: den »See der niemaligen Niederlage«, um ihres Sieges über die alte Bön-Lehre zu gedenken.

Anavatapta, der »See ohne Hitze oder Kummer«[13]

Von vielen wird der Manasarovar als der See Anavatapta der Sanskrit-Schriften angesehen, der im Zentrum vieler buddhistischer Legenden steht. Darin erhält ein bestimmter Kontinent unserer Erde den Namen »Südliches Zenbu«. Dieser Name »Zenbu« ist eine Verballhornung von »Jamb«, der lautlichen Umschreibung des Geräusches, das entsteht, wenn ein Gewicht in ruhiges Wasser fällt. Nach einer Legende steht inmitten des Anavatapta ein Baum, der wundertätige Früchte hervorbringt, dem menschlichen Auge aber verborgen bleibt. Diese Früchte heilen alle menschlichen Leiden und werden von Göttern und Menschen gesucht. Wenn eine dieser Früchte in den See fällt, so erzeugt sie den Laut »Jamb« – daher der Name des Kontinents Jambudvipa. Dank der Früchte dieses Baumes wurden die Wasser des Manasarovar-Sees zum lebenspendenden Elixier.

Außerdem wird berichtet, daß dieser heilige See vier Abflüsse habe, welche Magcha Khamba, »der aus dem Pfauenschnabel fließt«, Langchen Khamba, »der aus dem Elefantenmaul fließt«, Tachok Khamba, »der aus dem Pferdemaul fließt«, und Sengge Khamba, »der aus dem Löwenmaul fließt«, genannt werden und die zu den vier heiligen Flüssen Indiens anwachsen: Indus, Sutlej, Karnali-Ganges und Brahmaputra. Daher erklären sich die Heiligkeit des Anavatapta, der Name Zenbu und die Beziehungen zwischen Tibet und Indien.

Über die genannten vier Flüsse heißt es in den Legenden: »Silbersand ist im Fluß des Südens zu finden; Goldsande sind im westlichen Fluß; Sand aus Diamanten sind im Fluß im Norden, Smaragde dagegen in jenem im Osten. Um dem Thron der Götter ihre Ehrerbietung zu bezeugen, umrunden alle vier Flüsse den heiligen Bezirk um den See und den Kailash siebenmal, bevor sie in die vorgegebene Richtung davonfließen.«

Weiter wird erzählt, daß im Anavatapta riesige Lotosblumen blühten, deren Ausmaß dem Paradies gleiche, über das der Buddha Amitabha herrscht. Auf den Lotosblüten sitzen der Buddha selbst und die Bodhisattvas, während in den umgebenden Bergen die hundert Heilkräuter gefunden werden und die Vögel ihre himmlischen Weisen singen. Kurz: Anavatapta wird als das einzig wirkliche Paradies auf Erden beschrieben, mit einem »Lebenden Buddha« und fünfhundert Heiligen, die im Nordwesten auf dem Berg Kailash lebten, und fünfhundert Unsterblichen, die ihr Heim auf dem Berg Menri am südlichen Ufer des Sees haben.

Rakas Tal (Lhanag Tso)
Der See der dunklen Gottheiten[14]

In dem riesigen Mandala, dem Abbild des Kosmos auf Erden, in dem der Kailash identisch mit dem Berg Meru ist – dem Weltenberg, der Weltenachse, dem Zentrum des Kosmos, der Himmel mit Erde, das Reich der Götter mit dem der Menschen, die Erd- und die Wassergeister miteinander verbindet –, haben die heiligen Seen Manasarovar und Rakas Tal ihre Bedeutung: Der kreisförmige Manasarovar mit seinem hellen Wasser steht für die Sonne und die Kräfte des Lichts, die leichte Sichelform des Rakas Tal mit seinem dunkleren Wasser für den Mond und die Kräfte der Finsternis. Ihre Namen sind kein Zufall: »Manas« bedeutet »Geist« oder »Bewußtsein«, »raksha« oder »rakas« bedeutet »Dämon«. Sonne und Mond, Licht und Dunkel, wacher Geist und störender Dämon symbolisieren die Polaritäten, die sich in der Natur niedergeschlagen haben.[15] Das tibetische Mapam Tso bedeutet »See der unbesiegbaren Kräfte [des Buddhas]«, Lhanag Tso (Rakas Tal) dagegen »See der dunklen Gottheiten«. Im sich wie eine Mondsichel um den Manasarovar legenden Rakas Tal ruhen die verborgenen Kräfte der Nacht und der Finsternis. Er ergänzt somit die Kräfte des Lichts und der Erkenntnis im tantrischen Sinne zur Ganzheit kosmischer Polarität: Sonne und Mond als die zwei Felder psychischer Energie.

Als »See der dunklen Gottheiten« ist der Rakas Tal völlig unbesiedelt und trotz seiner großen landschaftlichen Schönheit von einer seltsamen, unheimlichen Atmosphäre durchdrungen. Doch wenn er auch gefürchtet und gemieden wird, ist er ebenso heilig wie sein positiver Zwillingssee; denn jene Mächte, die uns erschreckend und zerstörerisch erscheinen und im Dunkel der Tiefe verborgen liegen, sind ebenso göttlicher Natur wie diejenigen, die wir als Verkörperung des Lichtes und der Güte verehren.[16]

Nam Tso

Die Legende von den drei Seen[17]

Vor gar langer Zeit lebte im Chümo-Tal bei Tölung Dechen, in der Gegend westlich von Lhasa, ein übelgesinnter Dämon namens Siling. Sein Leib war so hoch wie ein Berg, und wenn sein abgrundtiefer Bauch nicht gefüllt war, dann verschlang er täglich Tausende von Lebewesen, ganz gleich, ob es sich um ausgewachsene Menschen oder um kleine Tiere handelte – die Zahl seiner Opfer war unermeßlich. Endlich kam dieser Umstand dem gnädigen und mitleidvollen Guru Rimpoche, Padmasambhava, zu Ohren, und er erbarmte sich all der unglücklichen Wesen. Der große Weise und Magier beschloß, den Dämon zu töten. Padmasambhava begab sich nach Tölung Dechen, wo er Siling schon sehr bald aufspürte und den Kampf mit ihm aufnahm. Der Dämon wehrte sich heftig, und es vergingen einige Dutzend Runden in einem wild tobenden

Kampf, bevor Siling überhaupt einmal Anzeichen von Schwäche erkennen ließ. Während sie so miteinander kämpften, wich der Dämon immer mehr nordwärts in ein kleines Tal zurück, während Guru Rimpoche ihm unermüdlich folgte.

Voller Schrecken flüchtete sich Siling in den Changthang, doch er fand auch dort keinen Platz, an dem er seinen riesigen Leib hätte verbergen können. In die Enge getrieben, blickte er verzweifelt um sich und erforschte den Horizont. Als seine Lage schon völlig aussichtslos erschien, erblickte er einen türkisblauen See, in den er mit einem gewaltigen Satz hineinsprang. Das Seewasser war jedoch klar wie ein Spiegel, und selbst vom Boden des Sees konnte man doch den Himmel noch sehen – daher wird er »Himmelssee«, Nam Tso, genannt. Dort also konnte Siling seinen Leib nicht verbergen. Deshalb sprang er ans Ufer zurück und floh weiter nach Norden, unermüdlich von Padmasambhava verfolgt.

Bald gelangte Siling in die Gefilde des im Westen gelegenen Ortes Shentsa, wo er erneut eine Seefläche bemerkte. Hoffnungsvoll stürzte er sich in den langgestreckten See, der sich zwischen Bergketten dahinzog. Wieder gab es für den verzweifelten Dämon eine Enttäuschung, denn das Wasser dieses Sees war seicht und nicht geeignet, seinen mächtigen Leib vollständig zu bedecken. Da sein unerbittlicher Verfolger Padmasambhava bereits das Seeufer erreicht hatte, konnte Siling nicht mehr an dasselbe Ufer zurückkehren, sondern mußte geradewegs ans gegenüberliegende Ufer schwimmen. In überstürzter Flucht durchquerte er so den sich nach Nordwesten erstreckenden See, der so lang war, daß der Dämon immer mehr ermüdete. Daher wird er See der »Langgestreckte See«, Gyaring Tso, genannt.

Orientierungslos rannte Siling durch den Changthang, wandte sich hierhin und dorthin, bis plötzlich wieder ein riesiger See vor ihm lag. Dessen Wasser war trübe und tief.

Hier, so wußte Siling gleich, würde er seinen riesigen Leib endlich vor dem mächtigen Verfolger verstecken können. Schon tauchte er in die Tiefen des Sees ein, und in einem Augenblick waren weder ein Schatten noch eine Spur mehr von ihm zu sehen. Mit nur wenig Verzögerung gelangte Padmasambhava ans Ufer, und sogleich rief er die ursprünglichen sieben Seegeister am Strand zusammen. Er gab ihnen den Auftrag, fortan das Seeufer zu bewachen und den übelwollenden Dämon nie mehr herauszulassen. Seither wird dieser riesige, sich im Changthang ausbreitende See nach dem Dämon Siling Tso genannt. Über dessen südlichem Sandstrand erheben sich sieben einzelstehende Felsen, die von ferne aussehen wie sieben Krieger, die Tag und Nacht auf ihrem Posten blieben: Sie sind, so will es die örtliche Überlieferung, die Verkörperung der sieben einstigen Seegeister, die bis heute über den Dämon Siling wachen.

Der »Himmelssee« Tengri Nor

Die Göttin Gyajin Semo Namtso, »Nam Tso, Tochter des Gyajin«, ist die Shakti des mächtigen Berggottes Nyenchen Thanglha.[18] Sie ist im Jahr des Schafes geboren worden, und so halten die Tibeter alle zwölf Jahre, zu jedem Jahr des Schafes, ein großes Fest an den Ufern des »Himmelssees« – auf tibetisch Nam Tso und auf mongolisch Tengri Nor. Dann kommen Pilger zu Zehntausenden an die Ufer und umwandeln den See, um der Göttin zu huldigen. Zu Fuß dauert die Umrundung angeblich zwei Wochen, mit Gepäck und Lasttieren einen Monat.

Der heilige Berg Nyenchen Thanglha und die Seegöttin Namtso werden als würdevolles und schönes Paar angesehen, und man sagt, daß sie mit enormen Reichtümern und großer Macht ausgestattet seien: Sie gehören zur Aristokratie unter den Göttern. Die Grasländer der weiteren Umgebung sind ihre Weideländereien und die sie umge-

benden Berge ihre Diener, welche die Aufgabe haben, die
göttlichen Pferde sowie Yaks, Ziegen und Schafe zu hüten,
ihre Hunde zu füttern und ihre Gerste zu mahlen.[19]

Nach Auffassung der Gläubigen liegt das Haupt der Seegöttin Namtso in Laricha, und ihre Füße lagern auf Goreshyebo. Ihre Ufer sind voll der wundersamsten Stätten, die von Pilgern aufgesucht werden. Die bergige Halbinsel Tashi Tor am südlichen Ostufer des Nam Tso strotzt vor mächtigen Felsblöcken, die von den Elementen erodiert und zu Türmen, Bögen und Grotten geformt wurden, in denen Einsiedler Zuflucht suchen. Bei der im Uhrzeigersinn zu vollziehenden Umwandlung des Sees muß der Pilger an einem Ort namens Gyangpen Chügojen das geheiligte Wasser trinken wie auch Gesicht und Haare waschen. In Kare Lamdong soll er Kiesel auf die vorhandenen Steinhaufen, die Latses, legen und Khatags, Zeremonienschleifen, opfern. An einem bestimmten Punkt des Seeufers stößt der Pilger auf ein Felsentor, das zu durchschreiten all denjenigen untersagt ist, die das Kapitalverbrechen des Tötens begangen haben. Alle, die geringfügige Verbrechen begangen haben und sich durch die Felsspalte zu quetschen versuchen, werden bestraft. Und nicht zuletzt gibt es Felsen, die Verdauungsleiden heilen können, und eine Höhle, in der ein Lama einst in Abgeschiedenheit meditierte, um zur Erleuchtung zu gelangen.[20]

Siling Tso[21]

Der leuchtende Teufelssee

Der See Siling Tso in der Landschaft Namru ist eine Königin in einem Königreich von Seen. Es wird ihm nachgesagt, er habe zweiundzwanzig kleinere Seen als Ableger, die ihn wie Trabanten umgeben. Vor undenklichen Zeiten war diese Traube von Seen eine einzige riesige Wasserfläche von zehntausend Quadratkilometern, die sich allmählich zum heutigen Siling Tso und seinen Ablegern entwickelte. So majestätisch und außergewöhnlich die Seefläche in der Landschaft liegt, wird Siling Tso von den Tibetern dennoch nicht mit Manisteinen oder Gebetsfahnen geehrt. Drei verschiedene örtliche Legenden versuchen zu erklären, weshalb der See bei den Einwohnern keine Verehrung genießt.

Eine Legende erzählt, daß zuallererst die Seeoberfläche völlig zugefroren war, so daß die Einheimischen sie überqueren konnten. Doch dann brach eines Tages das Eis plötzlich, und vierzig Familien versanken im eisigen Wasser und ertranken. Deswegen begannen die Leute den See Dud Tso, »Dämonensee«, zu nennen. Nach einer anderen Überlieferung lebte dereinst in den Bergen bei Lhasa ein Teufel namens Siling, der dort große Verwüstungen anrichtete. Der ehrwürdige Padmasambhava, von den Tibetern Guru Rinpoche genannt, beschloß daher, die Menschen von dem furchterregenden Teufel zu befreien. Von dem großen indischen Mönchstantriker verfolgt, versteckte sich der Teufel Siling in den Tiefen eines Sees in den Weiten des Changthang, der daraufhin als Siling-See, Siling Tso, bekannt wurde und den Beinamen »Teufelssee« erhielt. Die am meisten verbreitete Legende, die sich die Bewohner des südlichen Changthang erzählen, handelt vom Dämonenkönig Dud Aachung. Jener König residierte in seinem Palast auf dem Berg Gori. Da er ein sehr durstiger Wassertrinker war, waren ihm die vier Seen in der Nähe seines Palastes nicht genug, so daß er häufig zu den Ufern des Siling Tso ging, um seinen Durst zu stillen. Kurz bevor Dud Aachung von seinem mächtigen Gegner Gesar getötet wurde, bat der Dämonenkönig um eine letzte Gunst. Er sprach zu jenem, der ihn besiegt hatte: »In meinem ganzen Leben war ich ein gar großer Wassertrinker. So bitte ich dich, daß du meinen Kopf, wenn du ihn mir abschlägst, in die Tiefen des Siling-Sees legst, damit ich weiterhin trinken kann.« Dies versprach ihm Gesar und hielt sein Wort – daher ist der Siling Tso niemals bis an den Rand seiner Ufer voll, obschon er doch von zahlreichen Seen und Flüssen gespeist wird. Auch legte Dud Aachung der Legende nach einen Fluch auf den See: »Dieser See gehört allein mir«, erklärte er. »Jeder Mensch oder jedes Tier, der von seinem Wasser trinkt, soll sterben!« Das ist der Grund, weshalb weder Menschen noch Tiere aus dem leuchtenden Teufelssee trinken.[22]

Gyaring Tso

Mudui Longa und sein überquellender Brunnen

Vor langer, langer Zeit lebte im südlichen Changthang, an der Grenze der Landschaften Nagtsang und Namru, ein Mann namens Mudui Longa, »der blinde Weise«, mit seinem Sohn Bala Biwu, »der Verrückte«, aus dem Stamm der Shentsa. Vor ihrem Haus hatten sie einen Brunnen. Jedesmal wenn sie Wasser aus dem Brunnen geschöpft hatten, deckte der Vater denselben mit einem tibetischen Filztuch ab. Eines Tages ging der Sohn allein Wasser holen und vergaß hinterher, den Brunnen mit dem Filz zu bedecken, so daß der Brunnen überfloß. Als Mudui Longa das Plätschern vor der Haustür vernahm, fragte er seinen Sohn: »Warum macht das Wasser heute so viel Lärm?«

»Oh!« rief Bala Biwu aus, »Ich habe vergessen, den Brunnen abzudecken!«

Der blinde Weise fragte seinen verrückten Sohn sorgenvoll: »Kannst du den ehrwürdigen Padmasambhava irgendwo sehen?«

»Nein. Nur eine Gazelle kommt über den Horizont geflogen«, antwortete Bala Biwu.

In Wahrheit war es der hochehrwürdige Mönchstantriker selbst, der, als Gazelle verkleidet, zu ihrer Rettung kam. Er begann ohne Verzögerung, buddhistische Pagoden nahe des Brunnens zu errichten, um das überflutende Wasser zu bändigen. Nachdem er 113 dieser magischen Bauten vollendet hatte, versiegte der sprudelnde Brunnen und verschonte das umliegende Land. Das Wasser, das bereits übergeflossen war, bildete nun den See Gyaring Tso, einen der wenigen Süßwasserseen, die den Weiten Nordtibets bis heute geblieben sind.[23]

Dangre Yu Tso[24]

Das »Heilige Wasser« der Göttin Thugiechema[25]

Es erschien dem Lama Tenpa Gyaltsen folgendes im Schlaf: Inmitten des Sees Dangre Yu Tso erhebt sich ein quadratischer Palast aus Smaragd. Auf seinen azurblauen Portalen sind drei große Schriftzeichen eingraviert. Der Palast wird von fürchterlichen Tigern und wilden Löwen bewacht. Die vier Wände der Haupthalle sind in vier verschiedenen Farben bemalt – weiß die östliche Wand, die südliche gelb, die westliche rot und die nördliche grün. Die himmelblaue Decke des Saals ist mit außerordentlichen Mustern verziert, und von ihr herab hängen lange, verschiedenfarbige Seidenbahnen. Der Thron in der Mitte der Halle ist mit Edelsteinen jeder Art dekoriert und mit Figuren von Löwen, Tigern, Elefanten, Drachen und Rockvögeln verziert. Darauf liegt ein Brokatkissen, das mit Lotosblüten bestickt ist, auf dem eine Kristallpagode steht. Mehr einer göttlichen Skulptur gleichend denn einem von Menschenhand geschaffenen Gegenstand, hat die Pagode dreizehn Stockwerke, einen fächerartigen Schirm an ihrer Spitze und auf all ihren Seiten sind 1008 Bildnisse Buddhas eingraviert. Über diesem magischen Bauwerk leuchtet eine strahlende Sonne und hängt ein leuchtender Mond.

In dem großartigen Palast sitzt ernst die Göttin Dangre. Sie ist bekleidet mit fünf verschiedenen Arten seltener und unschätzbar wertvoller Seide und umhüllt von einem leicht azurblauen Umhang. In ihrem Haar trägt sie Mab-Blüten, und ein gütiges Lächeln erhellt ihr Gesicht.

Tenpa Gyaltsen, »der Erleuchtung Suchende«, fragt die Göttin, was für besondere Kräfte dem heiligen See innewohnen, daß sie imstande sei, solch großartige Wunder zu vollführen. Als Antwort spielt sie auf einer Flöte.

Die Göttin Dangre ist auch als Gönjoma bekannt, und sie kann sich in hunderttausend Göttinnen verwandeln, von denen sich wiederum tausend in Göttinnen von siebenundzwanzig verschiedenen Farben zu verwandeln imstande sind. Jede dieser Farben besitzt eine besondere Kraft: So bringt Weiß Reichtum hervor und Grün unterwirft böse Geister ...[26]

Der Lama Tenpa Gyaltsen schrieb die zahlreichen Wunder des Dangre Yu Tso nieder, die ihm im Traum mitgeteilt worden waren, und so wurde uns die Dangre-Chronik überliefert, die uns von der Heiligkeit des Ortes in Nagtsang berichtet.

Gemäß einer der vielen Legenden über den Dangre Yu Tso, dem »See der heiligen Wasser«, war dieser einst der See der Bön-Dämonin Thugiechema und wurde erst zu einem wahrhaften heiligen, also heilbringenden Gewässer, nachdem der große Tenpa Shenrab die unheilstiftende Göttin unterworfen hatte. Die einheimischen Tibeter sagen, der See sei »im Winter wach und schlafend im Sommer«, da er in der Regel erst in der Mitte des ersten tibetischen Mondmonats (also etwa im Februar/März) zufriert, sein Eis dafür gegen Ende des zweiten, Anfang des dritten Monats (ungefähr im April) im tibetischen Kalender von einem Tag auf den anderen schmilzt. Der einheimische Glaube besagt, daß, sollte der See in einem Jahr überhaupt nicht zufrieren, sich für die Menschen irgendein Unheil anbahne.[27]

Yamdrok Yu Tso und Dremo Tso

Der »Lebensspender« der Tibeter

Als einer der schönsten Seen auf dem tibetischen Hochland gilt der Yamdrok Yu Tso, der zwischen dem Tsangpo-Tal und der Grenze zu Bhutan gelegen ist, der »Türkissee der oberen Weideplätze«, als heilbringend für die Tibeter. Er ist der *Latso* oder »Lebenskraft-See« für das tibetische Volk. Sollte dieser See einmal austrocknen, so besagt die überlieferte Legende, wäre die ganze Bevölkerung des Schneelandes dem Untergang geweiht.[28] Obschon der See rund 4 400 m über dem Meer gelegen ist, friert er im Winter doch nie ganz zu, was die Tibeter damit erklären, daß der große Guru Padmasambhava von Zeit zu Zeit seine Wasser aufpeitscht, damit die sogenannten »Schlangengeister«, die Lü (Nagas), nicht unter dem Eis ertrinken müssen.[29] Ihnen zu Ehren sollen auch, nach Sarat Chandra Das,[30] die Toten in der Umgebung des Yamdrok-Sees nicht – wie sonst in Tibet üblich – in einer Himmelsbestattung an die Geier verfüttert, sondern im Wasser des Sees bestattet werden. Man glaubt nämlich, daß besagte Lü im See die Schlüssel zu den himmlischen Sphären besitzen. In einem Palast in den Tiefen des Yamdrok Tso lebt der König der Lü, der König der Schlangengeister, und die Menschen, die an den Ufern des Sees leben, sind davon überzeugt, daß ihre Toten mit seiner Hilfe die Chance haben, in die Götterwelt aufzusteigen – weil sie in ihrer Bardo-Zeit[31] im Seepalast der Lü deren König dienen dürfen.

Die Äbtissin von Samding und die Mongolen

Benachbart, ja fast schon umklammert von diesem positiv wirkenden See, ist der kleinere, als Heimstätte eines weiblichen Dämonen geltende, »Schwester-See« Dremo Tso.

Um dessen wilde, den Menschen bedrohende Wasser zu bändigen, wirkt im über dem See thronenden Kloster Samding die weibliche Inkarnation Dorje Pagmo mit ihrer göttlichen Kraft.[32] Sie allein verhindert, daß der dämonische See Dremo Tso überfließt und ganz Tibet überschwemmt.[33] Im tantrischen Sinne des tibetischen Buddhismus wird der dämonische Dremo-See als Ergänzung der Kräfte des Lichts (d. h. des Yamdrok-Sees) zur Ganzheit kosmischer Polarität angesehen.

Das als Wächter gegen die negativen Kräfte des Dremo Tso wahrscheinlich im 13. Jahrhundert gegründete Kloster Samding ist vor allem deswegen sehr bekannt geworden, weil es das einzige Mönchskloster war, dem eine weibliche Inkarnation vorstand: die weibliche tantrische Gottheit Dorje Pagmo (skt. Vajravahari), die heilige »Donnerkeilsau«. Als 1716 die Dsungar-Mongolen Tibet überfielen und nach Nangkartse an den Yamdrok-See kamen, schickte ihr Anführer den Befehl nach Samding, daß Dorje Pagmo vor ihm zu erscheinen habe, weil er sehen wollte, ob sie tatsächlich – wie es ihm zu Ohren gekommen war – den Kopf eines Schweines besitze. Es wurde ihm zwar freundlich geantwortet, jedoch erschien die Äbtissin nicht vor ihm. Daß sie sich dem Befehl des Mongolenführers widersetzte, erzürnte diesen sehr, und so ließ er die Mauern des Klosters einreißen und brach in die heilige Stätte ein. Doch die Mongolen fanden Samding völlig verlassen vor, ohne eine einzige Menschenseele; lediglich acht Ferkel und ebensoviele Sauen wühlten grunzend in der Versammlungshalle herum, angeleitet von einer riesigen Sau. Da sich der Ort völlig anders darstellte als erwartet, wagten die Mongolen nicht mehr, ihn auszurauben und rückten ab. Nachdem der Dsungarenfürst auf die Plünderung verzichtet hatte, da verschwanden die Schweine ganz plötzlich und verwandelten sich in ehrwürdige Mönche und Nonnen mit der heiligen Dorje Pagmo als Klostervorstand. Von großem Staunen und von Verehrung für die Heiligkeit und

Macht der inkarnierten Äbtissin erfüllt, brachte der Anführer der Mongolen dem Kloster unschätzbare Geschenke dar.³⁴

Die Seen von Jiuzhaigou

Der Spiegel der Wonuo Semo

Vor langer, langer Zeit lebten tief in den Bergen ein Unsterblicher namens Dago und eine Fee, Wonuo Semo mit Namen, und die verliebten sich ineinander. Eines Tages machte Dago der Wonuo Semo einen wundervoll glänzenden Spiegel zum Geschenk, den er mit Wind und Wolken poliert hatte. Unglücklicherweise fiel er ihr aus der Hand und zerbarst in Stücke, die sich aber in die einhundertacht smaragdgrünen Seen von Jiuzhaigou verwandelten.³⁵

Seegottheiten als Spiegelbilder des tibetischen Geschicks

Wie im vorangegangenen Kapitel bereits angeklungen war, tauchen naturverbundene Gottheiten in der Weite des tibetischen Hochlandes häufig als Götterpaar auf. Was einen Ort oder eine Gegend in der kosmologischen Ordnung erst komplettiert, sind ein Berg und ein See, deren männliche Berg- und weibliche Seegottheit ehelich miteinander verbunden sind. In der Frühzeit symbolisierten sie das mythischen Urahnenpaar, aus deren Vereinigung der Ahn der dort siedelnden Menschengruppe hervorging. Solche im kosmischen Sinne als vollständig betrachteten Landschaften (mit Berg und See) erscheinen in den frühesten tibetischen Schriften. In den sikkimesischen »Hochzeitsliedern der Lepchas«³⁶ werden der Bräutigam mit einem Berg und die Braut mit einem See verglichen:

»Der Bräutigam, er gleicht
Dem schneebedeckten Gipfel eines Berges,
Die Braut,
Der glatten Fläche eines Sees ist sie ähnlich.«

Selbst wenn sehr häufig nur von den sakralen Bergen geredet wird, wird doch vorausgesetzt, daß der dazugehörige heilige See im allgemeinen auf dem Gipfel derselben zu finden ist – so wie die Gattin des Gesar-Ahnen eine Lü ist und als Tochter der Berggottheit gleichwohl mit einem See in Verbindung gebracht wird.[37]

Nachdem die Berggottheiten vorwiegend selbständige Schutz- und Reichtumsgötter geworden waren, sind den Seegottheiten ebenfalls neue Wirkungsbereiche, die sie jenseits ihrer Bedeutung als Urahnin bzw. als Ahnengattin definierten, zugekommen. Die in diesem Kapitel vorgelegten Legenden spiegeln eine Vielzahl von See-»Charakteren« wider: solche, die noch die Gedankenwelt der vorbuddhistischen animistischen Weltanschauungen vertreten, und solche, die schon vollkommen von der lamaistischen Kirche vereinnahmt wurden. Dieser Wandel wird in den verschiedenen Ursprungslegenden des Kokonor (tibetisch Tso Ngompo) besonders deutlich: In der ersten Version kommt der alte Dämonenglaube zum Tragen, während in den drei anderen Ausführungen die buddhistischen Einflüsse immer deutlicher werden, ja in der letzten Version »Der Lama und der blinde Greis« die Entstehung des Sees sogar mit dem Bau des allerheiligsten Tempels in Lhasa in Verbindung gebracht wird. Eindeutig ist hier eine Fremdlegende der lokalen Fassung übergestülpt worden. Fast könnte man im wörtlichen Sinne meinen, die Welle der buddhistischen Missionierung habe in Tibets Nordosten den einheimischen Glauben »überschwemmt«.

Dem heiligen See Manasarovar (tibet. Mapam Yu Tso) in Westtibet kommt in der kosmologischen Ordnung eine ähnlich zentrale Bedeutung zu wie dem Kailash unter den heiligen Bergen, zumal die Anavatapta-Überlieferung die vier in der Umgebung des Kailash entspringenden Ströme alle aus diesem heiligen See herausfließen läßt. In der alten Bön-Kosmogonie entstanden Manasarovar sowie sein – entsprechend der darin vorgesehenen Kräfte von Licht und Dunkel – dämonisches Gegenüber Rakas Tal (tibet. Lhanag Tso) zusammen mit zwei weiteren Seen, Gurgyal und Gurutshu Ngulmo, aus vier vom Himmel gefallenen Eiern.[38] Wieder deutet sich damit an, daß sich bei den als heilig erachteten Seen – ähnlich wie bei den Bergen – gleichfalls regionale Vierersysteme herausgebildet hatten, denn neben der Gruppe um den Manasarovar sind in einigen tibetischen Schriften[39] »die vier berühmten großen Seen« in Zentraltibet genannt, zu welchen neben dem weiter unten behandelten Yamdrok-See der Nam Tso und ein Chem genannter See in der Umgebung des Mt. Everest zählen.[40]

Der Bezug der oben genannten Seen zum Himmel, ihre Herkunft aus von dort herabgefallenen Eiern erinnert uns daran, daß im alten, vorgeschichtlichen Tibet der Himmel die höchste Gottheit überhaupt repräsentierte. Dessen irdische Entsprechung war wohl ebenfalls in gleichnamigen Seen zu finden, deren Farbe in den alten Legenden häufig mit Azur, also himmelblau, beschrieben wird. Einer der bedeutendsten dieser »Himmelsseen«, der 150–200 km im Nordwesten von Lhasa gelegene Nam Tso, ist bei uns im Westen durch die ersten Forschungsreisenden in Tibet aufgrund seiner damals noch mongolisch geprägten Umgebung als Tengri Nor (»Himmelssee« auf mongolisch) bekannt geworden. Aber auch in anderen Landschaften finden sich »Himmelsseen«, die mit einem Landschaftsnamen versehen sind: z. B. der Terri Nam Tso im südlichen Changthang.

Die Legenden über diese Seen verdeutlichen wieder die besondere Berg-See-Beziehung, von der wir weiter oben schon gesprochen haben. In diesem Kapitel wurde zunächst die besondere Bedeutung der heiligen Seen für den Volksglauben hervorgehoben. Die Belege für ihre sakrale Funktion erschöpfen sich in wenigen Hinweisen in den Mythen und den Analogien zum System der heiligen Berge. Ansonsten wirken die Inhalte der anderen, erlebnisreichen und eher volkstümlich anmutenden Erzählungen mit den darin geschilderten Schwächen überaus menschlich. Als Beispiel hierfür ist im vorliegenden Kapitel nur eine den Siling Tso betreffende Legende aufgeführt; darüber hinaus sei jedoch auf das nachfolgende Changthang-Kapitel verwiesen, in dem die Berge und Seen in ihrem Benehmen weit weniger heilig wirken. Da die Beziehungen der Gottheiten untereinander die soziale Ordnung (und Unordnung) der lokalen Stämme widerspiegeln, ist es nicht weiter erstaunlich, wenn ihnen neben ihren Stärken und Idealen die menschlichen Schwächen gleichfalls anhaften – schließlich sind sie ja die Ahnen der Menschen. »Sobald wir mehr über Nordtibet erfahren«, bekennt Ma Lihua[41] – und dies gilt natürlich nicht allein für den Norden des Hochlandes – »werden wir von dem Gefühl überwältigt, daß hier zwei Welten nebeneinander existieren: die physische und die übernatürliche. In der letzteren wohnen Geschöpfe, deren Naturen nicht weniger mannigfaltig sind als jene der Geschöpfe auf Erden. Götter- und Teufelswesen, Halbgötter und Dämonen, Seetiere und was sonst noch, von denen alle kämpfen und töten, lieben und gebären, edel, gemein, apathisch oder melancholisch sind. Kurz gesagt: Sie besitzen all die Leidenschaften, die dem Menschen eigen sind.«

Hatte der Manasarovar in der buddhistischen Kosmologie – nach der »Vertreibung« der Bönpos aus ihren »heiligen Landen« um den Kailash – in Westtibet eine zentrale Stellung eingenommen, so existiert parallel dazu natürlich ein solch wichtiger, einem »allerheiligsten« zentralen Bön-Berg zugeordneter See. Nach dem Verlust von Kailash und Manasarovar als Bön-Heiligtümer konnte man im vorangegangenen Kapitel den Berg Targo als würdigen »Nachfolger« betrachten. Ihm ist – als Gattin wie als kosmologische Entsprechung – der See Dangre Yu Tso zugeordnet.

Die heiligen Seen ähneln in ihrer Bedeutung den heiligen Bergen: Sie symbolisieren den Sippenursprung. Wie wir schon bei den sakralen Bergheiligtümern gesehen haben, ist der »Stammsitz« der Lebenskraft »La« (bLa) in nicht wenigen Fällen ein See, der wiederum Residenz der wichtigen Ahnengottheiten ist. Von der La-Lebenskraft eines Individuums, einer Familie oder gar einer ganzen Menschengruppe (Stamm, Volk) wird angenommen, daß sie mit solchen Orten oder den dort wohnenden Wesen verknüpft ist, welche man La-ne (bLa-gnas) nennt. Sollte dieses La-ne aus irgendeinem Grund zerstört werden, dann bedeutet das den Untergang für die mit ihm verbundene Person oder zumindest eine große Gefahr. Manchmal ist dem Betroffenen der Ort oder das Wesen seines La-ne sehr wohl bekannt, weil dessen Identität über Generationen überliefert worden ist. Offensichtlich ein Überbleibsel totemistischer Glaubensvorstellungen, gehen viele Tibeter davon aus, daß ihre La-Lebenskraft mit einem bestimmten Baum (bla-shing) oder Tier (bLa-sems-can) als La-ne verknüpft ist. In solch einem Fall wird der Betreffende sich davor hüten, einen Baum zu fällen oder ein Tier der entsprechenden Art zu töten. Als La-ne-Tiere königlicher oder adliger Familien dienen im allgemeinen Tiger, Löwe, Bär oder Elefant, die nicht selten als Reittiere entsprechender Gottheiten dienen.[42]

Sehr häufig also werden Seen als La-ne betrachtet, und von ihnen hängt das Leben eines einzelnen oder sogar von größeren Gruppen ab. Genau in diesem Sinne ist die Heiligkeit des südtibetischen Sees Yamdrok Tso aufzufassen, dem als »Lebenskraft-See«, La Tso (bla mtsho), der tibetischen Nation eine besondere Bedeutung zukommt: Sollte er einmal austrocknen, so will es die Überlieferung, dann bedeute dies den Untergang der Menschen im Schneeland.

Da im alten Bön-Tibet die Weltordnung auf Polaritäten basiert, ist in der Nähe dieses La-Tso erwartungsgemäß ein dämonischer See zu finden: der Dremo Tso, dessen dunklen Kräfte die Kräfte des Lichts des Yamdrok Tso ergänzen und damit die kosmische Einheit wiederherstellen. Die auf entgegengesetzten Kräften beruhende Dualität läßt die beiden Seen in der Natur verständlicherweise genauso widersprüchlich wirksam werden: Während eine Austrocknung des »Lebenskraft-Sees« Yamdrok Tso den Untergang für die tibetische Nation bedeutete, fürchtet man beim Dremo Tso vor allem ein Überfluten der tibetischen Welt. Zur Harmonie zwischen den beiden Seen und ihren polaren Kräftefeldern haben auch die späteren Buddhisten beigetragen: Im Samding-Kloster Dorje Pagmo, das über den Seeufern thront, wacht die Shakti der auf dem Kailash (und dem südosttibetischen Tsari) residierenden Gottheit Khorlo Demchog darüber.

Gleiches wie vom Yamdrok-See wird im übrigen vom See Jang Namru Tso im Changthang berichtet.[43] Weitere La-Tso kennen wir von Südtibet und Bhutan, dessen Bevölkerung dem See Kala Tso zwischen dem Chumbi-Tal und der Stadt Gyantse verbunden ist. Das benachbarte Sikkim sieht seinen La-ne im nicht weit vom Kala Tso entfernten See Se Tso. Die Dalai Lamas, weltliche Hierarchen und geistliche Oberhäupter der lamaistischen Gelbmützenschule, haben ihr La-ne gleichfalls in einem See: nämlich in dem in der südöstlichen Provinz Dagpo gelegenen Chökhor Gyal Tso, der als Wohnort der Schutzgöttin Palden Lhamo dient.[44] Es handelt sich dabei um jenen See, der bei uns als Lhamoi La Tso bekannt geworden ist: der berühmte »Orakelsee«, dessen Beziehung zur Dalai-Lama-Inkarnation letztendlich die Hinweise für die neue Inkarnation geben konnte.

3. Mythen und Legenden aus dem Changthang

Wo und was ist der Changthang?

Nördlich des Transhimalayas und der Ackerbaulandschaften südtibetischer Täler erstreckt sich der Changthang, das zentrale Hochland Tibets. »Nördliche Ebenen« bedeutet Changthang übersetzt, wenngleich es sich dabei keineswegs nur um Ebenen handelt, sondern um weite Sumpf- und Steppenlandschaften, die sich mit den in vorangegangenen Kapiteln bereits erwähnten Seen und Gebirgszügen abwechseln. Je weiter man in den Norden gelangt, um so weitläufiger wird die Landschaft und um so vereinzelter die Bergregionen, die zudem flacher erscheinen, da die Durchschnittshöhe des Plateaus zunimmt. Diese Steppenlandschaften – welche ganz im Westen in immer dürftigere Kältesteppen oder gar -wüsten übergehen – können aufgrund der natürlichen Bedingungen nur noch den Viehzuchtnomaden als Weideland dienen. Dementsprechend dünn besiedelt ist der Raum: Als Vergleich seien die nord- und westtibetischen Distrikte Nagchu und Ngari angeführt, die mit ihrer Fläche von knapp 700 000 qkm mehr als die Hälfte der Tibetischen Autonomen Region Xizang ausmachen, jedoch gerade einmal 13 Prozent ihrer Bevölkerung beherbergen. Nagchu ist mit 15 000 Einwohnern der größte Ort auf einem Gebiet, das in etwa der Ausdehnung Deutschlands, der Schweiz und Italiens entspricht – und darin sind die vergleichsweise dichtbesiedelten Gebiete im Südteil dieser Distrikte noch mit eingerechnet. Tatsächlich sind deren nördliche Regionen fast menschenleer. Dort existiert eine Art Urwelt, in der nach wie vor – und seit der Einrichtung eines der weltgrößten Naturparks[1] erst recht wieder – die Tiere das Sagen haben. Hier im nördlichen

Changthang leben, vom Menschen fast unbehelligt, große Herden von Kiang (tibetische Wildesel), Gazellen und Wildyaks.

Warum die Berge im Changthang westwärts gewandt sind[2]

Wer immer in die »Nördlichen Ebenen«, den Changthang Nordtibets kommt, dem springt ins Auge, daß all die Gipfel in der Gegend des Siling-Sees nach Westen geneigt sind. Der Fremde fragt sich, wie so etwas denn gekommen sein mag, und nur die Einheimischen in Bamgo oder Shentsa vermögen ihm eine Antwort zu geben:

Es geschah vor einer unaussprechlich langen Zeit, daß das Meer sich von hier zurückzog und das Land sich daraus erhob, so daß die Berge des Changthang hoch und aufrecht die Steppenweiden überragten. Alles war ruhig und in bester Ordnung, bis sich eines Tages im Tiefland ein mächtiger Elefant von seinen Ketten losriß und wie wildgeworden vom Osten her auf das Changthang-Hochland stürmte. Als die Berggötter auf ihren hohen Bergsitzen davon hörten, gerieten sie in Panik. Der erste, der die Flucht nach Westen ergriff und um sein Leben rannte, war der Berggott Yabang Ri im Nordwesten von Shentsa, und es dauerte nicht lange, bis die anderen seinem Beispiel folgten. Mit all ihrer Kraft warfen sie sich dem gegen sie anstürmendem Westwind entgegen und flohen nach Westen.

In diesem denkwürdigen Augenblick faßte sich der Berggott Targo ein Herz und wartete tapfer an den Ufern des Sees Dangre Yu Tso auf den heranstürmenden, wildgewordenen Elefanten. Er spannte seinen Bogen, schoß einen gut gezielten Pfeil ab und tötete das tollwütige Tier. Mit einem lauten Getöse brach der Elefant zusammen. Er stürzte nieder, und so dahingestreckt und bewegungslos ist er bis heute geblieben: Es ist der Langchen Ri (»Elefantenberg«) im Nordwesten von Bamgo, der von weitem aussieht wie ein hockender oder sich duckender Elefant. Nun mußten die Berge des Changthang nicht weiter um ihr Leben fliehen, es war jedoch schon zu spät für sie, sich wieder von ihrer geneigten Haltung aufzurichten – und daher sind sie bis heute alle westwärts gewandt geblieben.

Bamgo Tso, die Lebensquelle des Dämonenkönigs Dud Aachung[3]

In den weiten Ebenen des Changthang liegt unweit des heutigen Kreisorts Bamgo ein kleiner See, dessen Dutzend breiter, ehemaliger Uferlinien andeuten, daß hier früher einmal eine bedeutend größere Seefläche war. Dieser kleine See, Bamgo Tso, galt als die Lebensquelle des einstigen Dämonenkönigs Dud Aachung, von dessen Ermordung durch den Heldenkönig Gesar wir den Bericht schon gelesen haben (siehe Gruschke: »Mythen und Legenden der Tibeter«, Kap. 2).

Wie wir in der Sage vernommen hatten, besaß der Herrscher über das Dämonenkönigreich neun Köpfe, und sie alle erhielten ihre Lebensenergie von der Seegöttin im Bamgo Tso. Jedesmal wenn Gesar im Kampf dem König Dud Aachung einen Kopf abschlug, verlor dieser eines seiner Leben, und der Seespiegel des Bamgo Tso sank, so daß eine neue Uferlinie entstand, die sowohl kürzer als auch niedriger als die alte war. Bis dem Dämonenkönig alle neun Köpfe durch Gesars Schwert abgeschlagen worden waren, sank der Wasserspiegel des Bamgo Tso entsprechend neunmal – woraus sich die Hirten in diesem Teil des Changthang die zahlreichen Uferlinien ihres heutigen kleinen Salzsees erklären.

Nun hatte der ermordete Dud Aachung auch ein wildes Yak besessen, in dessen großem Magen der Schatz des Königreiches verborgen war: ein riesiger Klumpen Gold. Andere Legenden wollen wissen, daß der Wildyak das letzte der neun Leben des Dämonenkönigs in sich barg.

Wie dem auch sei: Als der Held Gesar auch diesen Yak tötete, fiel der Wasserspiegel des Bamgo Tso so dramatisch ab, daß der See zu einem regelrechten Teich degradiert wurde. So kommt es, daß wir heutzutage vom Bamgo Tso fast nur noch die Uferlinien und Salzkrusten wahrnehmen, kaum aber die in der Ferne glitzernde kleine Wasserfläche...

Das Unglück der Göttin Gyegang Tashi Nagtsang[4]

Im Süden des Dorfes Shingü im Kreis Shentsa thront der Berg Gyegang Tashi Nagtsang, auf dem die Schutzgöttin des Nagtsang-Stammes ihren Sitz hat. Von ferne betrachtet mutet sie an wie eine »Fee, die ein Maultier reitet«. Sie war dereinst die Gattin des Berggottes Yabang Ri und war ihm treu ergeben, bis sie eines Tages dem großen Machen Pomra begegnete und sich in ihn verliebte. Aus ihrer Verbindung ging ein Kind hervor, der Berg Yibu Ri – »Sohn eines Luchses«. Sie hielt den Jungen hinter sich verborgen, aus Furcht, Yabang Ri könnte ihr Geheimnis entdecken. Auf Dauer jedoch konnte sie nicht verborgen halten, was geschehen war. Yabang Ri geriet darüber fürchterlich in Zorn, verlor die Beherrschung über sich selbst, und in einem Anfall von rasender Eifersucht schlug er seiner Frau mit einem Dolch die Brüste ab und warf sie davon – eine vor den Berg und eine dahinter. Bis heute sind die blutigen Flecken auf dem Rumpf von Tashi Nagtsang zu sehen. Nachdem Yabang Ri sein Weib bestraft hatte, bestieg er seine Stute Moru Ri und begann eine wilde Verfolgungsjagd auf Machen Pomra, der um sein Leben rannte. Auf halbem Weg brach Moru Ri, das schöne Pferd, vor Erschöpfung tot zusammen, doch Yabang Ri schwang sich auf ein riesiges Felsroß mit dem Namen Tordachu. Er gab die wilde Jagd nicht auf, bis er Machen Pomra in die Enge getrieben hatte und dieser sich ergab. Der Siegreiche warf den Liebhaber seiner Gattin zu Boden und drückte ihm seinen Fuß in den Nacken. Das ist der Grund dafür, daß die Ausläufer des Yabang-Ri-Gebirges im Osten jene des Machen Pomra überlappen. Der besiegte Berggott wurde zum lebenslangen Sklaven des Yabang Ri, dem er fortan die Gewänder zu schneidern hatte.

Gegenüber seiner Gattin Gyegang Tashi Nagtsang jedoch blieb Yabang Ri unerbittlich: Er verstieß sie und nahm sich zwei andere Berggöttinnen als Frauen, Dakar Kyangmo und die schöne Chunggyang. Die verzweifelte Gyegang Tashi Nagtsang beschloß fortzuziehen, um im Süden beim Yaba-Stamm Zuflucht zu suchen. Allein ihre Magd hielt sie auf und flehte sie an zu bleiben, da der Nagtsang-Stamm doch auf sie als seine Schutzgöttin angewiesen war.

Die Legende vom Ursprung des Dri Chu[5]

In uralten Zeiten, als sich im Changthang noch das Dämonenkönigreich erstreckte, geschah es, daß der Vater der Dämonengeneralin Rishi Adalmo von einem wilden Teufelsyak namens Markardu auf die Hörner gespießt und getötet wurde. Um ihren unversöhnlichen Haß auf den dämonischen Yak zu stillen und dessen Bluttat zu vergelten, beschloß Rishi Adalmo die Wildyaks mit Stumpf und Stiel auszurotten. Den ganzen Tag tat sie nichts anderes, als alle Wildyaks, die ihr in die Quere kamen, zu verfolgen und zu töten. Sie jagte sie von den sonnigen Südhängen der Berge auf die Schattenseite im Norden, und dort wiederum verfolgte sie die Wildyaks von den Schattenhängen auf die südliche Sonnenseite, bis die Tiere zu Tode gehetzt umfielen, wenn sie ihnen nicht schon vorher den Garaus gemacht hatte. So verfuhr sie tagein, tagaus, tötete Jahr um Jahr die wilden Yaks und ließ keinen Stein an seinem Platz, bis das Fleisch der getöteten Yaks sich zu einem Berg auftürmte, der Strom frischen Blutes sich zu einem Fluß vereinigte und man Zelte aus Rindsleder für ein ganzes Heer hätte nähen können. Und dennoch hatte sie niemals jenen Wildyak Markardu finden können, der den Leichnam ihres Vaters vielleicht noch in den Hörnern trug.

In einer Zeit, als Rishi Adalmo in ihrer blinden Wut die Wildyaks immer rasender hetzte und dahinschlachtete, traf sie eines Tages auf ein Kalb, das seine Mutter verloren hatte. Es war schon vor Schwäche zu Boden gestürzt und offensichtlich am Verhungern. Die Mordlust war Rishi Adalmo noch im Gesicht geschrieben, doch der Anblick, der ihr die Bitternis ob des Verlustes ihres Vaters in Erinnerung rief, erregte Mitleid in ihrem Herzen. Daher nahm sie sich des erbarmungswürdigen Kälbchens an, fütterte es und sorgte sich um es. Nichtsdestotrotz gab sie die irrsinnige Hatz auf die Wildyaks nicht auf, sondern verfolgte und tötete sie weiter. Allmählich gab es schon fast keine wilden Rinder mehr aufzuspüren, geschweige denn zu töten, aber noch immer hatte sie ihren Erzfeind, den teuflischen Markardu, nicht entdecken können.

Rishi Adalmos Wut war nicht im geringsten kleiner geworden. Eines Tages jedoch, als sie sich gerade geschworen hatte, jedes Staubkörnchen in den weiten Steppengebieten des Changthang abzusuchen, bis sie ihren Erzfeind, den Vatermörder, finde, fiel ihr auf, daß am rechten Horn des Kälbchens, dessen sie sich angenommen hatte, ein zerfetztes Stück Leder von einem Obergewand hing. Sie schaute genauer hin und erkannte, daß es ein Lederstückchen von dem Gewand war, das ihr Vater vor seinem Tode getragen hatte. Als sie noch genauer hinsah, konnte sie auf den Hörnern des Kalbes lauter kleine Blutflecken ausmachen. Im Nu geriet Rishi Adalmo ob ihres Zornes wieder in Wallung, und sie zog das Schwert, um zuzuschlagen. Doch genau in dem Augenblick, als sie das Schwert zog, verwandelte sich das Kalb in einen riesenhaften Yakbullen, gleich einem Berg. Der aus seinen Nasenlöchern, die dunklen Höhlen glichen, herausströmende Atem sowie das ohrenbetäubende Gebrüll rüttelten an den Festen von

Himmel und Erde. Ein Paar Hörner, die Eisenpfeilern glichen, senkten sich, um die gewaltige Kraft ihres Trägers zu demonstrieren. In Windeseile sprang Rishi Adalmo auf ihr Schlachtroß, spannte ihren Bogen, griff nach den Pfeilen und machte sich auf einen Kampf um Leben und Tod gefaßt. Schon schwebten beider Kämpfer Todesengel zu ihnen hernieder, als sich der dämonische Wildyak auf einmal umwandte und die Flucht ergriff.

Unerbittlich jagte Rishi Adalmo hinter Markardu her, der in panischer Angst davonstürzte. Doch er hatte seine Fluchtrichtung schlecht gewählt, denn jählings stellte sich ein mächtiges, schneebedecktes Gebirgsmassiv vor ihm auf und versperrte ihm den Weg. Nun war für Rishi Adalmo der Zeitpunkt der Vergeltung gekommen. Haßerfüllt schoß sie den tödlichen Pfeil auf den Teufelsyak ab. Mit gewaltigem Getöse, »Shunglunglung«, bohrte sich das Geschoß ins Herz ihres Gegners, der tödlich getroffen zu Boden stürzte. Aus den beiden Nasenlöchern ergossen sich zwei wild plätschernde Ströme von Blut. Der eine floß nach Osten, der andere in westlicher Richtung davon, und während sie weiter dahinströmten, verwandelten sie sich allmählich in zwei Flüsse.

Der dämonische Wildyak war dahingerafft. Rishi Adalmo hatte ihre Vergeltung erlangt, den Haß gestillt, und fortan jagte sie keine Wildyaks mehr. Die am Leben gebliebenen Dri – wie die Muttertiere der Yaks genannt werden – führte sie aus allen Ecken des Changthangs zusammen und brachte sie in ein Tal auf der rechten Seite des verendeten Teufelsyaks. Daher gab sie dem Ort den Namen Dri Rong, »Tal der Dri«. Den überaus schönen und mächtigen Schneeberg, der ihrem Erzfeind den Weg verstellt und ihr damit geholfen hatte, nannte sie Drishikar – »Weißes Haupt über dem Tal der Dri«. Und jener Fluß, der sich aus dem einen Nasenloch des dämonischen Wildyaks ergoß und sich beim Passieren des Dri-Tales allmählich in einen großen Fluß verwandelte, heißt daher Dri Chu.

Von fern betrachtet sieht ein Gebirgszug am Südhang des Drishikar Kangri wirklich aus wie ein riesiger, zu Boden gestürzter Wildyak. Auf der Nordseite dieser Bergkette öffnen sich zwei Täler, aus denen zwei Gebirgsbäche fließen. Der Bach, der aus der linken »Nase« herausfließt, ist der nach Westen zum Dragya Tsangpo[6] anwachsende Fluß, der schließlich in den »Teufelssee« Siling Tso mündet. Aus der rechten »Nase« aber strömen die Wasser des weit und breit bekannten Dri Chu heraus. Es ist Tibets größter Strom in den fast menschenleeren Weiten des Changthang, und er schwillt zum größten Strom Asiens an, der in China Chang Jiang – »Langer Fluß« – genannt wird und im Westen unter dem Namen Jangtsekiang (Yangzi Jiang) bekannt ist.

Der »Knister«-Strauch[7]

Vor langer Zeit hatten sich alle Bäume des Waldes zu einer großen Versammlung zusammengefunden. Der König der Bäume stellte dabei zu seinem großen Kummer fest, daß all seine Untertanen aus dem Süden stammten, und er fragte sich, warum er keine Gefolgsleute im Norden hatte. Er beschloß, das Königreich der Bäume weit in den Norden hinein auszudehnen, und überlegte, wen von seinen Untertanen er auf den Feldzug dorthin schicken sollte. Den Buchsbaum vielleicht? Die Birke oder gar die Eiche? Fast alle Bäume schrumpften bei dem bloßen Gedanken, das trostlose nördliche Hochland auch nur durchqueren zu müssen: den Changthang, jene Einöde, die sich allen lebenden Wesen verschloß – ein Land, das wegen seiner großen Höhe und der äußerst tiefen Temperaturen höchst gefährlich und ungastlich war.

Der König der Bäume war sehr erstaunt und auch ein wenig erzürnt, daß seine Untertanen so wenig Interesse an seinem Vorhaben zeigten. Schließlich aber trat ein hoher, sehr dünner und hübscher Baum vor, der »Knister«-Baum, und meldete sich freiwillig. Eine Bedingung stellte er jedoch: Er ginge nur unter der Voraussetzung, daß es ihm erlaubt sei, in den Boden hineinzuwachsen und nur mit seinem Haupt über dem Boden zu bleiben. Diese Bitte gewährte der König dem »Knister«-Baum bereitwillig und sandte ihn mit guten Wünschen nach dem Norden.

Nach einer langen und beschwerlichen Reise erreichte der tapfere »Knister«-Baum das weite und öde Hochland im Norden und nahm es im Namen des Königs der Bäume für dessen Reich in Besitz. Dabei verwandelte er sich in einen Strauch, dessen röhrenartige Wurzeln ein verwickeltes unterirdisches Netz herausbildeten, das ihm das lebensnotwendige Wasser tief aus dem Boden zuführte und seinen winzigen roten Blättern den Funken Leben und die Widerstandsfähigkeit gab, die den »Knister«-Strauch im nördlichen Changthang so typisch macht. Wann immer Hirten oder Salzkarawanen auf ihrem Weg zu den öden Regionen der Salzseen hungrig und vor Kälte schlotternd am tapferen »Knister«-Strauch vorbeikamen, erbot sich dieser ihnen als Brennstoff.

Wie die Gerste in den Changthang kam[8]

Im Changthang gibt es einen steil emporragenden, schneebedeckten Berg, der Targo Kangri genannt wird. Zu seinen Füßen breitet sich im grünen Grasland ein azurblauer großer See aus, Dangre Yu Tso mit Namen. Sie beide werden bewohnt von einem gleichnamigen Berggott und einer Seegöttin. Am nördlichen Ufer des Sees liegt das Dorf Ombu, das – obschon über Hunderte von Kilometern in jeder Richtung nur ödes Steppenland vorherrscht – üppig tragende Gerstenfelder besitzt. Stolz berichten die Bewohner Ombus, daß ihre Gerste besonders volle Ähren trage und man aus ihren Körnern das aromatischste Tsampa ganz Tibets herstellen könne. Wie aber kommt es, daß inmitten der Weiten des Changthang, auf über 4 500 m Höhe, eine solch gute Gerste gedeiht, obwohl das ganze Umland unter den gleichen Bedingungen keinerlei Getreide hervorbringen kann? Liegt es vielleicht an der Nähe zum See? Doch Seen sind im Changthang so zahlreich wie die Sterne am Himmel – und doch wächst an den Ufern der anderen keine Gerste.

Die beiden, Targo und Dangre, galten seit jeher als ein in Harmonie miteinander lebendes altes Ehepaar. In ihrem Reich hatte es niemals Gerste gegeben, all ihr Land war Weideland, ihre Untertanen waren Hirten, die über das karge Steppenland zogen und mit Mühe ihr Auskommen hatten. Getreide zu bekommen, war für die Hirten noch schwieriger als den Himmel zu erklimmen. Jedes Jahr beluden sie ihre Schafe mit Säcken voller Speisesalz, das sie an den abgelegenen Salzseen des nördlichen Changthang gewonnen hatten, und zogen über weite Strecken in die Ackerbaugebiete in Südtibet, um das Salz dort gegen Gerste einzutauschen. Viel Mühe mußten sie dafür auf sich nehmen; ihre Fußsohlen liefen sie sich wund, und sie bekamen doch nur einen Sack Getreide für die zehnfache Menge Salz. Das Fell ihrer Schafe wurde darob ganz zerschlissen, und nur eine winzige Menge der eingehandelten Gerste brachten sie schließlich heil in ihre Heimat, so daß die Menschen sich gegen Jahresende schon nicht mehr satt essen konnten.

Als Targo und seine Gattin Dangre erkannten, wie elend das Leben der einfachen, armen Leute in ihrem Herrschaftsgebiet war, tat es ihnen sehr leid um sie, und sie brachten es nicht übers Herz, über das Unglück ihrer Untertanen hinwegzusehen, ohne etwas zu unternehmen. Daher sattelte Targo sein Pferd, ergriff Pfeil und Bogen und begab sich auf eine Expedition in den reichen Südosten. In Chüshul raubte er einen Sack voll Gerste, doch die große Zahl der dort über ihr Volk wachenden Berggeister war nicht gewillt, diesen dreisten Diebstahl ungesühnt zu lassen. Sofort nahmen sie die Verfolgung auf und preschten dicht hinter dem davoneilenden Räuber her. Der völlig auf sich allein gestellte Targo wehrte sich tapfer gegen seine Verfolger – er kämpfte und flüchtete in einem. Auf dem Paß Kampa La endlich konnte er die ihn verfolgenden Krieger zurückschlagen. Im Kampf aber hatte ein Schwertstreich den geraubten Getreidesack getroffen, und daher war nur sehr wenig Gerste darin verblieben.

Eiligst kehrte Targo zu seiner Gattin zurück. Er nahm das Häufchen verbliebener, unter Lebensgefahr geraubter Gerste und streute es vorsichtig an der Körperseite von Dangre aus [also an den Ufern des Sees]. Unter seiner besonders aufmerksamen Fürsorge keimten die Gerstenkörner, die Pflänzchen wuchsen unter seinen Händen vorzüglich und trugen schließlich reife Ähren. Die Gerste von Ombu am Nordufer des Dangre Yu Tso ist so überaus aromatisch, weil der Berggott selbst sie gepflanzt und aufgezogen hatte, und weil die Drachentochter Dangre sie mit ihrer Milch nährte.

Und aus diesem Grunde bringen die Bewohner um den Dangre-See und den Berg Targo zuallererst ihrem göttlichen Fürstenpaar zum jährlichen Erntefest drei Becher Gerstenbier dar – ein Gerstenbier, für dessen Gärung sie nur erstklassige Gerste genommen haben. Auf diese Weise bezeugen sie Targo und Dangre ihre Dankbarkeit bis in die heutige Zeit.

Die Legende vom gesalzenen Buttertee[9]

Gesalzener Buttertee ist das Nationalgetränk der Tibeter. Getrocknete Teeblätter sind teilweise noch mit Holzresten der Teesträucher vermengt und zu harten Teeziegeln gepreßt, die auf langen Wegen von China nach Tibet gehandelt wurden. Nach Bedarf werden zur Teezubereitung Stücke von diesen Teeziegeln heruntergebrochen und in kochendes Wasser geworfen. Dem später mit heißem Wasser verdünnten Teesud wird etwas Natronsalz, das die

Nomaden aus dem Changthang geholt haben, beigegeben. Das ganze Gemisch wird anschließend in einem zylindrischen Butterfaß mit Yakbutter so lange gestampft, bis sich Tee und Butter gut vermengt haben. Von diesem gesalzenen Buttertee trinken die Tibeter große Mengen – aus Durst und vielleicht auch ein wenig aus Solidarität für jene beiden Fürstenkinder, von denen die Legende berichtet, daß sie – durch ein tiefes Gewässer getrennt – nicht zueinander finden konnten. [...]
Der Stamm des Mädchens nämlich wohnte auf der einen, jener des Jünglings auf der anderen Seite des Flusses, der durch die weite Steppenlandschaft strömte. Bot die Unendlichkeit des Raumes den Liebenden schon wenig Möglichkeiten zueinander zu finden, so tat außerdem die Mutter des Mädchens noch alles Erdenkliche, um den Herzensbund der beiden Liebenden zu zerstören. Gleichwohl vermochten weder das tiefe Wasser noch die Feindschaft der Hirtenstämme die beiden zu trennen, und daher ließ die böse Frau den jungen Fürstensohn auf heimtückische Weise ermorden. Als ihre Tochter dies vernahm, stürzte sie sich in die Fluten, um auch ihrem Leben ein Ende zu setzen. Die Götter verwandelten daraufhin die Seelen der beiden Liebenden in zwei Vöglein, die sich von einem Ufer zum andern hinüber die süßesten Lieder vorsangen und ihre Herzen aufs neue in inniger Liebe vereinigten.
Als die böse Mutter dessen gewahr wurde, dingte sie sich einen Jäger, der die beiden unschuldigen Vöglein tötete. Die liebenden Seelen verwandelten sich jedoch erneut, und zwar in zwei Weidenbäume, die zu beiden Flußufern grünten und gediehen. Sie wuchsen in der Mitte des Flusses zusammen, daß ihre Äste und Zweige sich innigst verschlangen, und abermals siegte die Liebe über den Haß. Da griff die unversöhnliche Mutter zur blitzenden Axt und befahl einem der ihren, die Weiden zu schlagen, worauf die Seelen beschlossen, in ferne Länder zu reisen, um endlich der Rachsucht der bösen Frau zu ent-

kommen. Daher begab sich das Mädchen nach China und verwandelte sich in den Teestrauch, während der junge Mann weit gen Norden floh, in die ureinsamen Steppen des Changthang, wo seine Seele zu Salz erstarrte, das dort überall auf den trostlosen Steppenböden zu finden ist.

Und immer, wenn die Tibeter ihr Nationalgetränk zu sich nehmen – den gesalzenen Tee –, finden sich die Liebenden wieder zusammen, bis in alle Ewigkeit.

Die Salzkarawanen der Drokpa[10]

Das Wasser der meisten Seen auf dem Changthang ist zwar nicht trinkbar, doch es liefert den Menschen ein wertvolles Gut: Salze – überwiegend Soda, das Natriumsalz der Kohlensäure.[11] Wer im Spätfrühling oder Frühsommer über die »Nördlichen Ebenen« reist, der wird selbst heute noch manche Salzkarawane zu Gesicht bekommen. Über Hunderte von Kilometern werden im beginnenden Frühjahr Packtiere, Yaks und Schafe in den Changthang geführt, um sie dort mit Salz zu beladen, das die Drokpas später auf den Märkten gegen Getreide eintauschen.[12] Die Entdekkung der Salzvorkommen im Changthang wird dem König Namri Songtsen zugeschrieben. Zu seiner Zeit soll das Land derart reich an Yaks gewesen sein, daß er beim Bau seines Palastes Milch zum Anrühren des Bindemittels habe verwenden lassen. Als er dereinst seine wilde und schnellfüßige Stute Dowa Changse ritt, gelangte er einer alten Überlieferung zufolge in die nördlichen öden Hochebenen, wo er einen grimmigen Wildyak mit schrecklichen Hörnern erlegte, Punggya Thalkarring mit Namen. Während des eiligen Rittes in die Heimat fiel Fleisch vom Kadaver des Yaks, den der König mit den Sattelgurten festgemacht hatte, zu Boden. Um das herabgefallene Fleisch aufzuheben, stieg der König vom Pferd und nahm dabei den Geschmack von Salz wahr, welches rar im ganzen Reiche war. Er erkannte, daß er sich auf einem ausgedehnten Salzufer befand, daß dies also »Lantsa« war: Salz aus Seen. Dies waren die unerschöpflichen Salzvorkommen, die Changgi Tsa, »Salz aus dem Changthang«, genannt werden und den größten Teil Tibets mit Salz versorgen.[13]

Die Hirten erzählen, daß es vor undenklichen Zeiten einmal soviel Salz in den Steppen gegeben habe, daß es überall herumlag wie Sand in der Wüste. Ihre Vorfahren waren es gewohnt, das Salz einfach so einzupacken und zu den Bauern im Süden zu bringen, wo sie es gegen Getreide und andere Haushaltswaren eintauschten. Doch eines Tages wurde die Hochlandsteppe von einer Menschenfresserin heimgesucht. Sie schnatterte wie eine Gans, und dabei kam ein kräftiger Wind auf und entwickelte sich zum Sturm. In ihrem riesigen Gewand schleppte sie all das Salz davon und ließ nur kahlen Boden zurück. Fortan gab es kein Salz mehr in diesen Regionen.

Ohne Salz zu leben, war für die Drokpas wie ohne Nahrung zu leben. Im ersten Jahr nach jenen Ereignissen suchten die Hirten auf dem Rücken ihrer Pferde den ganzen Changthang ab, ohne auch nur ein einziges Salzkörnchen zu finden. Im zweiten Jahr sangen sie die heiligen Schriften, während sie auf der Suche nach dem Salz waren, jedoch wurde ihnen noch immer kein Erfolg beschieden. Als sie auch im dritten Jahr bei der Suche auf kein Salz stießen, wurden die Männer wütend und fingen an zu fluchen. Dieses Mal jedoch stießen sie auf den See Lege und auf zwei weitere Seen, in denen sie die für sie lebensnotwendige Substanz vorfanden. Die großzügige Göttin des Salzsees schien an den schmutzigen Worten der Drokpas nicht Anstoß genommen zu haben, im Gegenteil: Sie hatte auf die derben Flüche gewartet. Da den Salzkarawanen der Nomaden daraufhin zu ihrer eigenen Überraschung großer Erfolg beschert war, sollen sie diese rohe Sprache während des Salzabbaus und -handels zur Pflicht gemacht haben. Bevor die Drokpas wieder mit dem aufgeladenen Salz aufbrachen, hielten sie zu Ehren der als »Mutter« angesprochenen Seegöttin eine Abschiedszeremonie ab, damit sie auch in den kommenden Jahren großzügig mit dem Salz sei. Und beim Einpacken des Salzes half ihnen ihr aufmunternder Gesang:

»Bin kein Hirsch mit Geweih am sandigen Strand,
Doch gleich seiner Art schlendere ich dahin.
Bin keine mollige und schwerfällige Ente,
Doch wie sie wate ich gar langsam im Wasser.
Kein Mädelchen, nein, ein Mann bin ich,
Doch ich häufe Salz auf wie die Mädels den Dung.
Wie weiße Schafe, die in der Steppe weiden,
Sind die kleinen Salzhaufen am Strande des Sees,
Und der Eigner dieser Schafe ist kein geringerer als ich.
– Bin ein buddhistischer Gläubiger nicht,
Doch wie Schriften meine Salzsäcke zweifach ich band,
Und wie heilige Bücher stehen sie aufrecht des Nachts.
– Einen Salzsack von einem faulen Weibe zusammengeflickt,
Seine Öffnung von ihrem nachlässigen Manne vernäht –
Nun, den laß wohl von irgendeinem der ältesten Yaks tragen!
– Salz zu packen, gibt es mehr als eine Methode:
Mit den Fingern die Säcke zu stopfen, versucht es so mancher Mann,
Und andre binden diese mit gar dickem und rauhem Garn.«[14]

Die harte Arbeit auf den Salzkarawanen war reine Männersache. Die Frauen der Drokpas sollten daheim bleiben, weil sie fürchteten, deren Beisein würde die Eifersucht der Göttin der Salzseen wecken und sie erzürnen.[15] Deshalb war ihnen während der ganzen Mission Kontakt mit Frauen prinzipiell verboten. Die harte Arbeit schlug sich in einer rohen, von Kraftausdrücken geprägten Sprache nieder, von städtischen Tibetern zuweilen gar nicht als Tibetisch erkannt, von andern als Vulgärsprache bzw. als solche des Pöbels und Gesindels verhöhnt. Sicher ist, daß die Männer auf den Salzkarawanen sich strikt an bestimmte Tabus und merkwürdige Bräuche hielten, die für den Außenstehenden um so undurchsichtiger waren, als er ihre Sprache in aller Regel kaum verstand.[16]

Dann begann der längste und schwierigste Teil der Reise, über deren Bitternis die Nomaden sich mit den ihnen eigenen Gesängen hinwegtrösten:

»Hübscher als Buddha bin ich gewesen,
als ich von meinen Lieben Abschied nahm.
Durch die trostlose, kahle Wildnis gewandert,
bin zu einem pechschwarzen Mann ich geworden.
– In kuscheliges Lammfell war ich gehüllt,
als ich von meinen Lieben Abschied nahm.
Mein Pelz in ein abgenutztes Leder verwandelt,
erreicht' ich mit Mühsal den See.
– Farbig und doppelt besohlt waren meine Stiefel,
als ich von meinen Lieben Abschied nahm.
Teesieben aus Bambus gleicht mein Schuhwerk,
nun da ich über die zerklüfteten Berge gestiegen bin.
– Zahllose Schafe trieb ich von dannen,
als ich von meinen Lieben Abschied nahm.
Während wir die karge und trockne Wildnis
  durchschritten
starben eins nach dem andern meine Lieblingsschafe
  dahin.
– Voller Butter, Tee und Fleisch hatt' ich meine Taschen,
als ich von meinen Lieben Abschied nahm.
Doch Gras und Schnee wurden mir zur Nahrung,
während schwere Beine mich heimwärts schleppten.
– Abschiedslieder von meinen Lieben klangen mir nach,
als ich von ihnen Abschied nahm.
Allein in Wind und Schnee schlepp' ich mich dahin,
wo ich mich so nach meinen teuren Liebsten sehn'!«[17]

Die Beschwernisse während der langen Reise, die harte Arbeit in einer der abgelegensten Gegenden der Welt, kümmerliche Ernährung sowie Wind und Wetter konnten die Mitglieder einer solchen Salzkarawane – Mensch wie Tier – zugrunde richten. Die lange Trennung von der Familie verbanden sie der Göttin des Salzsees noch enger, doch Dämonen und Geister lauerten überall im Changthang und suchten die Drokpas heim. Endlich in den Märkten angelangt, wurden die Hirten für ihre Mühsal jedoch reich belohnt: Bis zum Zehnfachen wurde ihnen das Salz in Getreide aufgewogen, und sie konnten sich mehr Getreide einhandeln, als sie für ihre Familie allein benötigten.[18]

»Mögen die friedvollen Augen unserer Göttin über uns wachen!
Mögen die lieben Augen unserer Göttin uns liebkosen!
Mögen wir im schützenden Bannkreis unserer segensreichen Göttin bleiben!«

Lhasa schickt seine Steuereintreiber[19]

Der Changthang, die »nördlichen Ebenen«, sind das Reich der Wildyaks, Gazellen und Kiang. Und ebenso frei und ungebunden wie sie leben die wenigen Hirten, die ihr karges Auskommen von der ungebändigten Natur hier erhalten. Jenseits von Shiyar, Eyar, Ayar, Gar, Mar und Dremu tragen die Orte keine Namen mehr, so sagt ein Sprichwort, und die Menschen scheren sich nicht um gesellschaftlichen Rang oder Status. Das freilich wollte die Herrschaft in Lhasa nie so richtig einsehen und versuchte immer wieder, ihrer Autorität selbst im nördlichen Changthang Geltung zu verschaffen. Beamte, die dorthin reisten, mußten ihre eigenen Zelte mit auf die Reise nehmen, weil es unterwegs kaum Menschen gab, denen man die Ula[20] hätte abverlangen können, geschweige denn feste Häuser, deren Herren

sie hätten bewirten können. Selbst den Yakdung zum Feuermachen mußten sie sich wie die gewöhnlichen Leute und die Diener selbst suchen und sich ihren eigenen Tee kochen. Und trafen sie doch einige der wenigen einheimischen Hirten, so trieben die ihren Schabernack mit ihnen.
So war dereinst ein tibetischer Beamter aus Lhasa auf seinem beschwerlichen Weg auf ein einsames Nomadenzelt gestoßen und hatte gleich recht fordernd vom Gastrecht Gebrauch gemacht. Froh darüber, sich nicht selbst ein Feuer und dann Tee machen zu müssen, streckte er dem Hirten seine Schale hin, um sich Buttertee einschenken zu lassen. Der Hirte aber, der den wohlhabenden Herren schon lange sich hatte nähern sehen, war wenig erfreut über dessen herrisches Gebaren. Er hatte schon mehrfach schlechte Erfahrungen mit solcherlei Beamten gemacht und war wohlvorbereitet: Er hatte nämlich zuvor schon den Schnabel seines mit kaltem Wasser gefüllten Teekessels erhitzt. Daraus goß er nun dem hohen Herrn aus Lhasa in die Schale. Das Wasser dampfte, während es aus dem Kessel floß, gleichwohl beschwerte sich der Beamte, daß der Tee ja kalt sei.
»Oh, hoher Herr, das liegt am eisigen Wetter, das wir hier haben«, erklärte der Hirte wenig unterwürfig, »habt Ihr denn nicht gesehen, wie es noch dampfte, während ich Euch davon eingoß?«
Ob solch geringer Unterwürfigkeit war der hohe Herr aus Lhasa erbost, doch angesichts der widrigen Lebensbedingungen und der Tatsache, daß er dem Hirten hier ausgeliefert war, beschloß er, baldmöglichst den Heimweg anzutreten und die nördlichen Ebenen fortan zu meiden. Und bis heute umschmeicheln die Nomaden im Changthang keine Behördenvertreter, gleich welchen Ranges sie auch seien. [...]
Es wird auch erzählt, daß die tibetischen Behörden dereinst versucht hätten, selbst in den abgelegenen Weiten des Changthang Steuern zu erheben. Dafür wurde eine kleine

Gruppe von Beamten auf den Weg in den hohen Norden geschickt. Als die Gesandtschaft den Vorposten Maricha erreichte, fand sie den Platz öde und verlassen vor. Die Bewohner hatten die von Bewaffneten begleitete Gesellschaft schon Tage zuvor wahrgenommen und sich deshalb zurückgezogen, um nicht mit ihnen zusammenzutreffen. Die Beamten waren höchst erstaunt, keine Menschenseele vorzufinden, und sandten deshalb einen Soldaten als Späher aus. Nach einiger Zeit kehrte dieser sonst unerschütterliche Krieger vor Angst zitternd ins Lager zurück. Seinen Herren berichtete er: »Geht nicht weiter, Ihr Herren, denn das Land dort oben ist an den Himmeln befestigt; Wasser wird auf dem Rücken festgebunden; Feuer hängt von den Hüften der Männer herab und Speerspitzen klirren und rasseln gegen die Himmlischen ankämpfend!« »Um Himmels willen!« schrien die Behördenvertreter da auf. »Wir sind wahrlich am Rande der Erde angelangt. Es wird wohl am besten sein, hier keine Steuern mehr einzutreiben und umzukehren!«

So brachen die Steuerbeamten schleunigst ihr Lager ab und machten sich aus dem Staube. Denn Staub gab es wahrlich genug: Von den Winden nämlich wird er weit hinaufgewirbelt, so daß die Staubstürme wirken, als sei die Erde am Himmel befestigt. Undeutlich waren Schafe und Rinder zu erkennen, die vor Durst am Eis in der gefrorenen Steppe schleckten. Die Hirten aber kehrten nach Maricha zurück und trugen Eisblöcke auf dem Rücken, deren Schmelzwasser sie zum Trinken benutzten. An ihren Hüften hingen stählerne Feuersteine, und im Sturm wurden Kiesel gegen diese geschleudert, so daß sie Funken schlugen und ein grausiges Geklirre und Geklapper veranstalteten.[21] Das hatte den Späher, der alles nur von weitem gesehen hatte, in Angst und Schrecken versetzt.

Der Jäger und der Wildyak[22]

Die wilden Yaks sind die ungekrönten Herren der tibetischen Hochlandsteppen. Von starkem Körperbau und tapferer Art, geben sie gleichwohl ein Bild von Würde und Sanftheit. Allein wenn sie verletzt werden oder angegriffen, zeigen sie ihr brutales Wesen. Der wilde Yak kämpft auf dreierlei Weise: Er rammt den Gegner mit seinen gewaltigen Hörnern, zertrampelt ihn mit seinen Hufen oder leckt ihn mit seiner Zunge. Um im Winter das über dem vertrockneten Gras liegende Eis oder den verharschten Schnee entfernen und an das Gras kommen zu können, ist die Zunge der Wildyaks nämlich dornig und sehr scharf. Von einem Mal Lecken hängt der Mantel eines Hirten schon in Fetzen; noch ein zweites Mal, und der Hirte selbst ist übersät mit blutigen Schürfwunden und anderen Wunden. [...]

Aus Ombu machte sich dereinst ein Jäger auf die Jagd nach wilden Yaks in die Weiten des Changthangs auf. Wie andere Wildyak-Jäger suchte er sich zunächst einen günstigen Ort, wo er unsichtbar versteckt liegen und warten konnte und die Gegend gut übersah. Es vergingen einige Tage, bevor ein Wildyak erschien und in Schußnähe kam. Es war ihm klar, daß er das Tier mit dem ersten Schuß erledigen mußte, weil es sonst wild werden und ihn angreifen würde. Da eine Kugel aus seinem Vorderlader wohl kaum den dicken Schädelknochen eines ausgewachsenen Wildyaks zu durchdringen vermochte, zielte und schoß der Jäger wie gewöhnlich auf das Herz des Tieres. Er mußte es wohl nicht tödlich getroffen haben, denn der Bulle brach keineswegs nach dem ersten Schuß zusammen, sondern gebärdete sich wild und stürmte in die Richtung los, aus welcher der Schuß gekommen war. Daraufhin begann eine irrsinnige Verfolgungsjagd, während der das wütend gewordene Tier wie wahnsinnig hinter dem Missetäter herstürmte. Dem blieb nichts weiteres übrig, als um sein Leben zu laufen; also warf er das Gewehr in hohem Bogen davon. Zur großen

Verwunderung des Jägers hielt der Wildyak zunächst an und trampelte wild auf der Waffe herum, bevor er weiter hinter ihm herstürmte. Daraufhin schleuderte der neuerlich Gejagte seinen Hut in die Steppe, dem dasselbe Schicksal widerfuhr wie zuvor dem Gewehr: Er wurde in Grund und Boden gestampft.

Damit war aber die Verfolgung nicht beendet, und dem Jäger aus Ombu blieb nur eine Chance zum Überleben: wenn es ihm gelang, den Wildyak irgendwie weiter aufzuhalten. Das glückte ihm tatsächlich, und zwar indem er ihm nach und nach weitere Kleidungsstücke hinwarf, bis er sich schließlich in eine gut geschützte Höhlung unter einem großen Felsen retten konnte. Dort war er unerreichbar für Hörner, Hufe und Zunge des wilden Herren der Steppe. Nachdem der wütende Yak die Verfolgung endlich aufgegeben und schnaubend davongetrottet war, kam der halbnackte Jäger zwar ohne Schrammen, aber nicht ohne Veränderung aus seinem felsigen Versteck: Von nun an ging er niemals mehr auf die Jagd nach wilden Yaks.[23]

Die Legende von Yangzi Jiang und Gelbem Fluß[24]

In einem entlegen und völlig einsam in den Bergen liegenden Hof wohnte, von Vogelgesang und Blütenduft bezaubert, vor sehr, sehr langer Zeit ein weißhaariges altes Paar. Die beiden, deren Äußeres einer Meeresmuschel glich, waren auf nichts und niemanden angewiesen, dafür jedoch völlig vereinsamt. Eines Tages sprach das alte Väterchen zu seiner Frau: »Ich weiß nicht zu sagen warum, aber mein Herz hat eine große Schwermut erfaßt. Und diese Traurigkeit in meinem Herzen ist von einer solchen Gewalt, daß ich das Gefühl habe, ich müßte Dich verlassen, um auf eine große Reise zu gehen, von der ich nicht wieder zurückkehren werde.«

»Wenn du nun einmal in die Ferne ziehen willst, so habe ich ja wohl kaum mehr die Möglichkeit, dich davon abzuhalten!« antwortete ihm seine Frau resigniert. »Wenn dir etwas auf dem Herzen liegt, so mußt du es frei heraus sagen, um zu vermeiden, daß dich hinterher die späte Reue plagt.«

»Du und ich, wir sind von Jugend an bis ins hohe Alter hinein zusammengeblieben, haben füreinander gelebt, waren aufeinander angewiesen, ja wir haben das ganze Leben in Liebe harmonisch miteinander verbracht. Ist es da nicht ein Grund zur Schwermut, da uns nicht wenigstens ein Sohn oder eine Tochter vergönnt war? Ach, das muß doch einmal ausgesprochen werden können, daß mir das großen Kummer bereitet.« Und wie der alte Mann sprach, war er so schmerzlich berührt, daß ihm Tränen aus den Augen quollen, auf die Brust tropften und von dort weiter zu Boden fielen.

Als das alte Mütterchen die Worte ihres Mannes gehört hatte, öffnete sie ihren zahnlosen Mund und sagte heiter: »Was gibt es da für einen Grund, traurig zu sein! Du mußt wieder fröhlich sein, denn schon seit langem trage ich zwei Kinder unter dem Herzen. Es kann nur noch wenige Tage dauern, bis sie zur Welt kommen werden.«

»Ja, ist das wirklich so? Wenn das tatsächlich stimmen sollte – das wär' ja zu schön, um wahr zu sein! Was für ein Grund zur Freude! Das danken wir dem Segen des Buddha und der Bodhisattvas; gelobt seien die drei Schätze [Buddha, Dharma und Sangha] und Öpame, der Buddha des unendlichen Lichtes. Wenn ein solch großer Wunsch in Erfüllung gehen kann, dann will ich diesen beiden Kindern, noch bevor sie das Licht der Welt erblicken, ihre Namen erwählen, auf daß sie nicht verhöhnt werden, wenn sie ohne Namen unter Menschen gehen. Fortan wirst du den Erstgeborenen Drichu nennen, der zweite aber soll Machu heißen. Präge dir das bitte gut ein und vergiß es nicht!«

Als seine alte Frau die Worte ihrer besseren Hälfte vernommen hatte, war sie so selig, daß sie vor lauter Wonne den Mund nicht mehr zukriegte. Das alte Väterchen aber mochte sich wohl zu heftig gefreut haben, oder aber es hatte sich dermaßen erregt, daß er ganz unerwartet verschied: Sein fortgesetztes Reden wurde immer leiser, langsam schlossen sich seine Augen, bis sein Mund schließlich offenstand und er lächelnd den Weg ins Paradies antrat.

Was gesprochen worden war, erwies sich jedoch nicht als leere Worte, vielmehr stellte sich alles als richtig heraus. Schon am nächsten Morgen, in aller Herrgottsfrühe, schenkte das ergraute alte Mütterchen nacheinander zwei gesunden, runden Knaben das Leben. Also kam es dem letzten Wunsch des verstorbenen Gatten nach und nannte den erstgeborenen Sohn Drichu und den anderen Machu. Obschon beide Kinder von derselben Mutter geboren waren, waren sie doch von völlig unterschiedlichem Aussehen und Temperament – ganz wie es das alte tibetische Sprichwort sagt: »Eine Mutter mag neun Kinder gebären, aber, ach, ein jedes ist von anderer Art!« Als Drichu zur Welt kam, wirkte er bereits vornehm und kultiviert; kaum daß er irgendwelche Laute von sich gab, so still war er, und er war sofort »stubenrein«. Machu erblickte das Licht der Welt als heiteres und offenherziges Kind, war allerdings auch ein wenig grob und zügellos – lebhaft wie ein schwer bezähmbares, ungestümes Roß.

Stolz blickte die alte Mutter auf ihre beiden Söhne und fragte sie: »Meine liebsten Kleinen! Zweihundertundzehn Jahre habt ihr beiden im Bauch der Mutter geschlafen. Habt ihr denn in dieser, ach so langen, Zeit irgendeinen schönen Traum gehabt? Und wenn ihr träumtet, was waren das für Träume? Wollt ihr eurer Mutter nicht vielleicht diese Träume erzählen?«

»Ehrwürdigste aller Mütter!« hob der Erstgeborene, Drichu, zu sprechen an. »Während ich in deinem Bauch in süßem Schlummer lag, habe ich oft von einem wunderbaren, mit dem Pinsel äußerst geschickt umgehenden Maler geträumt, der zu mir kam und mich mit großer Geduld lehrte, eine bezaubernde Frühlingslandschaft zu malen, eine Bildrolle mit grünblauen Bergen und klaren Gewässern. Immer wieder schärfte er mir ein: ›Wenn du das Bild gut zu Ende malst, wirst du die leidenden, einfachen, aber fleißigen Menschen in dieses Bildnis rufen, damit sie darin leben.‹«

Machu hörte, wie sein älterer Bruder den Traum zu Ende erzählt hatte, und begann dann unmittelbar mit seiner Geschichte: »Liebe Ama! In deinem Bauch habe ich im Traum oft einen in voller Rüstung gekleideten Krieger gesehen, der Pfeil und Bogen am Körper trug, ein wundervolles Schwert mit scharfer Klinge in der Hand schwang und auf einem Roß mit roter Mähne daherritt. Mit jenem Krieger traf ich oft zusammen, und er unterrichtete mich in den Kriegskünsten, in der Hoffnung, daß ich zukünftig ein auf Erden unbesiegbarer Heldenkrieger werden würde.«

Mit großer Freude hatte die alte Mutter der beiden Knaben deren Traumgesichten gelauscht. Selbst ihr verstorbener Mann, sie war sich sicher, würde sich im Himmel freuen, wenn er davon erführe. So sprach sie, und ihre Stimme wurde immer leiser, ihre Augen quollen über mit Freudentränen, von denen einige auf ihre Söhne, andere auf die Erde herabtropften. Lachend schloß das alte Mütterchen die Augen und ging hochbeglückt aus dieser Welt. [...]

Als Drichu und Machu erkannten, daß ihre Ama auf einmal aus dem Leben geschieden war, klammerten sie sich an ihren Leib und brachen in bittere Tränen aus. Ihr Schluchzen und Weinen war von einer solchen Macht, daß es Berge und Täler zum Erbeben brachte, selbst das unendliche grüne Grasland erzitterte darob. Sie schluchzten in einem fort, schrien und klagten – doch die Mutter sprach kein einziges Wort mehr zu ihnen, konnte nur noch friedlich einen letzten Blick auf die Gesichter ihrer Söhne werfen. Beim Anblick ihrer dahingeschiedenen Mutter konnten die Söhne in ihrem Schmerz nicht mehr an sich halten und brachen immer wieder in Tränen aus. Über Jahr und Tag weinten sie, bis sie vor Erschöpfung endlich Schlaf fanden. Dutzende von Jahren vergingen, so wird erzählt, wenn nicht sogar Hunderte, bis sie wieder erwachten und ihre alte Mutter zu ihrem großen Erstaunen in einen majestätischen Berg verwandelt sahen. Ihre Tränen aber strömten zu beiden Seiten des Berges als Flüsse herab, der sie nun trennte: Die Geschwister konnten sich fortan ebenfalls nicht mehr sehen, und jeder hatte seinen eigenen Weg zu gehen.

Einmal noch hatten die beiden die Stimme ihrer Mutter vernommen, wußten jedoch nicht, ob sie träumten oder ob es Wirklichkeit war. »Ihr meine beiden Söhne«, so schien sie gesprochen zu haben, »erwachsen seid ihr geworden und alt genug, euch selbst durchs Leben zu schlagen. Eure Mutter kann euch da nicht beistehen. Worte müssen von jedem selbst gesprochen werden, so findet auch euren Weg allein! Geht und verwirklicht die Träume, die ihr einst hattet.«

Und so kam es, daß Drichu sich seinen Weg nach Osten und Südosten bahnte. Ganz Tibet nennt diesen mächtigen Strom Dri Chu, bevor er das Hochland als Jinsha Jiang, »Goldsandstrom«, verläßt und in der chinesischen Provinz Sichuan seinen bekanntesten Namen Yangzi Jiang (Jangtsekiang) erhält. Eingerahmt von bezaubernden Frühlingslandschaften strebt er von dort dem noch fernen Meere zu. Sein Bruder Machu aber versuchte sich weiter im Norden. Nachdem er sich vielfach übers Hochland gewunden und durch die Sümpfe Amdos hindurchgekämpft hatte, war er zu dem Krieger seines Traumes geworden, der mit der Macht seines Schwertes die ihm trotzenden Bergketten im Nordosten zerteilte und bis heute als »Gelber Fluß« wie ein wildes, unbezähmbares Pferd durch die nordchinesischen Landschaften dem Gelben Meere zujagt. Bei den Tibetern ist ihm der Name Ma Chu geblieben. Zwischen

Dri Chu und Ma Chu aber erhebt sich über den östlichsten Changthang-Steppen das Gebirge Yagra Dagze, welches nicht ohne Grund als Mutter dieser beiden mächtigen Ströme gelten darf.

Die Geister der Chüemo-Berge[25]

Dereinst gab es in der Umgebung der Berge Chüemo Ri, dort wo der Dri Chu seinen Ursprung hat, saftige Weiden mit einem lieblichen See, an dessen Ufern große Herden von wilden Yaks weideten. Das brachte viele Hirten dazu, ihre Herden ebenfalls dorthin zu treiben, damit sie gutes Gras fraßen und viele Fettpolster für den Winter anlegten. Es dauerte jedoch nicht lange, und es begann in den Bergen zu spuken. Wurden auf den Weiden dort Pferde angebunden, so verschwanden sie im Handumdrehen. Durchreisende wurden oft mit Steinen beworfen, die aus dem Nichts daherflogen, und sie hörten die Geister kreischen. Nachdem das den örtlichen Behörden berichtet worden war, sandten jene einige Männer ins Weideland um Chüemo Ri, um der Sache auf den Grund zu gehen. Sie gingen davon aus, daß einige Einheimische, die Fremden nicht wohlgesonnen waren, allerlei Schabernack trieben, um sie wieder zu vertreiben. Doch auch die von den Behörden geschickten Männer wurden mit Steinen beworfen, und es war nicht zu erkennen, woher dieselben kamen. Eine Frau namens Jamyang gar hatte die Geister mit ihren eigenen Augen gesehen und erzählte, daß sie sehr menschenähnlich wirkten, aber auf eigenartige Weise immer wieder auftauchten und ebenso regelmäßig verschwanden. Gyatso, einem Burschen aus Lhasa, erschien der Körper eines Geistes völlig durchsichtig, ja er vermochte gar dessen innere Organe zu erkennen. Das Erstaunlichste aber war, daß die Geister Menschen wie ein Blatt Papier zusammenfalten konnten, um sie dann in Felsspalten zu stecken, wo sie nimmer wiedergefunden wurden. Kein Wunder, daß kaum ein Hirte mehr wagte, seine Herden bei den Chüemo-Ri-Bergen weiden zu lassen. Die Gipfel einer Bergkette hinter der anderen erscheinen weder steil noch abgerundet, sie wirken ungleichmäßig, so als ob sie sich stetig verwandelten. Ihre Farben sind ein wildes Mischmasch aus Grau, Grün, Purpurrot und Gelb. Tatsächlich scheinen sie das schrullige und grobe Werk eines Schöpfers zu sein, der nicht darüber nachdachte, was er tat, und der, als er damit fertig war, alles gleichgültig beiseite warf und den Geistern überließ. [...]

Warum die Mädchen von Yarla so hausbacken sind...[26]

Dort wo der östliche Changthang allmählich in die tiefen Schluchten Khams hinübergeht, liegt im Kreise Sog das Dorf Yarla am Fuß des Berges Yarla, auf dem das Kloster Tsanden thront. Hier ist die Heimat von Drukmo, der vielgeliebten Braut des Heldenkönigs Gesar. Im Winter sei sie geboren worden, und dennoch soll es damals Donnergrollen gegeben haben und der Ruf des Kuckucks soll erklungen sein, weshalb sie Drukmo genannt wurde: »Tochter des Himmlischen Drachen«. Bis in jene Zeit hinein hatte das Dorf Yarla eine große Zahl schöner Frauen hervorgebracht. Wie aber kommt es, daß die Mädchen von Yarla heutzutage so hausbacken und überhaupt nicht mehr von strahlender Schönheit sind? Damit hat es, so erzählen die Leute in Yarla, folgende Bewandtnis:

Zu der Zeit, als Drukmo schon Gesars Gattin war, wurde sie von einem Dämonenkönig entführt und in dessen Reich verschleppt. Tagein, tagaus machte dieser ihr den Hof, doch sie wies ihn ab und gab seinen Wünschen nicht nach. Darob wurde der Dämonenkönig sehr erzürnt und begann, Drukmo immer grausamer zu quälen und zu foltern, weil sie sich ihm nicht hingeben wollte. Sie gab die Hoffnung nicht auf und betete jeden Tag darum, daß ihr unbesiegbarer Gesar komme, um sie zu retten. Der Heldenkönig Gesar aber kam nicht, sie zu befreien, da er gerade in eine andere Schöne aus Yarla vernarrt war. Drukmos Leiden wollten kein Ende nehmen, und sie grämte sich sehr über das Unglück, das eine schöne Frau über sich ergehen lassen mußte. Darum sandte Drukmo einen Fluch zum Himmel: »Von nun an sollen Frauen häßlicher noch als meine Fersen sein!« Wie auch immer – fortan blieben die Mädchen von Yarla jedenfalls immer sehr hausbacken.

Urwelt, Utopie und irdisches Gegenbild – Shangri La und Ombu – im Herzen des Niemandslandes

Sicher wäre es übertrieben, den Changthang als für die Tibeter heilig zu bezeichnen, jedoch hat er für sie etwas Mystisches. Gerade weil die wenigen Bewohner der »Nördlichen Ebenen« in einer solch menschenleeren Urwelt ihr Dasein fristen, quellen ihre Mythen und Legenden von Geister- und Dämonenwesen über, bekommen Tier- und Pflanzenwelt menschliche Züge, so daß sie alle zu Partnern in einer unwirtlichen Welt werden. Die Bedeutung dieser Legenden für die hier lebenden Menschen liegt in ihrer geistigen Erfüllung, ihrer ästhetischen Befriedigung und dem Trost, den sie dem Herzen wie der Seele spenden, erklärt Ma Lihua,[27] eine in Lhasa lebende, mit dem Changthang vertraute Schriftstellerin. Wie monoton wäre allein die Steppenlandschaft ohne einen See wie den Siling Tso – aber um wieviel stumpfsinniger wäre das Leben dort ohne all die prächtigen Legenden!

Volkstümlich, wie diese Legenden sind, bergen sie doch eine Vielzahl verschiedenster Motive und Inhalte. Zum einen begegnen wir uns schon bekannten heiligen Bergen und Seen wieder – wie Machen Pomra oder den Bön-Gottheiten Targo und Dangre (»Warum all die Berge...«

u. a.) – oder sagenhaften Gestalten wie Gesar und seiner Braut (»Warum die Mädchen von Yarla...«). Zum anderen werden die schwierigen Lebensumstände im kargen Changthang thematisiert, welche zuweilen selbst die an die dortigen Bedingungen angepaßten Wildyaks gleich einem Götterfluch dahinraffen können (»Legende vom Ursprung des Dri Chu«). Daher sind hier lebensnahe Begebenheiten um Jagd (»Der Jäger und der Wildyak«), Salzkarawanen (»Die Salzkarawanen der Drokpa«) und Steuereintreibung (»Lhasa schickt...«) mit aufgenommen worden, die jedoch durch die besonderen Schwierigkeiten, die im Changthang mit ihnen verbunden waren, nicht nur groteske, sondern eben legendäre Züge aufweisen. Die Fabel vom »Knisterstrauch«, dessen botanische Zuordnung leider nicht gelang, deutet noch einmal die enge Verbundenheit der hier lebenden Menschen mit der rauhen und wilden Natur an, die – animistisch-weltanschaulich – von sich aus zu helfen bereit ist, wenn es darum geht, die widrigen Lebensumstände so weit als möglich erträglicher zu gestalten.

Die Tatsache, daß inmitten der öden, wenngleich faszinierenden Steppenweiten plötzlich winzige Ackerbausiedlungen auftauchen, erfordert natürlich ganz besonders göttlichen Beistand. Wer seinen Weg durch tagelange Einsamkeit und abweisende Natur zu solch außergewöhnlichen Dörfern gefunden hat, wird zunächst seinen Augen nicht trauen, dann aber unvermittelt an die Beschreibung Shangri Las in James Hiltons utopischem Abenteuerroman »Der verlorene Horizont«[28] denken: »Es mochte wohl [...] die furchteinflößendste Berglandschaft der Welt sein, und er stellte sich den ungeheuren Druck der Schnee- und Gletschermassen vor, gegen den der Fels wie ein riesenhafter Damm wirkte. [...] Kaum weniger reizvoll war der Ausblick nach unten, denn die Bergwand stürzte weiter fast senkrecht ab in eine Schlucht, die nur das Ergebnis einer längstvergangenen Katastrophe sein konnte. Der ferne, dunstige Talboden grüßte das Auge mit üppigem

Grün. Vor Winden geschützt und von der Lamaserei mehr überblickt als beherrscht, erschien es [...] als ein köstlich begünstigter Ort.« Die Utopie eines vom Rest der Menschheit abgeschnittenen, inmitten der Öde blühenden Shangri La drängte sich mir jedenfalls bei meinem ersten Besuch in den im Herzen des südlichen Changthang gelegenen Dörfern Dangchung und Ombu auf. So schlägt sich in den entsprechenden Legenden ja ebenfalls nieder, daß deren Bewohner durchaus im Bewußtsein leben, daß sie – trotz aller Beschwernis – an einem besonderen Ort wohnen. Hiltons utopisches Bild eines weltlichen Paradieses Shangri La mag diesem irdischen Gegenbild der etwas kompromittierten Vorstellung von Shambhala, dem lamaistischen Paradies, über das noch zu sprechen sein wird, weit näher liegen, als je jemand zu ahnen wagte.

Wie mystisch, wie geheimnisvoll der Changthang bis heute auf die Menschen wirkt, kann auf verschiedene Weise erfahren werden. Einerseits haben wir mit den Geschichten »Der Jäger und der Wildyak« und »Die Geister der Chüemo-Berge« schöne Beispiele von Legendenbildungen, zumindest ansatzweise, aus modernster Zeit, die helfen sollen, die Fährnisse einer selbst den hartgesottenen Tibetern fremd erscheinenden Umwelt zu erklären. »Die Gegend fließt von Legenden über wie eine Quelle mit Wasser«, berichtete schon Ma Lihua.[29]

Zum anderen habe ich bei Reisen in diese Gebiete mehrmals selbst erlebt, wie fremd z. B. Tibetern aus Lhasa eine Fahrt dorthin erschien, wie unheimlich es ihnen wurde, wenn die Orientierung wegen mangelnden oder schlechten Kartenmaterials und das Erfragen des Weges fast unmöglich wurden, weil die Gegend menschenleer war. »In den Changthang? Was wollt Ihr da?« war die gängige Reaktion von Lhasa-Tibetern vor solchen Touren. »Da lebt doch niemand.« Und das Unbehagen, ja die aufkommenden Ängste bei Schwierigkeiten vor Ort, die halfen, den alten Geisterglauben wieder heraufzubeschwören, habe ich mehrmals erleben können. Wo die Menschen fehlen, da können ja nur die Geister ihr Unwesen treiben. Während einer dieser Reisen mit einer kleinen Zahl von Touristen im Jahr 1992 wurden wir, durch solche Ängste und von den bekannten Mythen um dämonische Seen beeinflußt, sogar dazu veranlaßt, den in Ansätzen ausgesprochenen Geisterglauben unserer tibetischen Fahrer mit den Problemen, die sich uns allen stellten, zu einer (nicht rein tibetischen) Legende zu verarbeiten. Als ein wohl etwas unkonventionelles Beispiel für die mögliche Entstehungsweise seien hiermit zum Abschluß des Changthang-Kapitels dennoch diese gemischt tibetisch-europäischen Impressionen wiedergegeben. Bis auf das sozusagen »offene Ende« basiert die Geschichte auf absolut wahren, von mir miterlebten Ereignissen, die unter dem Eindruck der Empfindungen unserer tibetischen Begleiter und der erzählten Legenden in »mythologisierter« Form wiedergegeben wurden.

Das Märchen vom Gyaring Tso – Von einer Gruppe, die auszog, das Flüchten zu lernen ...

Vor langer, langer Zeit gab es eine Gruppe von Reisenden im Changthang, die lockte die Sonne an die türkisblauen Wasser des Gyaring Tso. Der See – eingerahmt von grünschimmernden Bergketten – leuchtete hell und lud freundlich zum Bleiben ein. Kaum hatten die Reisenden ihr Lager da errichtet, wo sie nächtigen wollten, da sandte der Geist des Sees schon ein Gewitter über sie, welches sie zwang, in ihren tropfenden Zelten Zuflucht zu suchen. Als sie speisten, mußten sie auch vom lieblichen Seewasser kosten, und derart ergriff Gyaring Besitz von ihnen und wollte nicht mehr von ihnen lassen. Schliefen die Reisenden zwar bestens die ganze Nacht, so schienen sie am nächsten Tag doch keineswegs ausgeruht. Und so blieben sie, um weiter Kräfte zu sammeln, noch eine weitere laue nordtibetische Steppennacht lang.

Bald aber erhob sich der mächtige Windgeist des Changthang, und er zerrte und rüttelte am schwachen Tuch und Gerüst der Zelte, bis er sie völlig niederdrückte, da er sie schon nicht von dannen zu blasen vermochte. Der Ort also war nicht gar so gastlich, wie er den Reisenden zu Anfang erschienen war. Beschlossen wurde daher der hastige Aufbruch. Wenig erbaut über ihre fluchtartige Weiterfahrt schien der Geist des Sees: denn zwar stellten sich den Reisenden wenig Hindernisse entgegen, solange sie an den Gestaden des Gyaring Tso entlangfuhren – auch leuchtete ihnen dort der tiefblaue Himmel, während die Regendrachen im Süden ihren feuchten Atem zu bedrohlichen Wolkentürmen aufbliesen. Wandten sich unsere Reisenden aber fort vom See, versuchten sich von ihm zu entfernen, dann schlugen des Gyaring-Geistes Verbündete zu und ließen die Flüchtenden im Regen stehen.

So geschah es, daß der mächtige Flußdrache die Räder des Lastwagens und eines weiteren Fahrzeugs umklammerte, als diese versuchten, den rettenden Fluchtweg durch die reißende Strömung des Flusses Baru Tsangpo zu nehmen. Mit vereinten Kräften nur entrissen sie dem Fluß seine Beute – doch gelang es ihnen nur, weil sie sich wieder nach Norden, zum See hin, wandten und der sich aufs erste erbarmte.

Die Reise wurde auf Wegen fortgesetzt, die sich immer wieder in kleinen Bächlein verloren, als ob diese gierig Eindringlinge wie eine leckere Beute verschlängen. Bald tauchte dann – es wagte kaum einer mehr zu hoffen – eine neue Seefläche auf, mit sie lieblich umgebenden Wiesen voller Pferde und Schafe. Entronnen dem mächtigen Seegeist! Das war jedermanns Gedanke, und es wurde ein wenig geruht. Neugierig den Namen des Ortes zu erfahren, suchten sie den Hirten und baten ihn um Auskunft.

Doch: oh, Schreck! Sie bekamen zur Antwort, daß es noch immer derselbe See sei, der unsere Freunde schon seit Tagen in seinen erbarmungslosen Fängen gehalten hatte.

Auf, auf also – und alles wandte sich erneut zur Flucht. Bald fand sich wirklich das westliche Ufer und Ende des Sees. Die Reisenden konnten in der Ferne schon jenen See erkennen, für den sie den Gyaring Tso hier hatten gehalten. Dort aber mußte an dessen südlichen Gestaden ein Weg die Flucht in die ebenen Weiten gestatten.

Fort eilte die Gruppe, den Ausweg zu finden. Kurz vor den Wassern des anderen Sees aber verlor sich die Straße erneut. Einer von ihnen fuhr durch die Steppenwiese voran, den Weg am Seeufer zu erkunden. Wunderschön lag der See, doch bot sich der Seele nur wenig Hoffnung und Tröstung: Wohl war sein Ufer flach anfangs und leicht zu befahren, doch drohte in der Ferne eine mächtige Steilklippe den Durchgang am Ufer zu sperren. Fast noch wäre der Wagen im weichen Untergrund kläglich versunken; der Fahrer jedoch wandte schnell und geschickt sein Gefährt und kehrte zurück zu den andern, die in Gyaring Tsos Nähe in geschützter Lage ein Nachtlager suchten.

Noch einmal brachen – vor Beginn der Nacht – die Fahrer auf, jenes Tal zu erkunden, welches hinwegführt vom See und über die Berge hinaus in die freien Weiten des Changthang. Hirten trafen sie, die ihnen Auskunft gaben, wohin sie sich wenden müßten. Frohen Mutes brachen sie am nächsten sonnigen Morgen auf, und eiligst fuhren sie ein Stück zurück und endlich auf das Tal zu, das Erlösung vom Seegeist versprechen sollte. Doch warum waren keinerlei Spuren zu sehen, kein Wagenabdruck, keine Trampelpfade und keinerlei Tritte? War wirklich hier jemand gereist?

Zum genaueren Auskundschaften verteilten sich unsere Freunde, und auf einmal war, inmitten durch Stein und Gräser fest erscheinenden Bodens, einer der Wagen in Blitzesschnelle bis über die Räder im Sumpf verfangen. Weit fort schon waren die andern und mit Mühe nur erkannten sie die Not ihrer Gefährten, die zu befreien nur mit großem Aufwand gelingen sollte. Schließlich aber fanden sie das glückliche Tal zum Entrinnen, in welchem Spuren sich steil an den Bergeshängen hinaufwanden. Geringe Mühe nur hatten die kleineren Wagen, doch immer aussichtsloser wollte es für den schwer beladenen Laster erscheinen. Mit unendlicher Geduld arbeiteten sich die Reisenden nach oben, bis endlich der Laster an einer heimtückischen Stelle von den Nagas, den Lü – des Gyaring Tso unterirdischen Freunden – tief im Schlamm versenkt wurde.

Hier nun scheiden sich die Berichte über den Fortgang der Mär. Während die einen berichten, eine gnädige Sonne habe geholfen, den Boden zu trocknen, den Laster zu befreien und die Gruppe aus dem Bannkreis des Seegeists entfliehen zu lassen, endet die andere Legende damit, daß ein Regendrache alle im Matsch gefangen und die Reisenden vor Schreck versteinerten: Sie seien in die jüngsten und kleinsten Berge an den Ufern des dämonischen Gyaring verwandelt worden. [...][30]

4. Lhasa – Die »Stadt der Götter«

»Klein-Lhasa« und die goldene Ziege[1]

Vor sehr, sehr langer Zeit, kurz nachdem der Yarlung-Stamm die Dynastie und das Reich Bö begründet hatte, war ihr Herrscher darauf aus, sein Königreich weiter nach Norden auszudehnen. Dafür sollte ein günstiger Platz für eine neue Hauptstadt im Herzen des zu erobernden Gebiets gewählt werden, und man fragte die Götter um Rat. Diese sandten eine goldene Ziege aus, um einen heilbringenden Ort für einen heiligen Schrein der Götter – »Lha-sa« – zu suchen.

Nun war einst ein junger Kämpfer aus dem Lande China, »Berg Elefant«, in die weiten Ebenen des Changthang zum See Bamgo Tso gelangt und machte der schönen Jungfrau Bamgo den Hof. Als der Berggott Nyenchen Thanglha davon erfuhr, wurde er rasend vor Eifersucht und sandte seinen vertrautesten Minister, Babu, und dessen sechs Brüder aus, den jungen Freier einzufangen und vor ihn zu bringen. Während einer wilden Verfolgungsjagd wurden nacheinander alle sechs Brüder Babus vom »Berg Elefant« in die Flucht geschlagen, so daß Babu letztlich mit seinen beiden Hunden Kupferhund und Eisenhund allein auf der Fährte des fremden Kämpfers geblieben war. Kupferhund und Eisenhund gelang es schließlich, den »Berg Elefant« zu stellen. Ohne zu zögern spannte Babu seinen Bogen und traf den jungen Freier mit einem tödlichen Pfeil. Während der »Berg Elefant« tot zu Boden stürzte, quollen seine inneren Organe aus der Wunde: Sein Herz verwandelte sich in den Berg Turchyo, der den Einheimischen bis heute heilig geblieben ist. Aus seinem Magen wurde die verbliebene Nahrung in der Gegend verstreut – und daraus wurden die Grassteppen Shurnamthang. Aus dem leeren Magen aber erwuchs der Berg Jingdrö, der »Magen-Berg«, und die Gedärme verwandelten sich in den Fluß Shunnag Tsangpo – »Schwarze-Schlange-Fluß« –, der diese Steppen durchfließt und in den See Bamgo Tso mündet.

Die goldene Ziege, die von den Göttern ausgesandt war, einen Ort für Lhasa, den heiligen Schrein zu suchen, hatte davon gehört, daß die Gegend um den »Berg Elefant« und den See Bamgo Tso sehr heilbringend wäre, und ging, die Örtlichkeit zu erkunden. Sie fand im mächtigen »Berg Elefant« zwar ein eindrucksvolles Massiv vor, mußte zu ihrem Bedauern aber entdecken, daß er innen ganz hohl war. Auch suchte sie nach günstigen Vorzeichen im Charakter der Naturlandschaft, konnte aber endlich nur mit einem Seufzer feststellen: »Nun ja, da ist schon ein großer Elefant zu sehen, doch er ist ohne Zügel. Auch ein kleiner Elefant ist vorhanden, doch ohne eine Decke, auf die man sich legen könnte. Ein schwarzer Teufel fehlt nicht, jedoch steht er unmittelbar vor dem Antlitz des Berges, und die weiße Gottheit, sie steht hinter dem Berg am falschen Ort. Jammerschade ist das, wirklich zu schade!« seufzte sie.

Was die goldene Ziege damit meinte, war folgendes: Am Fuße des »Großen Elefantenberges« fand sich kein Wasser (die Zügel), keine Bäume (die Decke) dagegen auf dem »Kleinen Elefantenberg«. Srinag Kangri, der »Schwarze Teufel«, stand störend geradewegs mitten im Grasland, während der günstig wirkende »Weiße Geist«, Lagyakar Kangri, zu weit entfernt lag. All das machte deutlich, daß der Ort nicht für einen heiligen Schrein geeignet war.

Nach einigen weiteren Seufzern und nachdem die goldene Ziege noch in der schönen Gegend umhergestreift war, hinterließ sie etwas Mist, aus dem später Langma-Bäume erwuchsen, und machte sich davon. Ihr Weg führte sie immer weiter nach Süden, bis sie endlich ins Kyichu-Tal gelangte, wo heutzutage denn auch dieser heilige Schrein, Lhasa, zu finden ist. Es war die goldene Ziege, die den

Platz erwählt hatte und den Göttern wie den Königen aus Yarlung vorschlug, hier ihre Hauptstadt zu gründen. Für ihre Mühe wurde die goldene Ziege später im Jokhang-Tempel, Tibets Allerheiligstem, eingeschreint.[2]

Der Weg bis ins Kyichu-Tal war aber noch weit gewesen, und die goldene Ziege wanderte, gefolgt von Einheimischen, nach Südwesten: vorbei am See Gyaring Tso in die Berge Tragang Kangri, südlich des heutigen Shentsa im Changthang. Die Leute sahen in der goldenen Ziege die Inkarnation des Gottes Jolhamo Chenmo, und sie hatten davon gehört, daß die zukünftige Hauptstadt des Reiches dort entstehe, wo die goldene Ziege sich niederlegen würde.

Am Südhang des Tragang-Berges, umsäumt von einem Fluß und mit dem weiten Blick über ein unermeßliches Weideland, das vom gemächlich dahinfließenden Tama Tsangpo genährt wird, legte sich die goldene Ziege an einem Gyarub genannten Ort nieder. Die Menschen begannen sofort damit, die vermeintliche neue Hauptstadt zu errichten. Doch o weh: Zu ihrer großen Bestürzung mußten sie beobachten, wie sich die Ziege nach einem kurzen Nickerchen wieder erhob und dann weiter südostwärts zum heutigen Lhasa zog. So sind bis heute dort über hundert winziger Steinhäuschen über den steilen Hang verstreut, mit einem schreinähnlichen Gebäude zu seinen Füßen, die von den Einheimischen »Klein-Lhasa« genannt werden. »Hier«, so rufen sie immer wieder in Erinnerung, »hier könnte Lhasa heute genausogut stehen!«

Das Bannen der tibetischen Dämonin[3]

Zu einer Zeit, als die tibetischen Untertanen die königliche Macht mißachteten, führte der Herrscher Gesetze ein, die mit den zehn Tugenden harmonierten, und bekehrte die Tibeter zum Buddhismus. Daher ist jener König als »Songtsen, der Vollkommene«, Songtsen Gampo, bekannt geworden.

Danach wurde aus Südindien die elfgesichtige Statue des Avalokiteshvara aus feinstem Sandelholz, die aus sich selbst entstanden ward, ins Schneeland gebracht. Als Songtsen Gampo die Prinzessin Thritsün, Tochter des nepalesischen Königs Amchuvarman, heiratete, brachte diese Bildnisse der Buddhas Akshobhya und Maitreya sowie der Göttin Tara mit. Außerdem vermählte sich der tibetische König mit der chinesischen Prinzessin Ongcho – der Tochter des chinesischen Kaisers Sengge Tsenpo. Bald schon hegte Thritsün den Wunsch, ein Kloster zu errichten, wozu sie jedoch nicht die Macht hatte.

Der König Songtsen Gampo erkannte, daß das Land Tibet wie der Körper einer Dämonin war, die auf dem Rücken lag, und daß es nötig war, diese Dämonin am Boden festzunageln, damit sie keinen Schaden anrichtete. Daher ließ er die »vier Tempel der vier Seiten« auf den Schultern und Beinen des bösartigen weiblichen Geistes erbauen: Katse auf der rechten und Tradruk auf der linken Schulter, Tsangdram auf dem rechten sowie Drompagyang auf dem linken Bein. Um die durch die bedrohlich um sich schlagende Dämonin ausgelösten bösen Kräfte der Umgebung zu bannen, die Grenzen zu sichern und selbst die Regionen jenseits der Grenzen zu unterwerfen, hat Songtsen Gampo zweimal vier weitere Tempel mit seinen eigenen Händen[4] errichtet: als »Unterwerfer der Grenzen« das Kloster Kongpo Buchu auf dem rechten, Lhodrag Komthing auf dem linken Ellbogen und Kadrag auf dem rechten sowie Dra Dumtse auf dem linken Knie; auf den westwärts gerichteten Füßen jenseits der Grenzen aber die Klöster Jamdrin im Lande Mangyül und Bumthang Paro Kyichu in Monyül (Bhutan) sowie auf den ostwärts ausgestreckten Händen der Dämonin die Tempel Lungnö in Jangtse und Danlongthang Drönma in Kham.[5] Danach errichtete König Songtsen Gampo inmitten des Othang-Sees ein Steinfundament, das mit Holz bedeckt war. Aus dem Moder des Naga-Reiches und aus Erde, die auf dem Rükken von Ziegen herbeigeschafft wurde, nivellierte man den Boden, damit das Rätrulnang-Kloster in Lhasa gebaut werden konnte. Aus den Werkzeugen aber, die in einem nördlichen Vorbau des Tempels gestapelt waren, erschien der allbarmherzige Bodhisattva Avalokiteshvara mit den elf Gesichtern und wurde gebeten zu verweilen. Als alles geschehen war, brach der König zur Wallfahrt nach dem »Fünfgipfligen Berge«, Riwo Tsenga,[6] in China auf und errichtete dort einhundertundacht Tempel.

Rasa, »Ziegenerde«, und Lhasa, »Stadt der Götter«[7]

Das heutige Lhasa, die »Stätte der Götter«, hieß ursprünglich Rasa, »Ziegenerde« oder auch »umfriedeter Ort« – so überliefern uns die »Blauen Annalen«. Damit hatte es folgende Bewandtnis:

Als die chinesische Prinzessin Wencheng die Residenz des Königs von Tibet erreichte, lebte dieser mit seiner ersten Frau, der nepalesischen Prinzessin Bhrikuti in einem kleinen Gebäude auf dem Potala im weiten Tal des Kyichu-Flusses. Daher mußte sich Wencheng, solange sie noch nicht mit dem König Songtsen Gampo vermählt war, vorübergehend auf einem sandigen Stück Land in der Nähe des kleinen Sees Othang Tso am Ostfuß des Potala-Berges niederlassen. Selbst die heilige Statue des Jobo-Buddhas, die sie aus dem fernen Chang'an mitgebracht hatte, mußte unter dem schützenden Dach von Weidenbäumen aufgestellt werden. Da die Prinzessin aus China sich auf die Beobachtung der Sterne und die Geomantie verstand, erkannte sie schon bald, daß sich unter dem sandigen Boden ein Lü verborgen hielt – einer jener mächtigen Wassergeister, die in China Drachen genannt werden. Um ihn zu befrieden, schlug sie dem König vor, an der Stelle einen Tempel für den Buddha Sakyamuni zu errichten.

Auch Bhrikuti, Songtsen Gampos nepalesische Gattin, erwog den Gedanken, einen dem Buddha geweihten Tempel bauen zu lassen, und als Bauplatz für den zu gründenden Jokhang[8] wählte sie einen Platz südöstlich des sandigen Wohnortes der Prinzessin Wencheng aus. Bhrikuti ging jeden Tag, die Arbeiter beim Bau zu beaufsichtigen, doch was immer bei Tage erbaut worden war, stürzte nachts wieder ein. Da wandte sich die nepalesische Gattin mit der Bitte um Rat an Prinzessin Wencheng. Diese empfahl ihr als Bauplatz den See in der »Milchebene« Othang. Dieser mußte zunächst trockengelegt werden, doch böse Mächte verhinderten das, da weder Bhrikuti noch der König diesen eigentümlichen Vorschlag sonderlich ernst nahmen. Erst als Songtsen Gampo der Sinn dieser mittels geomantischer Kenntnisse getroffenen Ortswahl Wenchengs klar wurde, gelang es ihm, durch besondere Bannungen den Gründungsbau des neuen buddhistischen Glaubens zu sichern: und zwar an jener Stelle, wo bei der Ankunft der aus der chinesischen Hauptstadt Chang'an herbeigereisten Braut Wencheng deren Wagen mit der kostbaren Statue des Jobo-Buddhas im Sand steckengeblieben und nicht mehr fortzubewegen war.

Prinzessin Wencheng, die sich gut in Astrologie und in der Lehre von den Fünf Elementen, der Geomantie, auskannte, beobachtete des Nachts die Sterne und tags die Landschaftsformen. Endlich stellte sie fest, daß das Land im Bö-Reich einer auf dem Rücken liegenden Dämonin (Srinmo) glich, die zunächst gebannt werden mußte. Aus dem Herzblut der an den Boden genagelten Dämonin hatte sich der See Othanggi Tso in der mit dem Palast des Königs der Lü gleichgesetzten »Milch-Ebene« gebildet; die Brüste und die Ader ihrer Lebenskraft entsprachen den drei Hügeln von Lhasa. In solch unvorteilhafter Topographie, so ward herausgefunden, sei auch das »schlechte Verhalten« der als unzivilisiert geltenden Tibeter begründet, deren durchaus vorhandene gute Anlagen sich aber entwickeln würden, wenn an entsprechender Stelle ein Tempel errichtet würde.

Der Jokhang, Tibets heiligster Tempel in Lhasa während seiner Errichtung (Wandmalerei im Potala-Palast).

Für den Tempelbau mußte zunächst der See zugeschüttet werden. Dazu wurde Erde herangeschafft – und zwar auf dem Rücken von Ziegen, da diese schlank und wendig genug waren, die umliegenden Wälder zu durchqueren.[9] Mit Holz und »unvergänglichem Schlamm aus dem Reich der Lü« als Baumaterial wurde der Jokhang an der Stelle errichtet, wo Songtsen Gampo zuvor einen Ring ins Wasser geworfen hatte. Danach errichtete König Songtsen Gampo inmitten des Othang-Sees ein Steinfundament, das mit Holz bedeckt war. Mit dem Moder des Lü-Reiches und der Erde, die auf dem Rücken von Ziegen herbeigeschafft wurde, nivellierte man den Boden, und beim Tempelbau setzte Songtsen Gampo persönlich den Firstbalken auf, was die Götter im neunten Himmel überraschte. So kamen sie einer nach dem andern, um bei den Bauarbeiten zu helfen. Eines Tages brachte eine Dienerin das Essen auf den Bauplatz, und zu ihrem großen Erstaunen sah sie vor sich unzählige Songtsen Gampos und konnte den wahren nicht erkennen. Als sie der Prinzessin Bhrikuti davon berichtete, glaubte sie ihr nicht. Als sie jedoch selbst Essen zum Bauplatz brachte, hatte sie dasselbe Bild vor Augen. »Wie sonderbar!« rief sie aus. Songtsen Gampo, der gerade auf einem Dachbalken stand, hörte seine Gattin ausrufen, drehte sich um und warf einen Blick nach unten. Dabei geschah es, daß er auf die Axt in seiner Hand nicht achtgab und damit aus Versehen die Nasen der menschengesichtigen Löwen, welche die Dachvorsprünge trugen, abschlug. So kam es, daß die Nasen der auf dem Bauch liegenden 108 Löwen am Jokhang alle platt sind. [...]
Der Bau des Tempels erfolgte nach Art eines mittelgroßen chinesischen Hofgutes: über einem quadratischen Grundriß im Einklang mit den Menschen, in Schachbrettmuster-Aufteilung im Einklang mit den Mönchen, an einem swastika-artigen Bauplatz im Einklang mit den Bön-Gläubigen, als Mandala im Einklang mit den Tantrikern. Und da die heilige Stätte als erster Tempel der »Stadt der

Götter«, Lhasa, über dem mit auf Ziegen (ra) herbeigeschaffter Erde (sa) aufgefüllten See Othang Tso errichtet wurde, nannte man sie Ra-sa, »Ziegenerde«. Und tatsächlich gibt es noch heute im Jokhang eine Othang-tso genannte Kapelle, die zum verbliebenen Restchen des Sees führen soll. Einmal im Jahr wurde früher der mit einer Steinplatte verschlossene Zugang zum unterirdischen Gewässer für hohe Regierungsbeamte geöffnet, die den Lü, den Wassergottheiten, beschwichtigende Opfergaben hinabwarfen: andernfalls wäre die heilige Stadt durch Überschwemmungen bedroht gewesen.

Die wunderbare Statue des Jobo Rinpoche[10]

Zu Buddhas Lebzeiten schuf im nordindischen Reich Magadha der göttliche Architekt des Universums, Visvakarman, der Erde und Himmel zusammenhält, unter der Anleitung von Indra aus Gold, Silber, Kupfer, Eisen, Zink und den »Fünf kostbaren himmlischen Substanzen« das heiligste Kultbildnis Tibets, den »Kostbaren Lehrer« Jobo Rinpoche, welches den gekrönten Sakyamuni als zwölfjährigen Prinzen darstellt. Als die Yavanas im siebten Jahrhundert aus Westen in Magadha einfielen, leistete der chinesische Tang-Kaiser Taizong dem bedrängten indischen König Hilfe, und aus Dank hierfür wurde die wunderbare Statue in die chinesische Hauptstadt Chang'an gesandt. Als dessen Tochter, die Prinzessin Wencheng, mit dem tibetischen Großkönig Songtsen Gampo vermählt wurde, hat Taizong die Statue seiner Tochter als Hochzeitsgeschenk mit auf den Weg nach Lhasa gegeben. Die Statue wurde dann im Tempel Rasa Trulnang aufgestellt.

Die Figur des Jobo Rinpoche wurde zunächst im Ramoche-Tempel aufgestellt. Als jedoch der König gestorben war, befürchteten manche einen chinesischen Kriegszug gegen Lhasa,[11] weshalb das Kultbildnis zur sicheren Aufbewahrung in den gerade errichteten Jokhang gebracht wurde: in das »heilige Haus des Herrn«, Jobo Lhakhang. Dort wurde sie in einem zugemauerten Kultraum der Südseite versteckt, der noch heute Jobo bepa'i Lhakhang genannt wird: »Kapelle, wo der Jobo versteckt wurde«. Nach überstandener Gefahr wurde die einst von Buddha selbst geweihte Statue des »Körpers der wunderbaren Veränderung« in der zentralen, rückseitigen Kapelle im Jokhang aufgestellt. Buddhistenfeindliche Minister hatten den einst von Prinzessin Wencheng nach Tibet gebrachten Jobo-Buddha wieder zurück nach China senden wollen, aber da dreihundert Mann ihn nicht wegbewegen konnten, begruben sie die Figur im Sand und machten aus dem Tempel ein Schlachthaus. Als daraufhin ein Unglück eintrat, brachte man sie auf zwei Eseln nach Kyirong ins Land Mangyül. Zum Heil aller Gläubigen jedoch wurde die Figur des Jobo Rinpoche bald wieder in Tibets heiligste Tempelhalle zurückgebracht, denn nach des Religionskönigs Songtsen Gampos eigenem Ausspruch bestehen die Vorteile des Besuchs des Jokhang und seiner wunderbaren Kultstatuen darin, daß beim ersten ehrfurchtsvollen Besuch die Gefahr einer schlimmen Wiedergeburt beseitigt werde. Während einer zweiten Schau der heiligen Figuren erlange der Gläubige die Verkörperung als Deva oder als ein Mensch, dem baldige Erlösung zuteil wird, während die dritte Pilgerschaft zum Jokhang und dem »Kostbaren Lehrer« Jobo Rinpoche die drei schlimmen Gifte aus der Seele tilge und so der Weg frei werde zur Vereinigung mit dem Absoluten, dem Eingang ins Nirvana.

Die Gründung des Klosters Ganden[12]

Nach vielen Jahren der Einsamkeit, die der Meister Tsongkhapa meditierend und schreibend in der nördlich von Lhasa gelegenen Klause Chöding[13] verbracht hatte, rief er das berühmte Mönlam-Chenmo ins Leben, das »Große Gebetsfest«, welches alljährlich in Lhasa abgehalten wird. Während des Mönlam-Festes kam Tsongkhapa zu dem Entschluß, fortan nicht mehr wie ein Wandermönch von einem Kloster zum nächsten zu pilgern, sondern sein eigenes zu gründen. Den geeigneten Ort wies ihm der Jobo-Buddha selbst in einer Vision und indem er dem großen Lehrer Träume sandte, die dieser selbst zu deuten hatte. Schließlich erschienen die Bodhisattvas Manjushri und Vajrapani dem Lehrer Tsongkhapa während der Meditation und verkündeten: »Es wird der Heilige in der nächsten Geburt im Tushita-Himmel (tibet. Ganden) wiedergeboren. Aus diesem Grunde sollst du deinem Kloster den Namen Ganden, ›Das Freuderfüllte‹, geben! An den Abhängen des Wangkur-Berges, in Richtung auf den Chunmo-Bergrücken, werden sich ohne Unterlaß Kleriker versammeln. Die Gestalt des Berges, auf dem das Ganden-Kloster errichtet wird, ist die einer Krone, und da der Platz, auf dem damals König Songtsen Gampo den Thron bestieg, eben dieser Berg war, deshalb wird er so genannt.«

Darauf hat der große Meister Tsongkhapa selbst vor dem ehrwürdigen Jobo Rinpoche von Lhasa Verehrungen vollzogen, Gebete verrichtet und auf diese Weise in hohem Maße Frömmigkeit bewiesen. Außerdem untersuchte er seine Träume. Bei all diesen Vorzeichen erwies sich der große Einsamkeitsberg Drotri als der beste unter allen Orten. Auch der Bodhisattva Manjushri hat diesen großen Einsamkeitsberg als günstig bezeichnet. Daher schien Tsongkhapa der Berg Drotri im Osten von Lhasa für sein zu gründendes Kloster geeignet, zumal er eine ähnliche Lage vorfand, wie sie das Kloster Jachung Gompa in Amdo auszeichnete. Dort hatte er als Kind seine Mönchslaufbahn begonnen. Mit einigen Schülern begab er sich zum Einsamkeitsberg und stellte seine Untersuchungen an. Schließlich sagte er: »Die Erscheinungen sind günstig. Es ist ein Ort, der darauf hinweist, daß die religiösen Übungen in Theorie und Praxis sich in reichem Maße entwickeln werden!« Auf allen Steinen fanden sich sogar von selbst entstandene Buddha-Bildnisse, heilige Silben und andere Zeichen ohne Zahl.

Da sagte einer seiner Schüler: »Hier gibt es nur ein klein wenig Wasser!« Darauf wies der große Meister Tsongkhapa mit dem Finger auf einen Felsen neben ihnen und sprach: »Aus diesem Felsen muß doch Wasser hervorkommen!« Sofort spaltete sich der Fels und brach auseinander – und aus dem Spalt floß überaus gutes Wasser. Dies wurde die »Quelle des Nektars« genannt, und bis auf den heutigen Tag trinken die Mönche Gandens daraus.

Die verwirrende Pracht des Potala-Palastes[14]

Westlich von Lhasa liegt auf einem Hügel in Rufweite der Stadt der Palast des Dalai Lamas, in dem sich der allbarmherzige Bodhisattva Avalokiteshvara in menschlicher Form verkörpert. Die Residenz ist bekannt als Potala – benannt nach dem mythischen Berg an der Südspitze Indiens, auf dem der Bodhisattva residiert. Der Palast ist von einer solchen Pracht, daß – wie es heißt – selbst ein schlechtes Bild von ihm noch schön wirkt. Dies ist hier nicht der Ort, ihn zu beschreiben; es gibt jedoch eine lustige kleine Geschichte, die den Eindruck schildert, die der Anblick des Potala-Palastes auslöst.

Einmal kam ein Bauer aus einem etwas weiter von Lhasa entfernten Tal in die heilige Stadt und trieb einige schwer mit Butter beladene Esel zum Verkauf auf den Markt. Als er sich der Stadt näherte und den herrlichen Potala-Palast erblickte, blieb er wie angewurzelt stehen und bestaunte das riesige, wundervolle Gebäude, das sich da vor ihm auftürmte. Mit offenem Mund stand er da und glaubte, es müsse ein Palast für die Götter sein. Lange verharrte er in Bewunderung.

Als ihm sein eigentliches Anliegen, weshalb er nach Lhasa gekommen war, wieder ins Bewußtsein rückte, stellte er zu seinem Ärger fest, daß seine Esel davongezot-

Der Bauer vor dem Potala-Palast.

telt waren. Schnell ritt er hinter ihnen her und trieb sie wieder zusammen. Doch o Schreck: Statt der zehn Esel, mit denen er aufgebrochen war, zählte er nur mehr neun von ihnen. Unruhig blickte er umher und suchte die Umgebung ab, um den verlorenen Esel zu finden. Ohne Erfolg. Die Leute fragten ihn, wonach er denn suche. Jemand habe ihm wohl einen Esel gestohlen, während er den Palast bestaunt hatte, antwortete er ihnen, denn er war mit zehn Eseln nach Lhasa gekommen und hatte nur noch neun. Es dauerte eine Weile, bis der Bauer etwas ruhiger wurde und schließlich entdeckte, daß er vergessen hatte, den Esel, auf dem er ritt, mitzuzählen... Das zeigt uns, wie sehr die Pracht des Potala-Palastes ihn in seinen Bann gezogen hatte.

Drukpa Künleg bringt Tsongkhapa ein Opfer dar[15]

Eines Tages dachte Lama Künleg bei sich, daß es nicht richtig sei, sich schon so lange in Lhasa aufzuhalten, ohne einen Buddha-Lama getroffen zu haben. So beschloß er, den Buddha Tsongkhapa zu besuchen. »Es heißt, daß Tsongkhapa eine Verkörperung des Bodhisattvas der Weisheit sei«, sagte Drukpa Künleg zu seiner Gastgeberin Pälsang Butri. »Ich muß sehen, ob sein Geist frei von Haß und Begierde ist.«

Im Ramoche-Tempel traf er die Mönche beim Debattieren an und dachte sich, daß er die Gelegenheit nicht verpassen sollte, ihnen das Lachen beizubringen. »Was macht ihr da, ihr Mönche?« fragte er.

»Wir reinigen unseren Geist von Zweifeln und falschen Vorstellungen«, antworteten sie ihm. »Ich kenne mich auch ein bißchen im Debattieren aus«, sagte der Lama und wehte mit der Hand seine Winde unter die Nase eines Mönches. »War die Luft zuerst da oder der Geruch?« forderte er sie heraus.

Die Mönche wurden böse und wollten ihn fortjagen. »Hier ist nicht der Ort für deine Unflätigkeiten!« beschimpften sie ihn. »Seid nicht so stolz«, erwiderte der Lama, »entspannt euch doch ein bißchen! Meine Methode ist von der euren etwas verschieden. Durch meine Methode wird der Geist im Zaum gehalten, während eure Methode Stolz und Haß entstehen läßt. Führt mich jetzt zu Tsongkhapa, dem Bodhisattva der Weisheit.«

»Hast du eine Opfergabe, die du ihm darbringen kannst?« fragten sie ihn.

»Ich wußte nicht, daß man eine braucht«, protestierte der Lama. »Ich werde nächstes Mal eine mitbringen, jetzt aber will ich Tsongkhapa sehen.«

»Hat man schon jemals von einem gehört, der eine Opfergabe später brachte?« spotteten die Mönche.

»Wenn es unbedingt sein muß«, sagte der Lama schließlich, »ich habe hier zwei schöne Eier, die mir meine Eltern mitgegeben haben; tun die es auch?«

Die Mönche wurden wieder böse, verwehrten ihm Einlaß und jagten ihn fort. »Sobald ich eine Opfergabe gefunden habe, werde ich wiederkommen und es diesen Mönchen heimzahlen«, dachte der Lama und ging zurück nach Lhasa. [...]

In Samye, im Hause des Regierungsbeamten Pebdak, hatte Drukpa Künleg für seine klugen Ratschläge und Unterweisungen den Schmuck der Hausfrau und vom Hausherrn fünfzig Goldstücke geschenkt bekommen. Diese Geschenke beabsichtigte er nun, dem Lama Tsongkhapa als Opfergaben darzubringen. Er schob den Türkis in die Öffnung seines Donnerkeils, nahm das Gold in die Hand und ging von Samye nach Lhasa zurück.

Auf dem Marktplatz von Lhasa richteten sich alle Blicke verwundert auf ihn. Im »Tempel der Glorreichen Göttin« nahm er seinen Türkis und schleuderte ihn opfernd auf die Göttin; heute noch kann man den Stein auf ihrer Stirn sehen. Danach verließ er deren Tempel und machte sich auf, Tsongkhapa, den Bodhisattva der Weisheit, zu besuchen. Sobald er im Ramoche-Tempel ankam, wurde er von den Mönchen gefragt, was er denn dort suche.

»Ich bin gekommen, um dem Buddha Tsongkhapa einen Besuch abzustatten«, sagte er ihnen.

»Besteht deine Opfergabe immer noch aus deinen Eiern?« höhnten die Mönche.

»Nein, diesmal habe ich ihm Gold darzubringen.«

»Dann kannst du sofort eine Audienz haben.«

»Yah, yah!« lachte der Lama. »Wenn man Gold bringt, ist der Weg sofort frei.« Dabei dachte er sich, daß er es den Mönchen noch einmal richtig heimzahlen wollte. Unverzüglich wurde er zur Audienz vorgelassen, und während er diese Verse rezitierte, verneigte er sich vor dem Kästchen, in dem er seine fünfzig Goldstücke verwahrte.

»Ich verneige mich vor Tsongkhapa, dem Juwel der tibetischen Gelehrten, der die Dunkelheit des Verstandes erhellt!

Ich verneige mich vor dem Träger des Weißen Lotos, der von Atisha prophezeit wurde und der die drei Gelübde rein hält!

Ich verneige mich vor dem, der das Schwert auf dem Utpala-Lotos ergreift, und der lehrt, debattiert und Texte verfaßt!

Ich verneige mich vor dem Strahlenden, der von einem Netz von Gold umhüllt ist und der die Bedürftigen von ihrer Armut erlöst.

Ich verneige mich vor dem, dessen Herz durch dieses kleine Goldopfer erfreut wird und der Gefallen am Reichtum findet!

Ich verneige mich vor dem, dessen Blick sich letztes Jahr abwandte von einem armen Mönch, der keine Opfergaben besaß.«

»O Herr der Lebewesen, Künga Legpa, du sprichst wirklich die Wahrheit«, entgegnete ihm Tsongkhapa. »Und es ist gut, dich zu hören.«

Warum die Tibeterinnen in Lhasa ihre Gesichter schwärzten[16]

In Tibet herrschte ein Brauch, der sonst auf Erden nicht wieder vorkommt. Die Frauen schwärzten nämlich allemal, wenn sie das Haus verließen, ihr Gesicht mit einer Art von schwarzem klebrigen Firnis, der wie Traubensirup aussah. Das geschah in der Absicht, recht häßlich auszusehen. Sie schmierten daher jene ekelhafte Salbe kreuz und quer durch das Gesicht und hatten dann kaum noch ein menschliches Aussehen.

Wie aber kam das? Es wird erzählt, daß das auf einen ehemaligen Regenten, der im 18. Jahrhundert lebte, zurückgeht. Damals machten die Tibeterinnen sich noch nicht häßlich, sondern waren – wie Huc und Gabet berichteten – der Putzsucht und dem Luxus ergeben, und die Unsittlichkeit nahm in höchst bedenklicher Weise überhand, selbst unter der heiligen Priesterschaft. In den Klöstern verschwand alle Ordnung, und sie waren der Auflösung nahe. In dieser Zeit kam ein Mönchspilger aus Choni in Amdo nach Lhasa und wunderte sich sehr über die sittenlosen Zustände in der heiligen Stadt. An der Klosteruniversität Sera wurde er gleichwohl zum Studium zugelassen und von einem mongolischen Lama unterrichtet, der nach einigen Jahren in seine Heimat zurückkehrte. Als er Abschied nahm, überließ er seinem Schüler einige Steinguttöpfe, eine Khatag-Schleife und einen Sack voll Gerste – die wertvollsten Dinge, die er besitze, wie der Lama ihm sagte. Der Schüler, der von diesen kleinen Geschenken enttäuscht war, trug die Töpfe zum Markt und verkaufte sie. Mit dem Erlös wiederum erwarb er Butter, die er in die Butterlampen vor dem Bildnis des Jobo-Buddhas gab, und betete, daß er, falls es ihm jemals Regent von Tibet zu werden gelänge, dazu imstande sein möge, die wüsten Gebräuche im Lande zu reformieren.

Im Laufe der Zeit wurde aus dem einstigen Schüler aus Choni ein gelehrter Mönch, der in der Gunst eines der höchsten Sera-Lamas stand. Schließlich brachte er es gar zum Abt des Klosters und wurde eines Tages sogar mit der Regentschaft über das Schneeland betraut. Er war der erste Demo Rinpoche aus der Reihe der Tsomoling-Lamas, deren Inkarnation im großen Lamakloster jenseits des Ramoche wohnt. Einer seiner ersten Verwaltungsakte war, alle Freudenmädchen aus der heiligen Stadt auszuweisen und die Frauen allgemein dazu zu verpflichten, ihre Gesichter mit einem Anstrich aus Katechu zu beschmieren, damit ihre Anmut vor der Öffentlichkeit verborgen bleibe. Dies soll wegen der wachsenden Unruhe unter den Mönchen notwendig geworden sein, welche durch den

Anblick der hübschen Frauengesichter ständig aus der Fassung geraten seien und darüber ganz die Regeln, die ihr Orden ihnen vorschrieb, vergessen hätten. Zum Beispiel verpflichteten die Ordensregeln sie dazu, den Blick zu Boden zu richten, wenn sie außerhalb des Klosters gingen, und weder rechts noch links zu schauen – aber sie konnten nicht genug kriegen beim Anblick der rosawangigen Mädchen mit ihren strahlenden Augen!

Wohl folgten die Frauen der Anweisung und schwärzten ihre Gesichter ein, ohne dagegen Widerstand zu leisten. »Die Überlieferung weiß von keiner Auflehnung, sondern berichtet im Gegenteil, wie eifrig die Damen gewesen seien, sich nun dermaßen selber anzuschwärzen, daß es den Männern angst und bange vor ihnen werden müsse. Und im 19. Jahrhundert habe die Beschmutzung des weiblichen Antlitzes für eine religiöse Pflicht gegolten. Je widerwärtiger eine Frau ausgesehen habe, um so frommer sei sie gewesen. Auf dem Land würde auch der strengste Richter nichts gegen die Frömmigkeitstoilette einzuwenden finden, denn die Bäuerinnen sähen abscheulich aus. In Lhasa selbst jedoch wagten manche Personen weiblichen Geschlechts, Sitte, Herkommen und Gesetz zu übertreten und mit ungeschwärztem Gesicht auf die Straße zu gehen. [...] Auch die geschwärzten Frauengesichter haben die Tugend nicht etwa vergrößert, und wir dürfen behaupten, daß die Tibeter in bezug auf Keuschheit nicht als Vorbild gelten können. [...]« So schrieben Huc und Gabet im 19. Jahrhundert.[17] Bald hatte sich die Paste zu einem neuen Schönheitsideal entwickelt, zu einer Mode, die den Tibeterinnen ganz eigen war.

Die Hauptstadt der Tibeter und die Aura der Unerreichbarkeit – Lhasa gestern und heute

Über Jahrhunderte hinweg war Lhasa, die »Erde der Götter« und Hauptstadt der tibetisch-buddhistischen Welt, nur überaus schwer zu erreichen. Einerseits stellten sich die größten und am schwierigsten zu überwindenden Bergketten der Welt in den Weg; zum anderen hielt eine über die Jahrhunderte vor allem durch den konservativen lamaistischen Klerus geförderte Selbstisolation alle Fremden wenn nicht immer fern, so doch auf Distanz. Schwer oder nicht erreichbare Plätze neigen dazu, als besonders heilig angesehen zu werden, besonders wenn sie außerdem noch wichtige religiöse Zentren darstellen. Die zumeist geringe Zahl von Nachrichten aus erster Hand verleiht ihnen darüber hinaus eine mystische Aura, die – wie zu erwarten – progressiv zerbröckelt, je zugänglicher und deutlicher faßbar der betreffende Ort wird.

Seit der modernen Verkehrserschließung können Tibet und seine Hauptstadt nicht nur mit dem Auto, sondern sogar per Flugzeug erreicht werden. Nach dem Verlust der Aura der Unerreichbarkeit überschattete der Eindruck alltäglicher, zuweilen durchaus unschöner Eindrücke die »Heiligkeit« Lhasas ebenso wie es die gravierende Veränderung der politischen Verhältnisse seit dem Einmarsch der chinesischen »Volksbefreiungsarmee« taten. Damit scheint der Mythos Lhasa – wie der Tibets überhaupt – endgültig zerbrochen, und zumindest in der westlichen Rezeption steht der Alleinschuldige auch fest: das kommunistische China. Daß der Mythos Tibet als eines paradiesischen Shangri La jedoch ohnehin schon seit einiger Zeit Risse aufwies, wie P. Bishop in seinem Werk »The Myth of Shangri La« deutlich gemacht hat, dem wird im Westen mit dem neuen Mythos des allein durch Fremdeinwirkung zerstörten »Religionsparadieses« begegnet: »Tibet ist der Ort, wo man das Urtümliche, eine von der Zivilisation unberührte Natur und eine uralte Kultur zu erleben hofft. Und wenn man dies nicht findet, wird das schlicht den Chinesen zum Vorwurf gemacht. Da wird die Idee des Himalaya-Paradieses aufrechterhalten, indem erklärt wird, daß es (gegenwärtig) zerstört ist.«[18] Die unumschränkte »Heiligkeit« der Stadt Lhasa und ihres Klerus war jedoch selbst im alten Tibet nicht unumstritten, wie manche volkstümliche Erzählungen – insbesondere um Agu Tompa und Drukpa Künleg – zeigen. Schon in Reiseberichten von Europäern klangen früher kritischere Töne an, doch entweder überdeckten die großartigen Eindrücke der Bauten Lhasas sehr schnell diese Eindrücke der Autoren, oder aber die kritischen Stellen wurden gerne überlesen. »Nach materiellem, nach westlichem Standpunkt gewertet«, schildert Schäfer seine Eindrücke der Jahre 1938/39, »ergäbe sich folgendes Bild: Eigensüchtiges Priestertum verweigert Bildung und Erziehung; sklavische Abhängigkeit läßt das Volk in dumpfem Mystizismus verharren; lamaistische Hierarchie schwächt die Nationalkraft, dünkelhafte Selbstüberschätzung versündigt sich an den ›Geboten der Zeit‹; das Volk ist unterprivilegiert und ausgepowert; statt Hygiene Geisterabwehrzauber und Gebete.«[19] Doch mehr dazu weiter unten. Beginnen wir zunächst einmal zu ergründen, wie Lhasa seine mythische und mystische Bedeutung erlangte.

Die Legende »›Klein-Lhasa‹ und die goldene Ziege« überliefert die Absicht zur Gründung einer neuen Hauptstadt zu einer Zeit, als sich der Machtschwerpunkt im zentralen Südtibet herausbildete. Wie wir uns erinnern, war in der Frühzeit des Bö-Königtums der Yarlung-Dynastie noch keineswegs deren Vorherrschaft eindeutig entschieden, weshalb wir davon ausgehen können, daß damit ebenfalls noch nicht endgültig entschieden war, wo eine Machtzentrale sich geographisch bilden würde. So wird ja auch überliefert, daß für die Verlegung der Hauptstadt – ganz entgegen der Legende, die religiöse Gründe vorgibt – politische Motive maßgeblich waren: Der Ort im Kyichu-Tal um den »Roten Berg«, Marpori, im heutigen Lhasa »galt als heilig, denn Lhato Thori Nyentsen, Songtsen Gampos Vorfahre und Reinkarnation von Samantabhadra, hatte sich auf den steil emporragenden Roten Berg als Einsiedler zurückgezogen. Dies schien Songtsen Gampo der geeignete Platz für den Beginn seines Aufbauwerks.«[20] Tatsächlich gab es für den jungen König zwei wesentliche politische Gründe, seine Residenz weiter nordwärts des Yarlung-Tals zu verlegen: Zum einen war nämlich im Stammland die alte Stammesaristokratie versammelt, die seiner Familie nicht wohlgesonnen war – immerhin hatten sie Songtsen Gampos Vater vergiftet und sich gegen den König selbst verschworen. Andererseits waren ständig kriegerische Auseinandersetzungen an der Nordgrenze des Reiches zu befürchten, da die Nachbarreiche von Shangshung, Sumpa bzw. der Tuguhun noch große Macht besaßen. Die Verlegung der Hauptstadt weiter nach Norden war folglich noch kein eindeutiges Zeichen für die unangefochtene Vergrößerung des Reiches, sondern im Gegenteil eine Reaktion auf militärpolitische Risiken einer noch wenig gefestigten Hegemonialpolitik. Diese wiederum konnte durch die günstigere Lage der Residenz und der mit ihr verbundenen Heeresstärke Fortschritte machen.

Wenn nun aber in der Legende überliefert wird, daß eine goldene Ziege von den Göttern ausgesandt wurde, um einen günstigen Ort für die Hauptstadt und ihren heiligen Schrein zu suchen, bedeutet dies zunächst, daß die alte Residenz zur Disposition stand. Die Machtausdehnung nach Norden bedeutete eine Annäherung an das Gebiet von Shangshung, dessen Stammbevölkerung die Qiang-Völker waren. Deren Hirtenexistenz wurde vor allem durch Züchtung von Schafen und Ziegen gesichert, weshalb sich im Chinesischen ja auch das Schriftzeichen für Schaf bzw. Ziege im Zeichen für die Qiang wiederfindet. Vor diesem Hintergrund fällt es leicht zu schlußfolgern, daß die goldene Ziege ein Hinweis auf eine nicht näher bestimmbare Machtbeteiligung der Shangshung-Herrscher an der Regierung des sich ausdehnenden Groß-Bö-Tibet ist, d. h. des seit Songtsen Gampo als »Großtibetisches Königreich« überlieferten Staates. Daß der Bau der prospektiven Hauptstadt ursprünglich an einem anderen Ort (»Klein-Lhasa«) begonnen worden sein soll, letztlich aber doch näher zum Yarlung-Bö-Einflußbereich im Kyichu-Tal entstand, könnte die Auseinandersetzungen zwischen fast gleichberechtigten Machtgruppen (Shangshung – Yarlung) ebenso reflektieren wie die Stärke Bö-Tibets, das sich, so nehmen wir an, hier bereits durchzusetzen vermochte.

Tatsächlich wird im zentraltibetischen Grenzraum zum Changthang von mehreren »Klein-Lhasas« berichtet, deren Vorhandensein die Legende durch die Überlegungen und das zögerliche Verhalten der goldenen Ziege erklärt. Es mochten also für die neue Hauptstadt durchaus mehrere Orte regelrecht »zur Diskussion« gestanden haben. Diskussion aber unterstellt gleichberechtigte Partner, weshalb die erste Ausdehnung des Großtibetischen Bö-Reiches eher auf den Zusammenschluß von zwei oder mehreren Reichen zurückzuführen ist als auf militärische Eroberungszüge – wie dies bereits in den Kapiteln über Shangshung und Yarlung (in: Gruschke: »Mythen und Legenden der Tibeter«, Kap. 3 und 4) ausgedrückt wurde. Auf jeden Fall spiegelt es die Tatsache wider, daß sich die gerade manifestierte tibetische Zivilisation allmählich vom Süden (Yarlung-Tal) nach Norden (Lhasa) verlagerte – oder aber, aus der Sicht Shangshungs – sogar aus dem Nordwesten nach Südosten.

Die Gründung Lhasas ist der Überlieferung nach eigentlich gleichbedeutend mit der Errichtung des ersten Tempels. Die Heiligkeit des Ortes beruhte demgemäß von Anfang an auf einer durch die neu in Tibet eingeführte buddhistische Religion begründeten sakralen Funktion.

Nicht politische Motive scheinen eine Rolle zu spielen, sondern offenbar waren allein religiöse Gründe ausschlaggebend: Bannung einer schädlichen Dämonin, die für das ungebändigte Tibet schlechthin steht, durch die Kräfte der buddhistischen Gottheiten, denen im ganzen Land Tempel errichtet wurden; und Errichtung eines Heiligtums zur Aufbewahrung der von den Prinzessinnen Bhrikuti und Wencheng aus Nepal und China mitgebrachten Buddha-Bildnisse. Die Schwierigkeiten beim Bau des Jokhang-Tempels, die Art, wie die Probleme angegangen und gelöst werden, spiegeln eine Vielzahl von Spannungen und Auseinandersetzungen in der damaligen tibetischen Gesellschaft und am Hofe wider: zwischen der alten (vor-dogmatischen) Bön-Religion und der neuen Kraft des Buddhismus, welche die Bön-»Geister« – die Lü – im Othang-See bezwingt; sowie die Einflußnahme der aus unterschiedlichen Machtbereichen kommenden Prinzessinnen. Bis heute ist aber unklar, welche von beiden denn tatsächlich die berühmte Jobo-Statue mit nach Tibet gebracht und den Jokhang-Tempel gegründet hat. Im Prinzip ist das bis heute eine politische Frage geblieben, bei deren Beantwortung – je nachdem, welche historisch-politische Argumentation vertreten wird – der nepalesischen oder der chinesischen Prinzessin der Vorzug gegeben wird. Die bekannten Legendenversionen sind da in aller Regel konzilianter und lassen harmonisch-versöhnte Handelnde zurück: Anregungen und Beiträge kommen gleichermaßen von Wencheng und Bhrikuti, genauso wie der Bauplatz und die Tempelanlage sowohl die Vorstellungen der Bön-Gläubigen als auch die buddhistischen berücksichtigen.

Mit der gelungenen »Heiligung« der Örtlichkeit ist die Verlegung der Hauptstadt vom Yarlung-Tal nach Lhasa gleichfalls legitimiert worden. Der Wandel des Namens von Rasa – »Ziegenerde«, dessen Herkunft die entsprechende Legende erklärt – zu Lhasa, »Erde der Götter«, ergibt sich wahrscheinlich aus der Anwesenheit der allerheiligsten Figur im bedeutendsten Tempel Alttibets. Die Interpretation Songtsen Gampos als Erscheinungsform des Bodhisattvas Avalokiteshvara, der mit ihm verheirateten Prinzessinnen als weiße und grüne Tara (Dölma) mag die Heiligung des Ortes zur »Stadt der Götter« weiter vorangebracht haben. Bestätigt wurde sie für die Tibeter schließlich durch die Theokratie der Dalai Lamas, die als Inkarnation jenes Avalokiteshvara ihren Sitz auf dem Potala in Lhasa einnahmen; für uns Abendländer aber durch die Tatsache, daß diesem bedeutendsten buddhistischen Pilgerzentrum Zentralasiens die Unerreichbarkeit ein mystisches Gepräge verlieh. Ein Mystizismus, der auf die ganze Tibet-Rezeption in der westlichen Welt rückwirkte, und der mit der zunehmenden Erforschung des Schneelandes nicht unbedingt an Faszination, aber doch an »mythischem Empfinden« verlor, bis der fragliche Mythos schließlich endgültig mit dem rotchinesischen Einmarsch in Tibet zerbrach; dieser Prozeß dauerte bis zur Mitte des 20. Jahrhunderts und traf – nach Peter Bishop aber zufällig – mit den politischen Veränderungen in China zusammen. Es war im wesentlichen der Höhepunkt der westlichen imaginativen Auseinandersetzung mit Tibet. An der Heiligkeit dieser Stadt war nämlich schon von manchem Reisenden der Neuzeit gerüttelt, und der Mythos nach und nach verändert worden: »So schlimm, wie Europäer es oft meinen, ist's mit Dämonenangst und Götterfurcht wahrlich nicht. Lhasa fehlt jede klösterliche Atmosphäre, jede pessimistische und lebensverneinende Stimmung. Selbst die heiligsten Handlungen werden mit Humor gewürzt. […] Je tiefer wir eindringen, desto häufiger finden wir die glückhafte Paradoxie bestätigt, daß Dogmen und Gesetze nur geschaffen scheinen, um humorvoll umgangen zu werden. So ist das Leben in der tibetischen Hauptstadt.«[21]

In seiner umfassenden Analyse des westlich-tibetischen »Mythos von Shangri La« hat Peter Bishop es deutlich gemacht: »Tibets symbolische Kraft wurde verwässert und verunreinigt, war verloren, als die Chinesen eindrangen und das Land anschließend kolonisierten. Rein äußerlich jedoch waren diese Ereignisse zwar außergewöhnlich, aber doch nicht so völlig verschieden von jenen der Vergangenheit. Immer wieder war Tibet regelrecht in das Chinesische Reich zurückgerissen worden, hatte es seine Macht verloren, wurden seine Souveränität verringert und der Dalai Lama zur Flucht gezwungen – und doch war ihm in den Augen vieler Abendländer der symbolische ›Auftrag‹ verblieben. Als aber die Chinesen 1959 in Tibet einmarschierten, war das Land bereits so etwas wie ein ›leeres Gefäß‹ (im Hinblick auf den westlichen Symbolismus). Wir haben gesehen, daß es für den Westen schon nicht mehr der Ort verinnerlichter sakraler Macht war. Die Übertragung westlicher Hirngespinste in die Grenzen Tibets hinein war abgeschlossen, und nun wurde Tibet dafür nicht mehr gebraucht. Daher sollte das Zerbrechen des (einst mit Symbolen angefüllten) Gefäßes mit dem Verschütten und dem Raub seiner imaginären Inhalte nicht allein den Chinesen zugeschrieben werden. Es war bereits reif für ein solches Ereignis und darauf gefaßt, [die Zerstörung seines Mythos war] bereitet auf dem Boden der westlichen Vorstellungswelt.«[22]

Und in Tibet selbst? Dort hatte sich eine, wegen der theokratischen Allmacht des mittelalterlichen Herrschaftssystems versteckte Form der Kritik entfaltet, die sich an einzelnen volkstümlichen Erzählungen festmachen läßt. Die Kritik an der Verweltlichung der Geistlichkeit kommt in verschiedenen Geschichten von Drukpa Künleg oder Onkel Tompa zum Ausdruck, die freilich nicht so ganz mit dem bei uns heutzutage vorherrschenden Bild der »abgehobenen Vergeistigung«, der esoterischen Welt des tibetischen Buddhismus konform geht. Dabei, und das ist gerade das Liebenswerte an den Tibetern, sind sie eben nicht einfach »nur heilig«, sondern immer noch Menschen, die mit beiden Beinen auf der Erde stehen. Sie machen

Geschäfte in einem modernen, eben nicht mehr unerreichbaren Tibet, sie fahren Auto und schauen fern, haben aber dennoch ihre »Heiterkeit der Seele« bewahrt, die durch die ruhige und fröhliche Ausstrahlung ihr einnehmendes Wesen ausmacht. Wären die Tibeter nämlich wirklich derart heilig und von allem Weltlichen abgehoben, wie es bei uns – besonders in esoterischen Kreisen – oft dargestellt wird, dann würde schon längst kaum noch jemand dorthin reisen: weil es den Touristen zu eintönig wäre. Und dann wäre der Mythos erst recht zerbrochen.

5. Shambhala und verwandte Mythen

Wo und was ist Shambhala?

Shambhala ist der Sanskritname eines mythischen Königreiches, dessen geographische Lage in der Überlieferung grob mit einer weit entfernten und unzugänglichen Region im Nordosten von Indien angegeben wird – irgendwo in den Weiten Innerasiens, in der »leeren Unendlichkeit, in der beinahe alles hätte verloren gehen können, das darauf wartet, gefunden zu werden«.[1] Daher wurde verschiedentlich spekuliert, daß damit Gebiete Zentralasiens gemeint sein könnten, die zwischen China, Turkestan und Sibirien und dem Nordpol gelegen sind. Das Reich Shambhala wird als Ursprungsland der Kalachakra-Lehren angesehen und ist mit seiner Symbolik als »Quelle des Glücks« – wie die tibetische Bezeichnung Dejung übersetzt lautet – von zentraler Bedeutung im tibetischen Buddhismus. Unter den überlieferten Vorstellungen des Mythos spielt für die Bevölkerung ein messianisches Moment eine große Rolle: nämlich daß aus Shambhala dereinst die Retter der Menschheit kommen werden, sobald in der Welt nur noch Krieg und Zerstörung herrschen.

Wenngleich der Shambhala-Mythos und das Kalachakra-Tantra – wie viele andere philosophischen Grundlagen des tibetischen Buddhismus – aus Indien ins Schneeland gelangt sind, so ist der Mythos in gewissem Sinne doch ausschließlich tibetisch. Immerhin gehen westliche Orientalisten davon aus, daß das Kalachakra-Tantra ohnehin zunächst aus Zentralasien nach Indien gelangt ist, bevor es schon bald darauf Tibet erreichte.[2] Dort verlief eine der wichtigsten Übertragungslinien über den Gelehrten Butön (1290–1364) zu Tsongkhapa (1357–1419), in dessen Reformorden der »Tugendhaften«, Gelugpa, das Kalachakra-

Tantra bis heute praktiziert wird. In diesem Lehrsystem spielen Zeitrechnung und Astronomie eine große Rolle, und mit der Einführung des Kalachakra-Tantra in Tibet (1027 n. Chr.) erhielt der tibetische Kalender seine Grundlage. Kalachakra-Lehren und Shambhala-Mythos sind daher für Tibet – aber auch die ebenfalls lamaistisch geprägte Mongolei – und seine Menschen von allergrößter Bedeutung.

Khembalung, das verborgene Tal[3]

Vor mehr als tausend Jahren, bevor Khembalung zu einem verborgenen Tal geworden war, regierte dort ein böser König, der, weil seine Mutter sich mit zwei Tieren gepaart hatte, ein Hundegesicht und einen Ziegenkopf besaß. Seinem Wesen nach ein Dämon, ging er dem Kannibalismus nach und unterstützte nach Kräften die antibuddhistische Bön-Religion. Daher entschloß sich Padmasambhava dazu, diese Gefahr für die Lehre und die Menschen zu beseitigen. Er verkleidete sich als ein Diener und erschien im Königspalast von Khembalung. Nachdem er einmal das Vertrauen des Königs gewonnen hatte, machte er den Vorschlag, man solle sich doch auf den felsigen Talrand begeben, um von den hochgelegenen Bergwiesen den schönen Ausblick zu genießen und dort den Göttern zu opfern. Oben angekommen, überredete Padmasambhava die Gesellschaft dazu, noch höher hinaufzusteigen. Während alle noch weiter in die Berge hinaufstiegen, ließ er Wolken und Nebel erscheinen, so daß der Rückweg nach Khembalung unauffindbar wurde. Daraufhin führte er die desorientierte Gesellschaft nach Khumbu und noch weiter in die südlichen Ausläufer des Himalayas. Dort erkrankte der König und starb. Nachdem Padmasambhava Khembalung auf diese Art und Weise von seinen bösen Bewohnern befreit hatte, versiegelte er die Grenzen und verwandelte es als heiligen Zufluchtsort für Zeiten der Not und des Krieges in ein verborgenes Tal – was es bis in den heutigen Tag geblieben ist.

Das verborgene Tal Khembalung ist ein Ort, wo all jene, denen es durch das Ansammeln von Verdienst vergönnt ist, es aufzufinden, ein von Kummer und Problemen freies Leben führen können. Alle Frauen, die vom Wasser der versteckten Quelle Khembalungs trinken, werden schön. Sie werden schöne Kinder gebären, und ihre Familie wird sich ungebrochen fortpflanzen. Außerdem wird dies Wasser alle Krankheiten heilen. Die Männer, die davon trinken, werden stark wie die Krieger von König Gesar und zudem gewandt und schnell wie sonst nur die Vögel. Auch gibt es im verborgenen Tal eine blaue Höhle, welche wie ein weiblicher Tiger aussieht. Sie hat vier Ecken und vier Seiten, acht insgesamt. Darüber befinden sich drei weitere Höhlen. In diesen Höhlen sind alte Münzen versteckt, ferner vier Türkissteine, zwei mit Gold gefüllte Schädelschalen, ein Fellbeutel mit alten Zi-Steinen und niedergeschriebene Anweisungen, mit deren Hilfe man achtzehn verborgene Schätze finden kann. Solch ein Leben voller Annehmlichkeiten und Schätze dient allein dem Zweck, sich aus allen Verwirrungen befreien zu können, um durch ungestörte Meditation ein Fortschreiten auf dem Weg zur Erleuchtung zu erlangen.

Der Yakhirte in Khembalung[4]

Es war einmal ein Hirte, der seine Yak-Herde zu Füßen des Berges Kangchenjönga grasen ließ. Ein Tier der Herde entfernte sich und verschwand. Er folgte den Spuren bis zu einem großen Haufen Losung, der neben der Öffnung einer großen Höhle lag. Da dem Hirten klar war, daß auch der Yak diesen Weg genommen haben mußte, ging er durch die Höhle, bis er am anderen Ende zu einem herrlichen Tal gelangte. Dort lebten sieben oder acht Familien in einer Dorfgemeinschaft. Als er die Leute nach seinem Yak fragte, sagten sie ihm, sie hätten ihn gesehen. Sie fuhren fort: »Da du das seltene Glück hattest, an diesen Ort zu gelangen, solltest du auch bei uns bleiben.«

»Nein, ich muß zurück«, entgegnete er, »sonst wird sich meine Familie um mich sorgen.« Er wollte nach Hause zurückkehren und seine Familie ebenfalls dorthin führen. Die Leute jedoch warnten ihn, er würde den Weg niemals wiederfinden können – doch der Hirte bestand auf seiner Rückkehr. Da ihn die Dorfbewohner nicht von diesem Vorsatz abbringen konnten, gaben sie ihm sieben magische Reiskörnchen, die er mit sich nehmen sollte. Sie befestigten diese Körner an seinem Gürtel, damit sie nicht verlorengehen konnten, und schärften ihm ein, er solle immer nur ein Korn kochen. Ganz gleich, wie viele Gäste er geladen hätte, sie würden alle gesättigt, solange er den Topf nicht öffnen würde, bevor der Reis gar sein würde. Außerdem verpflichteten sie ihn dazu, die Existenz und den Ursprungsort des Zauberreises geheimzuhalten.

Kaum zu Hause angekommen, lud der Hirte alle seine Freunde zu einem Festessen ein, welches er aus einem der Körner zubereitete. Der Reis füllte den ganzen Topf und ergab für alle eine mehr als reichliche Mahlzeit. Über dieses Ergebnis hoch befriedigt, lud er, um seine Nachbarn zu beeindrucken, noch mehr Gäste zu einem noch größeren Fest. In Erwartung eines noch reichlicheren Ergebnisses legte er zwei Körner des magischen Reises in den Topf. Außerdem prahlte er ganz stolz vor seinen Gästen mit dem Zauberreis und erwähnte das verborgene Tal, in dem er ihn erhalten hatte. Als er dann jedoch den Topfdeckel hob, um den Beweis seiner schwungvollen Reden zu erbringen, fand er nur zwei ganz gewöhnliche Reiskörner.

Im Vertrauen darauf, daß er die Höhle, welche in jenes verborgene Tal führte, ohne weiteres wiederfinden könnte, machte er sich nun mit seiner Frau und seinen Kindern auf den Weg dorthin. Aber so sehr er auch suchte, ganz in der Gewißheit, den Spuren von damals gefolgt zu sein, fand sich dennoch nicht die kleinste Felsspalte, durch die sie sich hätten zwängen können, geschweige denn jene große Höhle von einst. Höhle und Weg waren verschwunden, als hätten sie niemals existiert.

Das Bön-Reich Olmolungring[5]

Nördlich des Schneelands Tibet, hinter einer mächtigen Wand aus Schneebergen verborgen, liegt das Bön-Königreich Olmolungring. Ein quadratischer Ring von Schneebergen umschließt das Königreich, um dessen Zentrum sich zahlreiche kleinere Fürstentümer anordnen. Flußläufe und Bergketten bilden deren natürliche Grenzen. In der Mitte erhebt sich der neunstufige Berg, der die neun Wege der Bön-Religion symbolisiert. Auf seinem Gipfel befindet sich der Thron des Königs von Olmolungring, während die neun übereinander angeordneten Stufen des Berges, die mit Höhlen meditierender Einsiedler übersät sind, die neun Erleuchtungswege des Bön darstellen. Die Lehren des Bön, die sich in Tibet verbreitet haben, nahmen ihren Ursprung in diesem Königreich Olmolungring, dessen erster Herrscher Shenrab sie ins Schneeland einführte. Vor über 16 000 Jahren geboren, hatte er sein Königreich verlassen, um die Lehre in Tibet zu verbreiten, und war daher nach Shangshung gelangt. Er hatte eine brennend heiße Wüste und andere natürliche Hindernisse gequert, bis er schließlich für kurze Zeit in der Umgebung des Berges Kailash lehrte, um am Ende nach Olmolungring zurückzukehren. Zahlreiche gelehrte tibetische Meister brachen später auf, um zum Ursprungsort der Bön-Lehren zu pilgern und dort weitere Praktiken und Methoden zu erlernen und nach Tibet zu bringen. Den Angaben eines jener Pilger zufolge lag Olmolungring doppelt so weit im Nordwesten des heiligen Berges Kailash wie dessen Entfernung von der südtibetischen Stadt Shigatse beträgt. Da die Überlandreise dorthin von übermenschlicher Anstrengung ist, beten

Wandmalerei, die das mythische Bön-Reich Olmulungring darstellt (im Bön-Kloster Na-i Gompa. Ngawa, Osttibet).

viele Bönpos um eine Wiedergeburt in diesem mystischen Land.

Einer Bön-Prophezeiung gemäß wird ein großer König und Bön-Lehrer in 12000 Jahren, wenn die Religion in der übrigen Welt völlig ausgestorben sein wird, aus Olmolungring hervortreten. Er wird dann der Menschheit eine neue und wiederbelebte Form der alten spirituellen Lehren übermitteln.

Die Reise nach Shambhala[6]

Einmal verweilten die Bodhisattvas der Weisheit und des Mitgefühls, Manjushri und Avalokiteshvara, gemeinsam mit einer großen Schar von Bodhisattvas, Göttern, Menschen und anderen Wesen auf einem wunderschönen Berg. Als fünfhundert Weise von dieser Versammlung hörten, kamen sie dorthin, um darum zu ersuchen, die Lehren zu erhalten, die in den kommenden dunklen Zeiten wirkungsvoll sein könnten, wenn die Menschen dermaßen verblendet sein werden, daß jeder geistige Übungsweg – anstatt sie aus ihrem Leiden zu befreien – nur ihr Leiden vermehren werde. Sie fragten: »Wo ist in jenen Zeiten der wahre Weg zur Vollendung zu finden?«

Avalokiteshvara antwortete ihnen daraufhin, daß in der im Norden gelegenen Stadt Kalapa, einem Ort der Wohlhabenheit und des Glücks, die wahre Lehre immer noch zu finden sein wird. Er sagte: »Wer auf der Suche nach dem wahren Sinn ohne Gedanken an eine Rückkehr dorthin gehen möchte, kann es erreichen und das Gesuchte von dem Meister und den Weisen Shambhalas empfangen.«

Im Anschluß daran wandte sich ein weiblicher Bodhisattva, die alle Hindernisse vernichtende Göttin Ekajati, mit folgender Bitte an Avalokiteshvara: »Großmächtiger, auch in der Zukunft, in den kommenden dunklen Zeiten, wird es Menschen geben, die um das Wohl der anderen willen nach Erleuchtung streben. Ihretwegen erkläre den Weg zur Stadt Kalapa, der sie von den Verblendeten und Uneinsichtigen wegführt!«

Arya Amoghankusha, für Avalokiteshvara sprechend, sagte:

»Ihr Fünfhundert, lauscht meinen Worten. Wer Shambhala zu erreichen wünscht, muß dem rechten Weg folgen und Meditation üben. Er muß tiefen Glauben besitzen und von dem unwiderstehlichen Impuls angetrieben werden, zum Wohle aller fühlenden Wesen Erleuchtung zu erlangen.

Auch muß er in das Mandala eingeweiht sein, die Rituale beherrschen und mit dem Studium des Tantra begonnen haben. Zusätzlich sollte sein Geist klar sein. Er sollte befähigt sein zu verstehen und ein aufrichtiges Wesen haben.

Wer diese Voraussetzungen erfüllt, muß zuerst über seine persönliche Schutzgottheit meditieren. Nach einiger Zeit sollte ihm Shambhala dann entweder in Wirklichkeit oder in einem Traum erscheinen. Nachdem er von seiner Schutzgottheit dieses Zeichen der Ermächtigung erhalten hat, darf er sich auf die eigentliche Reise nach Kalapa begeben. [...] Der Suchende [...] sollte daraufhin das Mantra des Manjushri achthunderttausend Mal rezitieren und achtzigtausend Feueropfer von Blumen darbringen. Um die Dämonen und bösen Geister zu überwinden, muß er das Mantra von Amritakundalini einhunderttausend Mal wiederholen und weitere Blumenopfer darbringen. Um sich von Haß und allen Aggressionen zu befreien, muß er das Mantra des Großen Rasenden Yamantaka, des Überwinders des Herrn des Todes, singen. Nachdem er weitere Feueropfer von Blumen dargebracht hat, sollte er diesen Bodhisattvas Opferkuchen bereiten und sie um den erfolgreichen Abschluß seiner Suche bitten. [...]

Nun kann sich der Suchende auf den eigentlichen Weg begeben. Er sollte seine Reise damit beginnen, daß er dem Bodhi-Baum in Bodhgaya, unter dem alle Buddhas Erleuchtung erlangten, Opfer darbringt. Von dort aus sollte er sich zu dem Ozean aufmachen, der im Westen liegt, und ein Schiff nach Norden nehmen, das ihn zu einer Insel mit Namen Schatzinsel bringt. Die Stadt der Barbaren auf ihrer Westseite hat er tunlichst zu vermeiden, und statt dessen muß er sich unumwunden in die Stadt auf ihrer Ostseite begeben, wo er den Stupa von Kanakamuni, dem Buddha eines vergangenen Zeitalters, vorfinden wird. Diesen Grabhügel sollte er fünftausend Mal umwandern und dabei ununterbrochen das Hundertsilben-Mantra der Buddhas rezitieren.

Nachdem er sechs Monate auf dieser Insel verweilt hat, sollte er per Schiff an den westlichen Rand des indischen Festlandes zurückkehren. Nördlich davon erstrecken sich viele Länder, doch sollte sich der Wanderer an ihnen nicht ergötzen. Wenn er sich in sie hineinwagt, wird er sich in ziellosem Hin- und Herirren verlieren. Er muß es vermeiden, die falsche Richtung einzuschlagen und darauf achten, immer nach Nordosten zu wandern. Dann muß er nach Norden gehen. Er wird über sechs Monate unterwegs sein und zahlreiche Städte durchquert haben, bevor er den großen Fluß Satru und die Schneegebirge von Kakari erreicht. Diese Berge muß er überqueren, doch braucht er auf dem Weg keinerlei Angst zu haben. Die Bewohner dieser Länder haben ein gutes und aufrichtiges Wesen.

Auf den Bergen dort wachsen zwei Arten von Heilkräutern, [Tujanaya und Tilaka]. [...] Der Pilger sollte die Wurzeln beider Kräuter mit einem kleinen Dolch aus dem Holz des Patali-Baumes auszugraben versuchen und dabei sieben Mal das mächtige Vajralanka-Mantra singen. Nachdem er die Wurzeln sieben Tage getrocknet und dabei ein anderes Mantra gesungen hat, sollte er sie in einer Höhle verstecken.

In der Umgebung dieses Ortes gibt es Mineralien von fünf verschiedenen Farben – weiß, gelb, rot, schwarz und grün. Nachdem er diese Steine gesammelt, in Schneewasser gewaschen und zu Pulver zerstoßen hat, sollte der Pilger sie dazu benutzen, auf einem flachen weißen Stein ein Bild von Marici, der Göttin des Sonnenaufgangs, zu malen. Beim Malen ihres Bildes muß der Pilger ein Mantra rezitieren und ihr ein Blumenopfer darbringen. Dieses Ritual ist nicht für jene bestimmt, die sich in ihrem Verhalten durch Verfehlungen hervortun. Nur wer sich selbst zu meistern gelernt und Mitgefühl entwickelt hat, kann es ausführen.

Danach sollte der Pilger die Wurzeln aus ihrem Versteck in der Höhle holen, sie zermahlen und das Pulver in der Milch von wilden Kühen kochen, die in diesen Schneebergen umherstreifen. Dieser Trank ist vor das Bild der Marici zu stellen. Am Ende jeder Rezitation des Mantras muß der Pilger die Worte hinzufügen: ›...und schenke Nektartropfen.‹ Nachdem er dies eintausend Mal wiederholt und größere Kraft gewonnen hat, kann er den Trank zu sich nehmen. Danach sollte er das Bild so plazieren, daß es nach Norden zeigt, und es mit Früchten und Blumen schmücken und behängen. Auf diese Art und Weise wird er gegen Hunger, Durst und Erschöpfung immun. Die Macht der Gottheit wird ihn befähigen, die vor ihm liegenden Schwierigkeiten zu überwinden.

Im Anschluß daran muß er 24 Tage lang durch eine Wüste nach Norden wandern, in der es keine Spur von Gras, Bäumen oder Wasser gibt. Auf der anderen Seite dieser Wüste führt der Weg durch einen riesigen Urwald, in dem es zahlreiche Giftschlangen, Tiger und andere gefährliche Tiere gibt. Er wird zwölf Tagesmärsche benötigen, um diesen Urwald zu durchqueren. Am anderen Ende ragt ein riesiger Berg in die Höhe, ein König unter den Bergen mit Namen Gandhara. Geflügelte Löwen leben dort und töten täglich unzählige magische Kreaturen, die ununterbrochen ihre körperliche Gestalt wandeln.

Mit dem Blut einer dieser von den geflügelten Löwen getöteten Kreaturen soll er auf eine schwarze Felsplatte ein Bild der Göttin Mandeha zeichnen. [...] Der Pilger sollte vor das von ihm gezeichnete Bild ein Opfer von Blut und Fleisch legen und sich selbst als Yamantaka, den Besieger des Herrn des Todes, visualisieren, wie er auf einem Büffel reitet. Das Rezitieren des Yamantaka-Mantras wird diese Dämonin zum Vorschein bringen. Wenn sie erscheint, muß der Pilger ihr das Fleisch darreichen und sie sofort mit der Macht des Großen Rasenden unterwerfen. Dann wird sie ihn nach seinem Wunsch fragen, und er muß ihr antworten: ›Da ich zum Wohle aller fühlenden Wesen nach Kalapa zu gehen und sie glücklich zu machen wünsche, versieh du mich in diesen unwirtlichen Ländern mit der notwendigen Speise.‹ Sie wird zustimmen und verschwinden. Danach wird der Pilger bei jeder abendlichen Rast zu Füßen eines Arjuna-Baumes köstliche Speise von weißer Farbe finden, die nach Honig schmeckt.

Weiter nördlich liegt ein großer Schneeberg, auf dem Asketen, Weise und verschiedene Dämonen leben. Verfügt er bereits über die Macht, durch die er sich andere unterwerfen kann, dann sollte der Pilger diesen Ort aufsuchen und mit den Bewohnern spielen. Nach einiger Zeit werden sie ihn dann auf die Schultern nehmen und geradewegs nach Kalapa fliegen. Verfügt er jedoch nicht über diese Macht, dann darf er diesen Ort nicht aufsuchen. Er muß über einen deutlichen Pfad daran vorbeieilen, der nach Norden in die Richtung des Windes führt.

Von jenem Schneeberg fließt nach Osten und Westen ein großer Fluß herab, der sich, wenn er die Ebene erreicht, mit vielen Quellen vereint und die Erscheinung eines reglosen Sees annimmt. Wegen seiner Farbe wird er der Sita, der ›Weiße‹, genannt. Er erstreckt sich über Tausende von Meilen und ergießt sich schließlich im Osten und Westen in die Meere des Gifts. Er ist mehrere Meilen breit. Sein Wasser ist eiskalt. Keine Fische, keine Vögel und keine Krokodile leben darin – nur Höllenwesen.

Ja, er ist so kalt, daß er der Kraft des Windes und des Schnees widerstehen kann und nicht einmal im tiefsten Winter gefriert.

Am diesseitigen Ufer dieses Flusses befindet sich ein kupferfarbener Berg mit eintausend Höhlen und vielen Arten von Bäumen. Dort lebt eine Dämonin mit Namen Gleißender Blitz. Für sie muß der Pilger das gleiche Ritual durchführen, das er bereits für die vorangegangene Dämonin durchgeführt hat. [...] Nachdem er die entsprechenden Mantras gesungen hat, wird die Dämonin erscheinen, und er muß sie darum bitten, ihm den Weg über den Fluß zu weisen. Durch ihre Macht wird sich auf dem Wasser eine Eisschicht bilden, die stark genug ist, daß er mit Leichtigkeit darüber hinwegschreiten kann.

Auf dem anderen Ufer des Sita steht ein Wald mit verschiedenartigen, lieblichen Bäumen. Dort sollte sich der Pilger einen Monat lang erholen und von den in diesem Wald wachsenden Früchten und Wurzeln ernähren. Sie sind sehr schmackhaft und werden ihn kräftigen. Auch sollte er das Mantra der Göttin Cunda rezitieren, das von sieben Millionen Buddhas gesegnet worden ist. Als Folgeerscheinung dieser Übung wird er sehen – entweder im Traum oder in Wirklichkeit –, wie aus seinen Gliedmaßen schwarzes Blut tropft. Dies ist ein Zeichen dafür, daß aus seinem Körper alle Krankheit verschwunden und der Körper sehr leicht und kräftig geworden ist.

Von den dort wachsenden goldenen Früchten muß der Pilger nun so viele, wie er nur kann, einsammeln. Ganz gleich wieviel er auch trägt, das Gewicht seiner Last kann ihn nicht niederdrücken. Vor ihm liegt nun eine Kette kleiner Schneeberge. Alle Bäche, die dort entspringen, fließen nach Süden. Sie führen klares, frisches Trinkwasser. Jenseits dieser Bergkette wird er jedoch über Hunderte von Meilen nichts Trinkbares finden. Aufgrund der goldenen Früchte wird er jedoch weder Hunger noch Durst leiden müssen. Die neue körperliche Kraft und Leichtigkeit wird ihn in die Lage versetzen, das leere Plateau in nur sieben Tagesmärschen zu durchqueren. Wenn er an das Ende dieser Hochebene gelangt, werden alle restlichen goldenen Früchte verschwinden, ganz gleich, wie viele er noch davon besitzt. Westlich davon sieht man in großer Entfernung einen hohen weißen Berg mit herrlichen Wäldern aufragen, doch darf der Pilger nicht in diese Richtung gehen. Wenn er diesen Ort aufsucht, werden ihm die Bewohnerinnen – fünfhundert Dämoninnen mit kupfernen Lippen – großen Schaden zufügen. Er sollte vielmehr dem geraden Weg folgen, der nach Norden führt.

Nach einer Tagesreise wird er zu einem Berg von schreckenerregender schwarzer Erscheinung mit Namen Ketara gelangen. Wie eine furchteinflößende Säule ragt er über mehr als tausend Meilen in die Höhe und ist mit Gold und Silber gefüllt. Dieser Berg ist von vier blumenbewachsenen Seen umgeben, auf deren Wasser sich liebliche Vögel mit süßen Stimmen tummeln. Virudhaka, der Große König des südlichen Kontinents, kommt manchmal hierhin, um sich dieses Anblicks zu erfreuen. Viele schöne Töchter der Götter und Tausende von Naga-Mädchen huldigen ihm dort. Der Pilger sollte ein Opfer von Fisch und Fleisch vorbereiten, Weihrauch aus Baumsaft, Kräuter und Fleisch verbrennen und dazu das entsprechende Mantra singen. Auf diese Art und Weise wird er die gefährlichen Halbgötter, Göttinnen, Fleischfresser, Hungergeister und Dämonen besänftigen können.

Danach kann er nach Norden zum Berg Menako weitergehen, der von einem Wald aus Sandelholz- und anderen Bäumen umgeben ist. Dort wohnen die Töchter der Gegengötter und Schlangengötter sowie die pferdegesichtigen Töchter von Dämonen. Sie alle verbringen ihre Zeit mit Spielen; immerzu tanzen, singen und musizieren sie. Der Pilger darf sich nicht zu diesen Mädchen hinziehen lassen und sich auch nicht an ihren Liedern und an ihrer Musik erfreuen. Er sollte nur seine Vorräte auffüllen und schleunigst weiterziehen.

Auf der anderen Seite des Berges Menako wird er an den Fluß Satvalotana kommen, der in vielen Stromschnellen von Ost nach West fließt und äußerst schwer zu überqueren ist. In diesem Fluß schwimmen Fische in vielen verschiedenen Farben, mit Menschen-, Tiger-, Löwen-, Panther-, Kuh-, Affen- und Papageienköpfen. Die Äste der Bäume, die zu beiden Ufern wachsen, reichen bis über die Flußmitte hinaus, so daß sie sich umeinander winden. Der Pilger kann das andere Ufer erlangen, indem er sich entweder über diese Äste schwingt oder sich der Hilfe der Fische bedient. [...]

Entlang der Wege, die vom Schnee des Kakari bis zu diesem Fluß führen, wohnen keine Menschen, sondern nur nichtmenschliche Wesen und schreckenerregende Dämonen. Nach Westen und Osten hin reiht sich über hundert Meilen Siedlung an Siedlung. Wenn der Pilger jedoch ihretwegen vom Weg abkommt, wird er Kalapa niemals erreichen können, auch nicht, wenn er einhundert Jahre unterwegs wäre. Nördlich des Sita drängen sich die Schneeberge, doch stellen sie für ihn kein Hindernis dar. Jenseits von ihnen liegen die Städte des nördlichen Jambudvipa. Dort leben glückliche und wohlhabende Menschen, die weder Furcht noch Traurigkeit kennen. Der Pilger wird viele Länder kennenlernen, die mit Flüssen, Tälern, Seen und Wäldern gesegnet sind. Er wird an herrlichen Königspalästen vorbeikommen und reich ausgestattete Märkte überqueren, auf denen es alle möglichen Güter und Herrlichkeiten zu kaufen gibt. Doch darf er diesen Dingen keinerlei Aufmerksamkeit schenken. Sie können ihn nur ablenken und ihn von seiner Suche abbringen. Er muß sich auf Kalapa konzentrieren und weitergehen – durch China, durch Großchina und die nördlichen Länder hindurch, immer weiter nach Norden. Wer über die Macht der Mantras gebietet, wird nicht mehr als sechs Monate dazu benötigen, alle Gebiete dieser großen und entfernteren Länder zu durchqueren.

Auf seinem Weg wird der Pilger an vielen – in einigen Fällen giftigen – Quellen vorbeikommen, die aus Bergen hervorbrechen, in denen Gold, Silber, Kupfer, Eisen und andere Metalle in großen Mengen verborgen liegen. Bäume, Wiesen und Erdschichten verbergen diese Haufen vor der Sicht. Das Wasser, das aus den Goldbergen kommt, verursacht den Tod. Das Wasser, das den Silberbergen entspringt, führt zum Wahnsinn. Das Wasser, das aus den Bergen mit den anderen Metallen fließt, verursacht Krankheit, Haarausfall und ein Abschälen der Haut. Der Pilger, der über die Macht der Mantras gebietet, wird einen Trank aus diesen Quellen jedoch als erquickend empfinden. Das Wasser der Goldberge schenkt ihm ein langes

Leben. Das Wasser der Silberberge macht seine Haut geschmeidig und verleiht ihm ein gesundes Aussehen, und die Wasser der übrigen Berge heilen ihn von allen noch in ihm steckenden Krankheitsresten.

Jenseits dieser Quellen gelangt der Pilger zu fünf Bergen, die mit lieblichen Blumen, Bäumen und Juwelen bedeckt sind. Männliche und weibliche Fabelwesen leben dort ein glückliches Leben und spielen mit herrlichen Gegenständen. Sie werden bezaubernde Lieder singen und musizieren, um den Pilger zu verführen. Wenn sie damit keinen Erfolg haben, werden sie rasende Formen annehmen und den Pilger mit angsterregendem Geschrei bedrohen. Sie können auch bedrückende Dämpfe erzeugen, die den Pilger traurig und niedergeschlagen machen. Er sollte sich jedoch weder von ihnen verführen lassen noch sich seinem Erschrecken oder seiner Traurigkeit anheimgeben. Von allem unberührt in der Betrachtung der Leerheit verweilend, ist er in der Lage, diese Manifestationen zu überwinden und seinem Weg zu folgen. Tut er dies nicht, wird er schreckliches Leid erfahren müssen.

Nachdem er diese Ängste und Versuchungen überwunden hat, kann er in die Länder der im Himmel wandernden Göttinnen, der in magischen Formen lebenden Vajra-Dakinis vordringen. Er sollte sich vor dem Anblick ihrer schönen und schreckenerregenden Körper nicht ängstigen oder darüber in Entzücken geraten. Sie, die das Diamantauge besitzen, sind bekannt dafür, daß sie mit allen Wesen Mitleid haben. Da er nun von allen Makeln befreit ist, wird er an jenem Ort großes Glück erfahren. Er sollte dort verweilen und die Vajra-Dakinis sieben Tage lang im Gebet ansprechen. Danach werden sie ihn fragen: ›Was ist dein Begehr, Pilger?‹ Er soll antworten: ›Bitte, tragt mich schnell nach Kalapa.‹ Danach wird ihn eine dieser magische Kräfte besitzenden Frauen auf ihre Schultern nehmen und ihn in einer Stunde durch den Himmel über Hunderte von Meilen über gletscher- und schneebedeckte Berggipfel tragen. Am Ende des Fluges wird sie ihn in einem wunderschönen Tal absetzen. In diesem Tal, zu Füßen des Chandrakala, einem bewaldeten Berg am Rande Shambhalas, wachsen vielerlei Heilkräuter.

An diesem Ort lebt eine rasende Manifestation der Göttin Ekajati, deren Haar in einem einzigen Zopf geflochten ist. Der Pilger sollte ihr Feueropfer von Blumen darbringen und sie um spirituelle Kraft und die Erreichung seines Zieles bitten. Danach sollte er Lotosblüten aus Schnee pflücken und ihr Mantra fünftausend Mal rezitieren. Wenn er die Blumen auf seinem Kopf befestigt, gewinnt er über schädliche Dämonen Macht und erweckt die ungehinderte Weisheit, die alle Dinge durchdringt. Nun kann er durch die Länder und Wälder wandern, die ihn noch von seiner Bestimmung trennen.

Nachdem er mehrere hundert Meilen nach Norden marschiert ist, wird er das Tal Samsukha erreichen. Dort wachsen alle Arten von Bäumen, die es in der Welt gibt. Von dort geht er weiter durch den Wald ›Immerwährendes Glück‹. Auf der anderen Seite des Waldes liegt schließlich die große Stadt Kalapa. Er betritt sie und befindet sich damit in der Gegenwart des Königs von Shambhala.«

Beschreibung des Königreiches Shambhala[7]

Das Königreich Shambhala ist vollkommen von einem Ring aus Schneebergen umgeben, deren Gletscher funkeln und glitzern. Keiner, der nicht an diesen Ort gehört, kann sie passieren. Einige Lamas glauben, daß die Gipfel ständig in Nebel gehüllt sind. Im Inneren dieses Ringes von Schneebergen umgibt ein Ring von noch höheren Schneebergen das Zentrum des Königreiches. Flüsse und kleinere Bergketten teilen das Gebiet zwischen den beiden Gebirgsringen in acht Regionen, die wie acht Blütenblätter um einen Blütenkelch angeordnet sind. Shambhala ist wie eine achtblättrige Lotosblüte, die von einem Rosenkranz aus

Schneebergen umgeben ist. Jede der acht blütenblattförmigen Regionen beherbergt zwölf Fürstentümer. Der König von Shambhala gebietet also über sechsundneunzig Lehnsfürsten, die ihm in Treue dienen. Die kleinen Fürstentümer haben zahlreiche Städte mit Pagoden, deren Dächer aus reinem Gold sind. Sie stehen inmitten von Parks auf saftig grünen Wiesen, umgeben von blühenden Bäumen aller verschiedenen Arten.

Die Schneeberge, die den Blütenkelch des Lotos umgeben, haben sich vollkommen in Eiskegel verwandelt. Sie blinken und glitzern wie kristallenes Licht. Im Innern des letzten Gebirgsringes, direkt im Zentrum des Königreiches, liegt Kalapa, die Hauptstadt von Shambhala. Östlich und westlich der Stadt liegen zwei wunderschöne Seen, wie ein Halbmond und eine Mondsichel geformt und mit Juwelen angefüllt. Wasservögel tummeln sich dort und gleiten über die duftenden Blumen, die auf dem Wasser treiben. Südlich von Kalapa befindet sich ein Hain von Sandelholzbäumen, Malaya, der »kühle Hain«. Hier baute der erste König von Shambhala ein gewaltiges Mandala, einen mystischen Kreis, der die Essenz der geheimen Lehren verkörpert, die im Königreich bewahrt werden. Es ist ein Mandala, das die transzendente Einheit von Geist und Universum symbolisiert. Nach Norden hin erheben sich zehn zerklüftete Felsengebirge. Sie beherbergen die Schreine und Bilder wichtiger Heiliger und Gottheiten.

Der Juwelenpalast des Königs im Herzen von Shambhala leuchtet und strahlt so hell, daß die Nacht zum Tage und der Mond zu einem trüben Himmelslicht wird. Die Dächer der Palastpagoden funkeln und glänzen, denn ihre Schindeln sind aus reinstem Gold gefertigt und Ornamente aus Perlen und Diamanten hängen von den Dachrinnen. Ein Korallensims, in den tanzende Dakinis geschnitzt sind, dekoriert die Außenwände. Smaragde und Saphire umrahmen die Eingangstore, und goldene Markisen schützen die Fenster aus Lapislazuli und Diamanten. Pfeiler und Balken

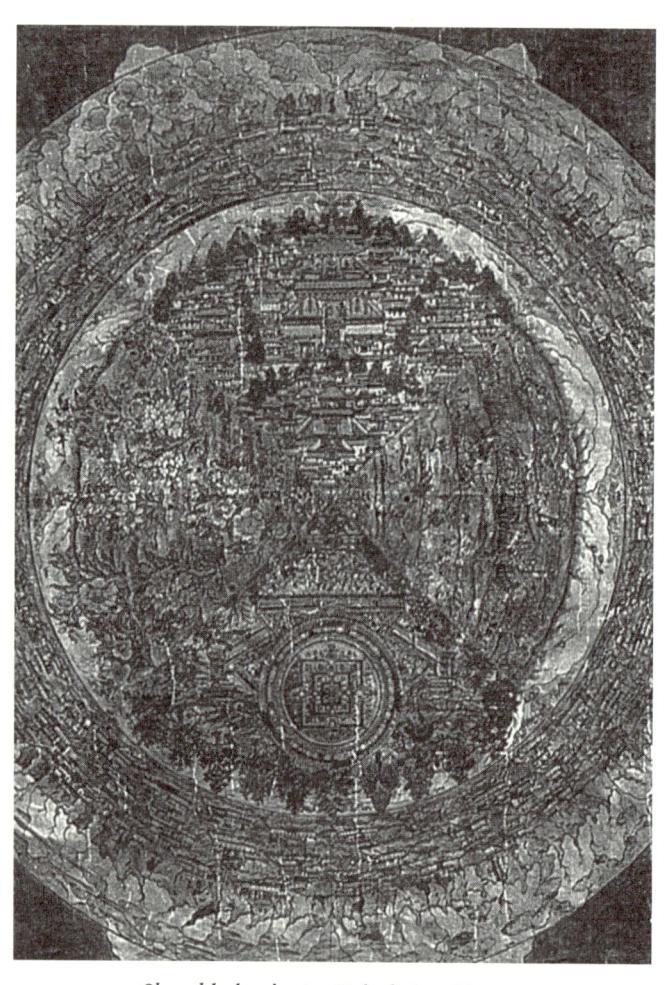

*Shambhala, das im Kalachakra-Tantra
beschriebene »irdische Paradies«
(Thangka-Malerei im Potala-Palast, Lhasa).*

aus Korallen, Perlen und Zebrastein tragen den Innenraum des Palastes, der verschwenderisch mit Brokatkissen und Teppichen eingerichtet ist. Verschiedenartige Kristalle, die in Böden und Decken eingelassen wurden, regulieren die Raumtemperatur, indem sie Kühle aussenden oder Wärme ausstrahlen.

Im Herzen des Palastes steht der goldene Thron des Königs. Er wird von acht Löwenstatuen getragen, die mit feinsten Edelsteinen besetzt sind. Rundherum breitet sich in weite Ferne der Duft von Sandelholz-Räucherstäbchen aus. Solange sich der König auf diesem Sitz der Weisheit und Macht aufhält, befähigt ihn ein magischer Edelstein, der ihm von den Schlangengöttern, den Hütern verborgener Schätze, gegeben wurde, dazu, all seine Wünsche zu befriedigen. Minister, Generäle und zahllose andere Bedienstete umgeben ihn, bereit, jedem seiner Befehle zu gehorchen. Außerdem verfügt er über viele Pferde, Elefanten, Wagen sowie ein »Luftfahrzeug aus Stein«. Die Schatzkammern seines Palastes enthalten Schätze von Gold und Edelsteinen, die über jede Vorstellung hinausgehen. Der König von Shambhala besitzt die Macht und den Reichtum eines Weltenherrschers.

Die Bewohner des Königreiches leben in Frieden und Harmonie, von Krankheit und Hungersnot befreit. Es gibt keine Mißernten und ihre Nahrung ist gesund und nahrhaft. Ihre ganze Erscheinung strahlt Gesundheit aus. Sie haben schöne Gesichtszüge und tragen Turbane und anmutige Roben aus weißem Stoff. Ihre Sprache ist das heilige Sanskrit. Jeder besitzt Gold und Juwelen in Fülle, doch muß er von seinen Schätzen keinen Gebrauch machen. Die Gesetze Shambhalas sind gerecht und gütig: Körperliche Züchtigung ist als Strafmittel unbekannt, und es gibt weder Schläge noch Gefangenschaft. Nach den Worten Garje Khamtul Rinpoches gibt es in diesem Land nicht das kleinste Zeichen von Schlechtigkeit oder Bosheit. Für Krieg oder Feindschaft haben die Bewohner Shambhalas nicht einmal Worte. Ihre Glückseligkeit und Freude kann sich am Zustand der Götter messen.

Die Legende von Shakya Shambha[8]

Einige Zeit nach Buddhas Geburt griff ein indischer König dessen Familie an und tötete Tausende aus der Sippe der Shakyas und ihrer Untertanen. Einer von ihnen, mit Namen Shakya Shambha, befand sich während dieser Vorgänge auf einem Jagdausflug und entkam daher dem Gemetzel. In seiner Verzweiflung suchte er Zuflucht bei Buddha und bat ihn um Rat. Dieser forderte ihn auf, in ein entferntes Land ins Exil zu gehen. Aufgrund dieses Ratschlages floh Shakya Shambha über die Schneegebirge in ein entferntes Land im Norden. Als er es erreichte, fragten ihn die Bewohner, wer er sei und woher er käme. Shakya Shambha antwortete: »Ich komme aus Indien. Ich bin der Bote des großen Königs Shakya Shambha und viele Soldaten folgen auf meinem Fuß, um dieses Land zu erobern.«

»Wie mächtig ist ihre Streitmacht?« fragten sie.

Shakya Shambha zog sein Schwert und durchschnitt damit einen Felsblock in zwei Hälften. Dazu sagte er: »Seht, was ich vermag, und ich bin nur ein Bote. Ihr könnt euch also vorstellen, wie mächtig die Streitmacht sein muß.«

Das Volk ergab sich erschrocken. Sie machten ihn zum Herrscher über das Land und vertrauten sich seinem Schutz an. Danach wurde das Land nach ihm als Shambhala benannt. Eine Überlieferung sieht in Shakya Shambha den Vater Suchandras, welcher der erste religiöse König im Reiche Shambhala war.

Geschichte und Visionen[9]

Als er achtzig Jahre alt war, kurz vor seinem Dahinscheiden, begab sich der Buddha zum wie ein Mandala geformten Grabhügel von Dhanyakataka in Südindien und offenbarte einer großen Versammlung von Weisen und Göttern eine Reihe von esoterischen Lehren – besonders jene, die mit Manjushri, dem Bodhisattva der Weisheit, in Zusammenhang stehen. Zu jener Zeit kam auch König Suchandra von Shambhala gemeinsam mit seinen sechsundneunzig Lehnsfürsten und einem Gefolge verschiedener Gottheiten nach Dhanyakataka. Nachdem er den anderen Belehrungen zugehört hatte, erhob er sich und bat den Buddha darum, die höchste aller Lehren, das Kalachakra, zu predigen. Darüber höchst erfreut, nahm der Buddha die Form der Hauptgottheit des Kalachakra an und übermittelte der gesamten Versammlung die vollständige Lehre. Daraufhin flogen Suchandra und sein Gefolge nach Shambhala zurück, um die Predigt, die der Grundtext des Kalachakra-Textes werden sollte, schriftlich niederzulegen. Er führte ferner die Bewohner seines Reiches in das Kalachakra ein, verfaßte Tausende von Kommentar-Versen und ließ ein großes, reich mit Juwelen bestücktes, dreidimensionales Mandala des Kalachakra erbauen. Die Schriften sehen in ihm eine Manifestation Vajrapanis, des Bodhisattvas der Macht und Meisterung der Geheimlehren. Suchandra war der erste Herrscher in einer Dynastie religiöser Könige, die den Bewohnern Shambhalas das Kalachakra lehrten.

Der achte König, Manjushrikirti, soll der Überlieferung nach um 200 v. Chr. auf den Thron gelangt sein. Wie sein Name andeutet, war er eine Manifestation Manjushris, des Bodhisattvas der Weisheit. Während seiner Herrschaft wurden die verschiedenen religiösen Lehrrichtungen seines Reiches zur diamantenen Familie vereinigt, womit der König für sich und seine Nachfolger den Titel Rigden (skt. Kulika), »Herrscher über alle Familien«, gewann. Dies ergab sich aus der Meisterung von Schwierigkeiten, was sich wie folgt zugetragen hatte.

Gegen Ende seiner Herrschaft hatte Manjushrikirti die Weisen seines Reiches zu einer Versammlung gerufen und sie gebeten, ihre Auffassung von der Lehre und ihren Übungen darzulegen. Die Weisen brachten so viele widersprüchliche Meinungen vor, daß sie bestürzt zu Boden fielen. »Was soll mit all diesen widersprüchlichen Ansichten geschehen?« fragten sie. Der König antwortete ihnen daraufhin: »Zur Zeit des nächsten Vollmondes werde ich den Bewohnern dieses Landes eine Einweihung in die diamantene Familie erteilen. Wer diesem Pfad folgen will, soll in meinem Reich bleiben. Wer diesem Pfad nicht folgen will, muß das Land verlassen und zu einem anderen Ort ziehen. Wenn diese Trennung nicht vollzogen wird, werden die Lehren der Barbaren selbst in Shambhala Verbreitung finden.«

Nachdem sie sich untereinander besprochen hatten, kamen die Weisen zu folgendem Entschluß: »Wir sind nicht glücklich bei dem Gedanken, einem Weg zu folgen, der nicht unser eigener ist. Da wir jedoch ebensowenig den Befehlen Eurer Majestät zuwiderhandeln können, werden wir nach Indien wandern.«

Als sie das Königreich verlassen und bereits zwölf Tage gen Indien gereist waren, kamen dem König Bedenken. Er sagte sich: »Wenn das Volk von Shambhala erkennt, daß diese Weisen nach Indien weiterziehen mußten, muß es an den tantrischen Lehren zu zweifeln beginnen.« Er sah, daß ihre Vertreibung einen falschen Eindruck hinterlassen würde. Er übermannte die Weisen mit seinen magischen Kräften und sandte große Vögel aus, die sie zu dem von König Suchandra erbauten Mandala zurückbrachten. Als die Weisen aus ihrer Verblendung erwachten, waren sie so erstaunt, daß sie Manjushrikirti sofort ein Goldopfer darbrachten und ihn darum baten, sie zu lehren. Daraufhin verkürzte und vereinfachte er das Kalachakra-Tantra und initiierte sie in die neue diamantene Familie. Nachdem sie einen Monat lang über die revidierte Lehre meditiert hatten, erlangten die Weisen schließlich die letzte Erkenntnis, um die sie ihr Leben lang gerungen hatten. Die von Manjushrikirti eingeleitete Vereinigung und Erneuerung begründete eine zweite Dynastie von insgesamt fünfundzwanzig Königen, die, so wird von den Tibetern angenommen, in jenem König gipfelt, der die ganze Welt in ein Goldenes Zeitalter führen wird.

Jeder einzelne der Könige von Shambhala regiert für einhundert Jahre. Es wird insgesamt zweiunddreißig Könige geben, und während sie in Shambhala herrschen, entwickeln sich die Zustände in der Welt zunehmend zum Schlechten. Die Menschen verlieren Wahrheit und Religion aus den Augen und verstricken sich immer mehr in Kriege. Sie streben nur noch nach immer größerer Macht. Unehrlichkeit, Gier und List werden vorherrschen. Die Ideologie eines rücksichtslosen ausbeuterischen Materialismus wird sich über den ganzen Globus ausbreiten. Nachdem sie alle äußeren Widerstände zerschmettert haben, die sich ihrem Treiben widersetzten, werden sich die Barbaren untereinander bekämpfen, bis sich aus ihrer Mitte ein böser König erhebt, der sie vereint und die Weltherrschaft erringt.

Wenn der Tyrann schließlich sicher ist, daß er keinen weiteren Widerstand mehr bekämpfen muß, werden die Nebel aufsteigen und die Schneeberge von Shambhala enthüllen. Erbost über die Entdeckung, daß er nicht die ganze Welt beherrscht, wird er das Königreich mit seinem Heer angreifen, das über ein Arsenal der schrecklichsten Waffen verfügt. Zu jener Zeit wird sich dann der zweiunddreißigste König von Shambhala, Rudra Chakrin, der »Zornvolle mit dem Rad«, von seinem Thron erheben und ein mächtiges Heer gegen die Eindringlinge zu Felde führen. In dieser letzten großen Schlacht werden der böse König der Barbaren und sein Heer endgültig vernichtet.

Niedergang und Goldenes Zeitalter[10]

Unberührt von den Ereignissen in der übrigen Welt haben die Könige von Shambhala ihre Untertanen über Jahrhunderte hinweg in das Kalachakra eingeführt. Im Jahre 1927 hat, so berichtet die Überlieferung, der einundzwanzigste Kulika-König Aniruddha die Herrschaft angetreten und wird bis ins Jahr 2027 regieren. Während seiner Herrschaft, so war in den Schriften schon früh prophezeit worden, ist die Tradition des Kalachakra in Tibet, der Mongolei, in China und im übrigen Asien schon fast zum Erlöschen gekommen. Diese Entwicklung wird sich während der Regierungszeit der drei noch ausstehenden Kulika-Könige weiter fortsetzen, bis der fünfundzwanzigste von ihnen und zweiunddreißigste König von Shambhala, Rudra Chakrin, der »Zornvolle mit dem Rad«, im Jahre 2337 den Thron besteigen und die ausgelassenen Barbaren besiegen wird.

Bevor die letzte Schlacht stattfinden wird, werden sich die Zustände jedoch noch wesentlich verschlechtern. Der Prophezeiung zufolge werden Trockenheit, Hungersnot, Krankheit und Krieg die Welt heimsuchen. Die Menschen werden keine Religiosität mehr besitzen, die ihnen Trost spenden kann oder Befreiung verheißt. Ihr Geist steht ganz und gar unter dem Bann der materialistischen Weltanschauungen, und so werden sie erbarmungslos dazu angetrieben, nur ihren selbstsüchtigen Beweggründen zu folgen. Die Gier nach Macht und Reichtum gewinnt über die Lehren von Wahrheit und Mitgefühl die Oberhand. Die Nationen werden einander bekämpfen, und die Mächtigen werden die Machtlosen einfach schlucken. Die siegreichen Barbaren werden alle Macht an sich reißen und untereinander um die Vorherrschaft ringen. Zwei mächtige Gruppen, welche die Erde gewissermaßen unter sich aufgeteilt haben, werden schließlich gegeneinander antreten, und am Ende dieses gewaltsamen Konfliktes wird ein ruchloser

König als Sieger und Herr über die Welt erscheinen. Da er von der Existenz Shambhalas nichts gehört hat, wird er glauben, es gäbe keinen Mächtigeren als ihn.

Zu dieser Zeit wird Rudra Chakrin, der fünfundzwanzigste Kulika-König, schon den Thron bestiegen und eine Reihe von Jahren in Shambhala geherrscht haben. Ein Eisenrad wird vom Himmel fallen und den Beginn seiner Herrschaft verkünden, und dieses Eisenrad wird er als Wurfscheibe benutzen, um seine Feinde niederzumähen: daher sein Name »der Rasende mit dem Rad«.

Sobald der König der Barbaren die Welt erobert hat und annimmt, daß kein Rivale ihm mehr seine Stellung streitig machen kann, erscheint die Retterin Tara in der Gestalt einer Frau vor dem arroganten Monarchen und läßt ihm Shambhala im Qualm von brennenden Räucherstäbchen in einer Vision sichtbar werden. Beim Anblick der Pracht von Rudra Chakrins Palast wird der Barbarenkönig vor Wut schäumen. Er kann die Einsicht nicht ertragen, daß auf der Welt etwas von vergleichbarer Macht und Größe existiert. Beißender Neid wird ihn dazu veranlassen, seine Armee in Richtung Shambhala in Marsch zu setzen. Die Minister, die von dem gleichen Dünkel und der gleichen Anmaßung befallen sind wie ihr König, werden überall lautstark verkünden, daß es keinen Mächtigeren gebe als ihren Monarchen. Daraufhin wird ihnen jedoch die Königin antworten: »Ihr stolzen und kindischen Minister. Ich habe etwas auf dieser Welt gesehen, was die Größe unseres Königs bei weitem überragt. Wenn ihr es nicht zu erobern vermögt, ist euer Stolz nicht mehr wert als kindisches Gehabe!«

Daraufhin werden die Minister die Erde auf das peinlichste absuchen lassen, und wenn sich endlich die Existenz Shambhalas mit all seinem unvergleichlichen Reichtum und Glück offenbaren wird, wird der Neid der Barbaren jegliche Vorstellung überschreiten; sie werden sich in ihrer Wut aufbäumen wie die Wogen eines tosenden Meeres. Erzürnt darüber, daß es ein derartiges Land gibt, das sich zudem ihrer Kontrolle bislang entziehen konnte, werden sie ein Heer aufstellen, um Shambhala zu erobern.

Die beiden Heere werden in einer mächtigen Schlacht aufeinanderprallen, und diese Schlacht wird das Ende der Barbaren und ihrer materialistischen Lehren sein. Elefanten werden andere Elefanten überwältigen, die Pferde Shambhalas werden die gegnerischen Pferde unter ihren Hufen zermalmen, die Streitwagen des Königs werden jene der Feinde zersplittern, und die Krieger Rudra Chakrins werden die Soldaten des Barbarenheeres niedermachen. Rudra Chakrin selbst wird dem König der Barbaren seinen Speer ins Herz stoßen, und der erste General Hanumanda wird den Oberbefehlshaber der Gegner töten. Jeder, der in dieser Schlacht, die noch außerhalb der Grenzen Shambhalas ausgetragen wird, den Tod findet – einschließlich des furchtbaren Tyrannen –, wird Befreiung erlangen oder zumindest in einem Reinen Land Wiedergeburt finden. Vom König von Shambhala getötet zu werden, ist in Wahrheit ein großes Glück.

Wenn die Schlacht geschlagen ist, wird sich die Herrschaft Shambhalas über die ganze Welt erstrecken und erneut wird sich ein Goldenes Zeitalter entfalten, besser als alles, was jemals zuvor geschah. Alle Kämpfe und Auseinandersetzungen kommen zu einem Ende, und die Welt wird vom siegreichen Rudra Chakrin zu einem größeren Shambhala vereint. Es wird Nahrung geben, ohne daß Felder dafür bestellt werden müssen. Jeder wird einhundert Jahre alt werden, ohne wegen Krankheit, Armut oder Krieg besorgt sein zu müssen. Obwohl die Menschen auch weiterhin sterben müssen, werden sie doch den Tod nicht länger fürchten, denn sie wissen, daß der Tod Befreiung bringt oder die Wiedergeburt in einem Reinen Land, das noch größere Entfaltungsmöglichkeiten bietet als Shambhala. Weise und Heilige aus der Vergangenheit werden wieder erscheinen, um die wahre Weisheit zu lehren, und viele werden durch die Übung des Kalachakra Erleuchtung

erlangen. Andere werden in ihrer geistigen Entwicklung große Fortschritte erzielen. Die Welt wird eine Erweiterung des Reinen Landes von Shambhala sein, ein Goldenes Zeitalter wird angebrochen sein. [...]
Eintausend Jahre lang wird echte Religiosität gelehrt, aber danach kommt das Ende der Welt. Auf Feuer folgt der Wind, der alles zerstören wird, was wir erbaut haben. Danach kommt das Wasser; es wird alles bedecken, was wir kennen. Nur wenige werden die Katastrophen in Höhlen oder auf Baumwipfeln überleben. Die Götter werden aus dem Paradies Ganden herabsteigen und die überlebenden mit sich nehmen. Man wird sie lehren, damit die Religion nicht ausstirbt, und wenn dann die Winde den Milch-Ozean wieder aufschäumen lassen und die Welt erneut entsteht, werden jene Erleuchteten, die von der letzten Welt errettet worden waren, zu den Sternen am Himmel.

Eine alte tibetische Geschichte...[11]

... berichtet von einem jungen Mann, der sich auf den Weg nach Shambhala begab. Nachdem er bereits mehrere Gebirge überquert hatte, gelangte er zu der Höhle eines Einsiedlers, der ihn fragte: »Was ist das Ziel, das dich dazu anspornt, diese Schneewüsten zu durchqueren?«

»Ich will Shambhala finden«, antwortete der junge Mann.

»Nun, dann brauchst du nicht weit zu reisen«, sagte der Einsiedler. »Das Königreich von Shambhala ist in deinem eigenen Herzen.«

Shambhala und Shangri La –
Utopische Ideale oder religiöse Wahrheit?

Gemäß der tibetischen Tradition wird das Königreich Shambhala zu den sogenannten »Verborgenen Tälern« gerechnet – bestimmten »glücklichen Tälern«, deren heile

Welt in Notzeiten Menschen mit entsprechenden geistigen Voraussetzungen zur Verfügung steht. Die Bedeutung des Shambhala-Reiches – wie auch der verborgenen Täler, von denen im vorliegenden Kapitel als Beispiel Khembalung aufgenommen wurde – liegt weniger in der Möglichkeit einer in unserer Wirklichkeit faßbaren geographischen Lokalität, als vielmehr in der Wirkung einer geistigen Qualität, die mit ihm assoziiert wird. Shambhala, Khembalung, Pemakö und all die anderen »Verborgenen Täler« stehen für einen abstrakten Aufenthaltsort für den im religiösen Sinne »Geistig-gereiften«. Es drängen sich damit durchaus die Parallelen mit der Vorstellung des westlichen Paradieses Sukhavati im ostasiatischen Amitabha-Kult auf, in dem wiedergeboren zu werden die günstige Grundlage für den endgültigen Erlösungsweg betrachtet wird. Der wesentliche Unterschied besteht allerdings darin, daß die Wiedergeburt in Sukhavati theoretisch jedem gläubigen Buddhisten zuteil werden kann, während der Eingang nach Shambhala ein hohes Maß an religiöser Weisheit voraussetzt.

Wesentlich für die Bedeutung Shambhalas in Tibet ist die Überlieferung, daß es als Herkunftsgebiet der Kalachakra-Lehren gilt und deren 25 Verkünder eine wichtige Rolle als heilwirkende »Herrscher« spielen. Wenn der letzte dieser Verkünder seine Herrschaft antritt, soll ein Goldenes Zeitalter anbrechen, das im Sieg über jegliche negativen Kräfte der ganzen Welt gipfelt. Bis dahin bleibt der Menschheit lediglich die Möglichkeit, ihre geistigen Fähigkeiten zu schulen und die buddhistischen Tugenden zu entwickeln, in der Hoffnung, die schwierige Reise in das mythische Reich selbst, jeder für sich und aus eigener Kraft, zu bewältigen. Der sechste[12] Panchen Lama Losang Palden Yeshe (1738–1780) verfaßte 1775 einen in Tibet sehr verbreiteten Wegführer zu diesem Reich, der wiederum auf dem von dem 1575 geborenen Historiker Taranatha übersetzten und im Tenjur aufgenommenen Kalapa Jugpar,

»Der Weg nach Kalapa«, beruht. Darüber hinaus gibt es jedoch noch weitere, aber weniger bedeutende »Reiseführer« nach Shambhala.

Entsprechend der buddhistischen Vorstellung eines verborgenen Königreichs kennen auch die Bön-Anhänger ein solches mythisches Land. Der Bön-Mythos von Olmolungring scheint sich in seiner Struktur fast vollständig an den Shambhala-Mythos anzulehnen – wobei wir jedoch nicht vergessen dürfen, daß die Vorstellung eines irdischen Paradieses[13] eine weitverbreitete ist, wie schon die »Verborgenen Täler« gezeigt haben. Die Analogien in den Beschreibungen Olmolungrings und Shambhalas sind allerdings sehr groß, wenn auch – wohl zur Betonung der Verschiedenheit der Religionen voneinander – einige klare Gegensätze auffallen.

Beide Reiche bergen die höchste mystische Lehre ihrer Religion, welche durch die Könige nach Tibet gebracht wurde, und alle ihre Bewohner befinden sich auf dem Weg zur Erleuchtung. Daher hoffen die Gläubigen Tibets auf eine Wiedergeburt in diesen irdischen Paradiesen. Gelehrte und Mystiker haben die »esoterischen« Reiche als Pilger aufgesucht, um weitere Lehren bzw. neue Aspekte davon zu gewinnen. Übermenschliche Anstrengung und einen hohen Grad an Erleuchtungswissen erfordert die Pilgerschaft, da beide Königreiche im schwer zugänglichen »Norden Tibets« zu suchen sind, abgeschirmt durch schneebedeckte hohe Bergketten und große Gewässer. Teilreiche sind konzentrisch um das in der Mitte gelegene Zentrum angeordnet, aber während Shambhala kreisförmig ist, wird das Areal des Reiches Olmolungring von quadratischem Grundriß vorgestellt. Im Gegensatz zum Shambhala-Mythos wird nach dem Niedergang der Bön-Lehre in der Welt nicht erwartet, daß ein zukünftiger König von Olmolungring die Kräfte des Bösen in einer großen Schlacht besiegt und ein Goldenes Zeitalter einrichtet, sondern lediglich, daß er den alten spirituellen Lehren zu einem erneuten Wiederaufleben verhilft. Daher liegt die größte Gemeinsamkeit von Olmolungring und Shambhala in der Thematik eines irdischen Paradieses, welches die Sammelstätte und der Ursprung der höchsten Weisheit und Erleuchtung ist.[14]

Ist Shambhala also »nur« ein Mythos von einem Paradies, in dem die Menschen zwar nicht unsterblich sind, aber sehr lange leben und unter der Anleitung erleuchteter Wesen – der Könige von Shambhala – in der spirituellen Weiterentwicklung ihres Selbst voranschreiten können; ist es eine Legende mit keinerlei Bezügen zur Realität? Die Darstellung des mythischen Königreiches sprechen zwar dafür, daß sich darin die Paradiesvorstellungen der zentralasiatischen Völker niedergeschlagen haben, andererseits jedoch fehlen ja nicht die Bezüge zu der feindseligen, harten Lebensumwelt der selben Völkerschaften, insbesondere bei der Schilderung der Fährnisse auf dem Weg nach Shambhala. Auch manche Inhalte lassen durchaus geschichtliche Vorgänge oder Akkulturationsprozesse durchscheinen. In der in »Geschichte und Visionen« geschilderten Episode um König Manjushrikirti wird die Auseinandersetzung um unterschiedliche Lehrmeinungen deutlich, die nach Helmut Hoffmann[15] den Konflikt zwischen Buddhismus und einem anderen, fremden Religionssystem widerzuspiegeln vermöchte. Und ähnlich dem Weg von Religionsstiftern wie Shenrab, der auf dem Weg von Olmolungring nach Tibet Wüsten durchquert, bzw. von buddhistischen Gelehrten, die nur über die schneebedeckten Massive der Himalaya-Ketten aufs Dach der Welt gelangten, wird der Pilgerweg in diese mythischen Reiche beschrieben – und gibt uns damit kleine Hinweise auf den »Wanderweg« z. B. der westasiatischen (Mani-)Glaubensvorstellungen, die ja Eingang in das Lehrsystem der Bön gefunden haben. Ähnliches gilt für Shambhala: Der Pilgerweg über schneebedeckte, schier unüberwindliche Riesengebirgsmassive, gegen Anfeindungen von Natur und dämonischen Gewalten steht metaphorisch für den Läuterungsprozeß und Reiseweg der großen Gurus aus Indien, ohne die der tibetische Buddhismus nicht zu dem geworden wäre, was er heute darstellt und ist.

Die Beschreibung der Zeichen des Niedergangs im Shambhala-Mythos mutet gerade in unserem Zeitalter äußerst realistisch an, weshalb es für uns Abendländer nahelag, das mystische Reich Shambhala, eine Art Paradies auf Erden, in dem verklärten Bild Tibets wiederzuentdekken, d. h. unserer Utopie eine Realität zu verleihen. Was die Tibeter und Mongolen seit Jahrhunderten in Shambhala suchten, und was sie gleichwohl »irgendwo im Norden« Tibets, also auf unserer Erde, existent wußten, hatten die europäischen Reisenden in Tibet gefunden. Inhaltlich decken sich die westliche und die östliche Utopie jedoch in keinster Weise. Denn während der Sinn des Königreiches Shambhala darin begründet liegt, die Integrität der buddhistischen Lehre zu gewährleisten und ihren Anhängern Raum zur Entfaltung ihres Erlösungswissens zu bieten, geht es beim Gedanken des westlichen Shangri La darum, die Werte der Kulturen des Ostens und des Westens zu bewahren – zumal gerade der letztere mit der wachsenden Technisierung im zwanzigsten Jahrhundert seine eigenen Werte zusehends verloren hat. Während also im Shambhala-Mythos und seiner Wirkung in höchstem Maße geistig-ideelle, religiöse Ziele zugrunde liegen, hängt der westlich geprägte Shangri-La-Mythos einer Utopie nach, welche Materielles – »jede Kostbarkeit [...], jedes Buch, jedes Bild, alle Harmonie und Schätze, die während mehr als zwei Jahrtausenden angesammelt worden sind«[16] – miteinbezieht und so einer romantisch verklärten Antiquitätensammler-Realität nachhängt.

Der Westen selbst konnte aufgrund seiner schon viel zu sehr durch Technik und Moderne geprägten Gesellschaft kaum noch für die Umsetzung dieses Ideals in Frage kommen, und so hat die Sehnsucht nach der Utopie dieselbe ins

Schneeland hineinprojiziert. Die im Mythos zum Ausdruck kommende tibetische Vorstellung vom Niedergang und der Wiedererneuerung in einem Goldenen Zeitalter ist aber doch eher die Reflexion der geschichtlichen Erfahrung, daß sich solche Dinge immer wiederholen: In Ost- und Zentralasien herrscht ein zyklisches Geschichtsverständnis. Das kommt noch einmal darin zum Ausdruck, daß es Überlieferungen gibt, die davon ausgehen, daß selbst das Goldene Zeitalter vergehen und das »irdische Paradies« Shambhala einmal untergehen werde. Der Niedergang Shambhalas würde damit ebenso zur Auflösung seines Daseins führen wie dem anderer Welten, bis schließlich eine neue kosmische Ordnung – »wenn dann die Winde den Milch-Ozean wieder aufschäumen lassen und die Welt neu entsteht [...]« – den nächsten Zyklus beginnen läßt.

Rudra Chakrin.

Anhang

Ikonographisches Skizzenbuch

Im Gegensatz zu den gängigen Ikonographien will sich die vorliegende »Raritätensammlung« auf solche Götter bzw. Wesenheiten beschränken, die einen unmittelbaren Bezug zu den Mythen und Legenden des Bandes haben, und zwar unabhängig davon, ob sie der alten Bön-Religion, dem Buddhismus oder – in wenigen Fällen – dem Hinduismus zugehören. Zwar kommen in den vorliegenden Texten auch die zentralen Figuren wie Buddha oder die Bodhisattvas Avalokiteshvara (Chenresi), Manjushri (Jampeyang), Tara (Dölma) oder Vajrapani (Chana Dorje) zur Erwähnung, da sie jedoch ausführlich in den gängigen Ikonographien behandelt und dem »vorbelasteten« Leser bereits geläufig sein dürften, wurden sie hier nicht noch einmal aufgenommen. Als »Raritätensammlung« liegt der Schwerpunkt beispielsweise auf jenen Göttern, die man in genannten Werken vergeblich suchen oder nur mit einiger Mühe finden wird – wie verschiedene Berggottheiten oder vor allem Bön-Götter. Vollständigkeit kann dabei leider nicht im geringsten geboten werden, vor allem wegen der dürftigen Erforschung des Bön-Pantheons – wie ja auch die behandelten heiligen Orte eine Auswahl darstellen. Von den bekannteren Wesenheiten – wie den tantrischen buddhistischen oder hinduistischen Gottheiten – fanden vor allem jene Aufnahme, die in einer besonderen Beziehung zu einem heiligen Ort (Berge wie Kailash oder Tsari) stehen.

Gottheiten
(**B**) der Bön-Religion, (**TB**) des Tibetischen Buddhismus, (**H**) des Hinduismus.

Chung (Garuda).

Amnye Chung-ngön (TB), der »Blaue Garuda«, ist die Berggottheit Chung-ngön Jungpo Durechen (*Khyung sngon 'byung po 'dur ed can*), die als spezielle Schutzgottheit des Rakya-Klosters im Gebiet der Ngolok-Nomaden in Amdo fungiert. Sie wird dargestellt als Garuda – als mythischer Urvogel Chung (*Khyung*) des alten Bön – mit einem himmelblauen Körper. Seine Hörner, sein Schnabel und die Klauen bestehen aus meteoritischem Eisen, seine drei Augen sind glühend wie die Sonne. Begleitet wird er von fünf Naga-unterwerfenden Garudas: einem weißen, roten, blauen, gelben und grünen. Die Hörner des Garudas hier sind charakteristisch für die »gehörnten Chung der Bön« – d. h. für die mythischen Chung-Vögel des vorbuddhistischen Pantheons.[1] Am elften Tag des vierten Monats wird dem Blauen Garuda zu Ehren ein Fest am Rakya-Kloster abgehalten, dessen Mönche auf den Gipfel des hinter dem Kloster gelegenen Felsenberges (ca. 3 570 m) Chung-ngön steigen und der Berggottheit Opfer darbringen.

Amnye Machen (TB) (B) ist ein Berg in Amdo und Sitz der buddhistischen Berggottheit → Machen Pomra bzw. der Bön-Berggottheit → Manyen Pomra.

Bodhisattva heißt »Erleuchtungswesen« und bezeichnet eine Wesenheit, welche die letzte Stufe zur Erleuchtung bereits erlangt hat, auf den Eintritt ins Nirvana aber verzichtet, um allen nicht-erlösten Wesen auf dem schwierigen Weg zu ihrer Erlösung beistehen zu können. Auf dem Weg zur Bodhisattvaschaft werden zehn Stufen unterschieden, wobei es einem Bodhisattva ab der sechsten Stufe möglich wäre, über den Tod ins Nirvana einzugehen, also aus dem Geburtenkreislauf (Samsara) auszuscheiden und in den Zustand der Erlöstheit einzugehen. Darauf verzichtet er jedoch, da der zentrale Teil seines Gelübdes darin besteht, wiederzukehren und helfend einzugreifen, solange es unerlöste Wesen gibt. Auf der siebten Stufe wird er zum »Transzendenten Bodhisattva«, was bedeutet, daß er die Naturgesetze überwunden hat: symbolisch dargestellt durch die fünfzackige Krone, die er trägt. Er kann daher beliebige Formen annehmen und überall und zu jeder Zeit erscheinen, um unerleuchteten Wesen beizustehen. Auf der achten Stufe erlangt er die Fähigkeit, sein eigenes karmisches Verdienst auf andere zu übertragen. Verstärkte Bemühungen um die Erlösung anderer kennzeichnen die neunte Stufe – wie Avalokiteshvara (Chenresi) –, und auf der zehnten Stufe hat er alles Wissen verwirklicht und wird zukünftig zu einem → Buddha (wie Maitreya). Ursprünglich dem Buddhismus eigen, hat der Begriff Bodhisattva durch die jahrhundertelange Auseinandersetzung auch Eingang in die Bön-Religion gefunden.

Buddha ist der »Erleuchtete«, und der Begriff geht zurück auf den Beinamen des indischen Prinzen Siddharta Gautama aus dem Geschlecht der Sakya (Sakyamuni), der als Begründer der buddhistischen Lehre gilt. Buddha werden zudem alle früheren (z. B. Dipankara) oder späteren Verkörperungen (z. B. Maitreya) des historischen Buddhas genannt, denen göttliche Verehrung zuteil wird. Darüber hinaus sind die Dhyani-Buddhas oder Transzendenten Buddhas von überragender Bedeutung, die den Naturgesetzen enthoben, zeitlos und stets präsent sind und daher auch Jinas, »Sieger«, und Tathagatas, »Vollendete«, genannt werden. Dhyani-, also »Meditations«-Buddhas heißen sie, weil sie dem tantrischen Yogin in der Meditation (dhyana) sichtbar werden. Jedem der Transzendenten Buddhas ist eine der fünf Himmelsrichtungen (inkl. der Mitte) unterstellt, einige sind außerdem Hüter und Herrscher von sogenannten »Zwischenparadiesen«: Akshobhya (Osten), Ratnasambhava (Süden), Amitabha (Westen, Sukhavati-»Paradies«), Amoghasiddhi (Norden) und Vairocana (Mitte). Letzterem fiel im Laufe der geschichtlichen Entwicklung des Buddhismus die Rolle des Adi- oder Urbuddha zu, d. h. er ist die Personifizierung des Absoluten, der Erlöstheit, die jenseits jeder Beschreibung liegt und allenfalls durch Symbole – oder eben den Urbuddha – ausgedrückt werden kann. Der Begriff Buddha hat durch die jahrhundertelange Auseinandersetzung der verschiedenen religiösen Weltanschauungen auf dem Dach der Welt auch Eingang in die dogmatisierte Bön-Lehre gefunden.

Chomolangma (TB), tibetischer Name des Mt. Everest (nepales. Sagarmatha), der als Residenz für die Göttin Chomo → Miyo Langsangma dient.

Chomolhari (TB). Der auf der Grenze von Tibet zu Bhutan liegende Berg Chomolhari gilt als einer der Sitze der Berggöttin Tashi → Tseringma. In ihrer Erscheinungsform als Chomolhari (*Jo-mo lha-ri*) bzw. Dorje Gyamakyong (*rDo-rje g'ya'-ma skyong*) reitet sie auf einem Wildesel (Kiang) und wird von den Seidengewändern, die sie trägt, umweht. Von grünlich-blauer Farbe und mit friedlichem Gesichtsausdruck wirkt sie verspielt und feenhaft. In der linken Hand hält sie eine Fangschlinge, in der rechten einen Dolch oder eine Shanglang-Glocke.[2]

Dakini und **Yogini** (TB). Dakinis sind weibliche Gottheiten, die zeitweilig in furchterregender, »hexenähnlicher« Gestalt auftreten, zu anderen Zeiten als verführerische Partnerinnen, die dann Yoginis genannt werden. Sie sind »Himmelswandlerinnen« und stellen als Boten die Verbindung des Heilssuchers mit der Sphäre der Erlösung her. Wahrscheinlich stammt die Idee des Himmelsboten aus dem in Zentralasien beheimateten Schamanismus. Dort sendet der in Trance versunkene Schamane seine Seele auf die Jenseitsreise, um von den Geistern esoterische Kenntnisse und Aufklärung über die Zukunft einzuholen. Der Buddhismus, der die Existenz einer Seele bestreitet, setzte für die Himmelsreise die Dakinis ein.

Als Mittlergöttinnen, die das heilswichtige Wissen von den Transzendenten Buddhas erfragen, um es dem Heilssucher (Yogin) zu übermitteln, werden die Dakinis auch als »Initiationsgöttinnen« bezeichnet: Sie erklären dem Yogin die »Geheimsprache« der tantrischen Bücher, zeigen ihm die Höhlen, wo frühere Meister ihre für spätere Zeiten verfaßten Schriften versteckt haben, belehren ihn, wie paranormale Fähigkeiten (siddhi) zu erlangen sind, und inspirie-

Die Berggöttin Chomolhari.

ren ihn zu mystischer Einsicht. Zum Ausdruck ihres Auf-dem-Wege-Seins werden sie in der Kunst in Posen dargestellt, die im indischen Tanz das Fliegen andeuten. Infolge der mahayanischen Überzeugung, daß die überall lauernden, der Religion feindlich gesinnten Dämonen eher dämonischen als freundlichen Wesen weichen, reisen die Dakinis zumeist in »Hexengestalt« als reife oder alte Frauen mit grimmigen Gesichtern und dem Dritten Auge auf der Stirn. Oft legen sie sich die Köpfe oder Masken gefährlicher Tiere bei.

Der Kontakt, der sich zwischen dem Yogin und der ihm dienenden Dakini ergibt, nimmt häufig erotische Formen an: Vor ihm erscheint sie als Yogini, nämlich als verführerische junge Frau, deren spärliche Bekleidung keinen Reiz verbirgt. Indem sie die sexuelle Phantasie des Yogin auf sich zieht, macht die Yogini die gespannte Kraft seiner Libido der Erlösung dienlich.[3]

Dangchung und **Dangre (B)**, Seegottheiten um → Targo und Dangre.

Demchok (Samvara) (TB) ist die Kurzform von Päl Khorlo Demchok *(dPal »Khor lo bde mchog)*, in Sanskrit Chakrasamvara, d. h. »Der das Rad (der Wiedergeburt) anhält«. Er ist die Personifizierung eines der wichtigsten tantrischen Systeme (eines sogenannten »Muttertantras«), des Srichakrasamvara-Tantras, aus dem 8. Jh. Das Tantra selbst wurde selten gelesen, sondern von seiner verselbständigten Hypostase, dem Sadhita Demchok oder (Chakra-)Samvara (»Höchste Glückseligkeit«) – in der Funktion als ideierter Schutzgottheit, besonders bei den Schulen der Sakyapa, Kagyüpa und Gelugpa – an Bedeutung übertroffen.

Demchok wird in der Regel vierköpfig und zwölfarmig dargestellt. Er trägt die Schädelkrone und ist mit einem Tigerschurz bekleidet. Über den Rücken hängt ihm eine Elefantenhaut, als Schmuck dient ihm eine Girlande von Köpfen. Er steht im Seitenschritt nach links auf zwei vierarmigen Wesen, die mit den Attributen Sanduhrtrommel und Schwert sowie Schädelschale und magischer Stab ausgestattet sind. Demchok wird stets in sexueller Vereinigung mit der Yogini → Dorje Pagmo (Vajravarahi) abgebildet, die ihn mit den Schenkeln und einem Arm umklammert; mit dem freien Arm hält sie das Hackmesser hoch. In seinen linken Händen hält der Sadhita eine Elefantenhaut, Schädelschale, Wurfschlinge, Brahmakopf, einen magischen Stab, in den rechten Elefantenhaut, Sanduhrtrommel, Axt, Hackmesser, Kurzlanze und in den überkreuzten Händen Glocke und Vajra. Die Kreuzungsgeste bringt zum Ausdruck, daß Demchok die Quintessenz des Chakrasamvara-Tantra und damit das Absolute darstellt: Die Geste transportiert den männlichen Vajra auf die (weibliche) linke, die weibliche Glocke auf die (männliche) rechte Seite und versinnbildlicht so die Aufhebung der Polarität. Gleiches will seine Vereinigung mit der Yogini bedeuten: Sie symbolisiert das Ende aller Spannungen im All-Einheitserlebnis (unio mystica). Als Hypostase des im genannten Tantra beschriebenen Absoluten ist Demchok manchmal die Zentralfigur eines Mandalas – wie beispielsweise jenes »natürlichen« Demchok-Mandala des Kailash –, welches den tantrischen Heilsweg darstellt: Nach der Überwindung des äußeren Ringwalles steht der Erlösungssucher vor dem quadratischen »Palast« mit den Glückskrügen. Durch eines der vier Tore gelangt er sodann ins Sanktum, wo er sich mit Demchok erlebnishaft identifiziert. Indem dessen Erlösungswissen (des Chakrasamvara-Tantras) auf ihn überfließt, verwirklicht der Heilssucher die Erlösung.[4]

Dorjelutru (TB), wahrscheinlich Verballhornung von Dorje Lodrö (*rDo-rje bLo-gros*), ist ein vorbuddhistischer Donnergott, der seinen Sitz auf dem Gipfel des Minya Konka hat. Wie viele Berggottheiten wird Dorjelutru wie ein Krieger auf einer feurigen Stute reitend dargestellt, mit einer Art Zepter und Standarte in Händen sowie einem kronenähnlichen Kopfschmuck.[5]

Dorje Pagmo (Vajravarahi) (TB) gilt in Tibet als eine der bedeutendsten Dakinis und ist besonders in ihrer Inkarnation als Äbtissin des Klosters Samding am Yamdrok Tso berühmt geworden. Vielen Anhängern gilt Dorje Pagmo (*rDo-rje Phag-mo*) als eine Erscheinungsform der Schutzgöttin → Marici, von deren drei Köpfen oder Gesichtern eines das eines Schweins ist. Ein ebensolcher kleiner Schweinskopf erscheint nämlich im flammengleich aufgerichteten Haar der Dakini Dorje Pagmo, welche die Attribute Hackmesser und blutgefüllte Schädelkalotte in Händen hält – gleich einer Sarvabuddha-Dakini, d. h. »Dakini, die bei allen Buddhas willkommen ist«. Als Yogini ist sie die Partnerin des Sadhita → Demchok (Samvara).[6]

Dükhor (*Dus-'khor*) **(TB)**, tibetischer Name von → Kalachakra.

Ekajati (Ral-grig-ma) **(TB)**, die »blaue Tara«, gilt als eine Erscheinungsform des Dhyani-Buddhas Akshobhya und gehört zusammen mit Pälden Lhamo zu den furchterregendsten Gottheiten des tantrischen Buddhismus. Allein das Anhören des ihr zugehörigen Mantras soll Glück bringen, religiöse Verzückung beim Gläubigen hervorrufen und alle Hindernisse aus dem Weg räumen – weshalb sie gerade auf dem schwierigen Weg nach Shambhala angerufen wird. In der besonders beeindruckenden Form als Mamo Ekajati Dedün (*Ma-mo Eka-dza-tri sde-bdun*) schwingt die jähzornige, dunkelbraune Göttin einen Spieß mit einem Feindeskörper in der rechten und ein Feindesherz in der linken Hand. Ihr Gesicht besitzt nur ein rötlich funkelndes Auge mitten auf der Stirn, aus dem offenen Mund lugt ein einziger Fangzahn hervor, und ihr dunkelblondes Haar fällt bis auf eine einzelne gesträubte Strähne in der Mitte nach unten. Auf dem Kopf trägt sie eine Krone aus getrockneten Schädeln, während eine Schädelkette um ihren Körper baumelt. Ihre Bekleidung besteht aus Menschenhaut und Regenbogenwolken, einem Tigerfellrock und fünf Schmucksiegeln. Gleichwohl hängt ihre einzige Brust an der Mitte des Oberkörpers über die Kleidung. Im Ausfallschritt nach rechts wirkt sie tänzerisch und fürchterlich zugleich.[7]

Garuda (TB) →Amnye Chung-ngön.

Gaurishankar (TB) (H). Berg im tibetisch-nepalesischen Grenzraum, im Solu-Khumbu-Gebiet der tibetstämmigen Sherpas, auf dem die Göttin Tashi → Tseringma residiert.

Gesar (B) (TB) ist der tibetische Heldenkrieger schlechthin und Hauptfigur des wichtigsten zentralasiatischen Epos. Ein besonderer Titel des Helden ist Dralha (*dgra-lha*), d. h. »Schutzgeist gegen Feinde«, was bedeutet, daß seine Kraft nicht nur für den Einzelmenschen, sondern auch für ein ganzes Volk oder Land wirksam ist. In typischer Dralha-Darstellung, als »Kriegsgott«, ist Gesar zu Pferd in vollem Waffenschmuck von seinen acht berühmten Paladinen umgeben, die ähnlich wie er selbst ausgerüstet sind. Gesar trägt einen Küraß, der auch die Arme schützt und dessen unterer Teil eine Dämonenfratze zeigt (hier ist ein Schutzgeist lokalisiert), mit dem tigerfellbezogenen Köcher an der linken Seite. Der Lederpanzer reicht bis über die Oberschenkel, die mit weiten Reiterhosen bekleidet sind. Gesars mit einem Schwanzbusch geschmückter Helm wird von einem Dreizack überragt. Eine knotige Keule in der rechten, die Zügel in der linken Hand, das Schwert quer über dem Sattel im Leibgurt, darunter einen Bogen mit Köcher (der Pfeilköcher ist jedoch nicht sichtbar, da er auf der anderen Seite hängt), reitet der Held auf seinem berühmten Pferd und wird von zwei Hunden begleitet: hinten der schwarze an der Leine, der weiße vorneweg frei herumlaufend.

Im unteren Teil eines bei Hermanns wiedergegebenen Bildes von Gesar kommen Szenen aus dem Leben des Heldenkönigs zur Darstellung: Geburt rechts unten, Frauenszene, erstes Säugen, Butteropfer der Karthigmo, des Knaben Triumph über den ihm nachstellenden Onkel, Siegergeste nach erfolgreicher Brautwerbung usw. (siehe die entsprechenden Kapitel in Gruschke: »Mythen und Legenden der Tibeter«). Der jugendliche Held besiegt seine Feinde mit magischen Kräften, wodurch er als Herrscher seines Volkes anerkannt wird. Als solcher wird er im Zentrum des Bildes auf dem Pferd reitend dargestellt. Nachdem er die Herrschaft über sein Volk erlangt hat, muß er fortan die äußeren Feinde in den vier Himmelsrichtungen unterwerfen. In dieser magischen Schreckensgestalt als Feindunterdrücker (*dGra 'dul*) kann Gesar in der oberen Bildmitte wie ein Dharmapala mit der Schädelkrone dargestellt werden.[8]

Guru Rinpoche (TB) ist der tibetische Ehrenname des großen buddhistischen Tantrikers → Padmasambhava.

Jambhala (*Dsam-bha-la*) **(TB)** ist die Schutzgottheitform des Dharmapalas bzw. des Reichtumsgottes → Kubera. Verschiedene Arten der Darstellung zeigen ihn als auf einem Drachen reitenden Bodhisattva mit einem Kopf und zwei Armen, meistens mit fettem Unterleib, untersetzt und reichlich geschmückt. In der rechten Hand trägt er das perlenspeiende Mungo, in der linken einen Dreizack, manchmal auch eine Zitrone. In der Gestalt eines schädelbekrönten Dharmapalas hält die schwarze oder weiße dreiköpfige Gestalt Jambhalas einen Elefantenstachel (ankusa), ein Juwel und das Mungo in den drei rechten sowie eine Fangschlinge, Schädelschale und eine weiteres perlenspeiendes Mungo in den drei linken Händen.[9]

Jomo... → Chomo...

Kalachakra (TB), tibetisch Dükhor (*Dus-'khor*), ist die Personifizierung des gleichnamigen Tantras und eine ideierte Schutzgottheit. Das Kalachakra-Tantra ist im 10./11. Jh. entstanden und bereichert den tantrischen Buddhismus um einen Heilsweg, der die Astrologie mit einbezieht. Von besonderer Bedeutung ist es für den Mythos des Reiches Shambhala. Der Ausdruck Kalachakra, »Rad der Zeit«, bezeichnet den Kreis der Tierzeichen im Jahresablauf. Der Sadhita Kalachakra ist viergesichtig, zwölf- oder vierundzwanzigarmig und steht im Seitenschritt nach links auf besiegten Dharma-Feinden. Er wird stets in Vereinigung mit seiner acht- oder zwölfarmigen Yogini abgebildet. Unter den Attributen, die er in seinen zahlreichen Händen hält, finden sich neben Bogen und Pfeilen vor allem der Dreizack, Schmiedehammer, eine Axt, ein Schwert, magischer Stab, Schädelkalotte, Fangschlinge, Brahma-Kopf und natürlich Vajra und Glocke in Kreuzungsgeste. Das gekreuzte Händepaar ist das Erkennungszeichen des Adibuddha und drückt somit aus, daß der Sadhita wie der Urbuddha das Absolute verkörpert.[10]

Kangchenjönga (TB) ist ein im Ländereck Nepal, Sikkim und Tibet gelegenes Bergmassiv und Sitz des gleichnamigen Berggottes, der als Erscheinungsform von → Vaisravana/Kubera gilt. Eine Bronze der Sammlung Schulemann[11] vermutet in einer männlichen, friedvollen und jugendlichen Gottheit das Abbild Vaisravanas als Kangchenjönga. Mit hochgestecktem Haarschopf, in dem quadratische Wimpel stecken, und lang über die Schultern fallendem Haar, steht der Berggott im Ausfallschritt nach rechts. Außer dem Juwelenschmuck trägt er zwar noch eine Schädelkrone, dennoch ist er nicht zornvoll, sondern lächelnd dargestellt. Um seinen Hals hängt eine Kette aus Menschenköpfen. Das Gesicht besitzt nach Dharmapala-Manier drei Augen. Die vier Arme halten rechts ein Schwert und eine Schädelschale und links einen Spiegel bzw. eine Hand führt die Geste der Opferdarbringung aus.

Kang Rinpoche (TB) (B) ist der tibetische Ehrenname des Kailash. Vor seiner Vereinnahmung durch die Buddhisten, in deren Augen → Demchok dort residiert, war der Berg Sitz der Tsen-Gottheit → Tise Lhatsen.

Kangwa Sangpo (TB), auch Nöjin Kangwa Sangpo (*gNod-sbyin Gang-ba bzang-po*), ist der göttliche Herrscher des zwischen dem Yamdrok-See und Gyantse gelegenen Berges Nöjinkangsang – des westlichen der vier »klassischen« (zentral-)tibetischen Berggötter. Er wird in gelber Körperfarbe dargestellt. In der rechten Hand hält er eine mit Edelsteinen gefüllte Schüssel hoch, in der linken – wie Vaisravana – ein perlenspeiendes Mungo. Er ist der im Süden stehende der »Acht Herren der Pferde«, wie die reich bekleideten, in Rüstung daherreitenden Begleitgötter der Vaisravana-Form Namre Serchen (*rNam-sras ser-chen*), d. h. »Großer (gold-)gelber Vaisravana«, genannt werden. In einer anderen Form erscheint Kangwa Sangpo als blaue Gottheit, die ein Schwert und ein schwarzes Banner trägt.[12]

Kubera (TB), tibetisch Lü-ngan (*Lus ngan*) ist nicht nur als »Dharmapala-Aspekt« (→ Jambhala) des Lokapalas der nördlichen Weltgegend, → Vaisravana, zu verstehen, sondern seine Funktion liegt vielmehr darin, als oberster Herr über den Reichtum die Schätze zu verwalten und zu verteilen. In dieser Form Vaisravanas ist offensichtlich die alte tibetische Reichtumsgottheit Norlha aufgegangen.[13] Meist dargestellt als eine korpulente rote Gottheit mit roter Lanze und Siegesbanner, sitzt Kubera auf einem Schneelöwen, der auf den Gipfeln von Bergen spielt.[14]

Kula Kangri (TB). Genyen Kulahari (*dGe-bsnyen Ku-la-ha-ri*), Pulahari (*Phula-ha-ri*) und Kula Kangri (*sKu-la mKha'-ri*) sind die verschiedenen geläufigen Namen des südlichen der vier »klassischen« (zentral-)tibetischen Berggötter. Er ist die Personifizierung des in Lhoka auf der Grenze zu Bhutan gelegenen Berges Kula Kangri und gilt als eine Erscheinungsform des Heldenkönigs Gesar. Als weiße Gestalt, die einen Helm und einen aus Kristall gefertigten Harnisch trägt, teilweise von einem Seidenmantel überdeckt, thront Kula Kangri in einem aus Edelsteinen und Kristallen erbauten Palast. In seiner rechten Hand hält er einen Speer, an dem ein Seidenbanner befestigt ist, und in seiner linken ruht ein Wolfsschädel. Sein Reittier ist ein weißes Pferd, dessen Augen wie Zi-Steine sind und das imstande ist zu fliegen. Um ihn herum hat er eine Gefolgschaft von hunderttausend Riesen, die ihre Schilde und Waffen hochhalten. Seine Shakti – d. h. weibliche Partnerin – ist die auf einem türkisfarbenen Hirsch reitende Chammo Shelsan (*lCam mo shel bza'*). Mit Juwelen geschmückt, führt sie ein weißes Dzo an der Leine.[15]

Kuntu Sangpo (*Kun-tu bzang-po*) **(B)** ist der »All-Gott«, der »alles-umfassende Weltgott« der Bön-Lehre und die »Essenz aller Buddhas« (*rgyal-kun ngo-bo*), sozusagen der »Bön-Urbuddha«. Daher wird er nackt und ohne Attribute dargestellt. Von weißer Körperfarbe und mit dem langen Haar eines Asketen sitzt er auf einem rosafarbenen Lotosthron, aus dem eine rotschimmernde Aureole zu seinem grünen Nimbus aufsteigt.[16]

Machen Pomra (TB), mit vollem Namen Amnye Magyal Chenpo Pomra (*Amnye rMa-rgyal chhen-po spom-ra*), d. h. »Der Große Urahn Ma-König Pomra«, ist eine der bedeutendsten Berg- und der großen Schutzgottheiten auf dem tibetischen Hochland und der heiligste Berg der Amnye-Machen-Kette. Machen Pomra gilt als Sadag bzw. Herr über alle Sadag im Lande des Ma Chu (Gelber Fluß) sowie als Herr über die Gebirgskette, in deren Gipfel er residiert. Er ist die Schutzgottheit der lokalen Stämme, insbesondere der Ngolok, die westlich und südlich des Ma Chu leben. Als Magyal Pomra wird er auch als einer der vier großen Nyen angesehen.

In goldener Generalsrüstung mit Helm und weißem Umhang und geschmückt mit zahlreichen Juwelen reitet Machen Pomra auf seinem weißen Pferd namens Droshur

Machen Pomra.

(*Grozhur*), das die Geschwindigkeit des Windes besitzt. Er ist von weißer oder goldener Körperfarbe, aber mit einem rosa Gesicht. Nach Nebesky-Wojkowitz hält er eine mit einem Wimpel versehene Lanze und eine edelsteingefüllte Schale in der linken Hand. In der linken Armbeuge hält Machen Pomra einen Sack aus dem Leder eines Mungos.

Nach anderen Quellen wird er mit Lanze, Pfeil und Bogen sowie einer Schlinge dargestellt, eventuell begleitet von einem gehörnten Garuda, der ein Schwert in der Hand hält. Dahinter sind Schneegipfel abgebildet, auf denen er residiert und die seine treue Gefolgschaft bilden: die Gefolgschaft der 360 Ma-Brüder, die auf Tigern, Leoparden, Pferden, Schakalen und Bergwild reiten und dabei Pfeile, Lanzen, Schlachtäxte und Hämmer schwingen. Linkerhand stehen eine Sonne und ein Regenbogen über den Gipfeln, rechts ein Mond. Unter dem Pferd finden wir die »Göttin der Quellen« mit Schlangen im Haar abgebildet, und einen Drachen. Seine Frau Gungmen Lhari, mit Pfeil und Spiegel in der rechten, einer Juwelenschüssel in der linken Hand, reitet versetzt hinter ihm auf einer Hirschkuh, darunter befindet sich die Schutzgottheit des Amnye Machen auf einem Rind. Linkerhand, von oben nach unten, bilden manche Darstellungen zwei Lamas (Mahasiddhas) ab, darunter eine Berggottheit, der auf einem Drachen reitende Gott Tanglha, auf einem Tiger oder Garuda der Gott Döntram, und ganz unten eine Tsen-Gottheit. Die unteren vier werden als die großen Nyen, die die vier Weltgegenden bewachen und schützen, angesehen: Dong-throm (auf einem Garuda), Rabdegyar (auf einem Tiger), Drichen Dong-ngul Garshog (*hBrichhen lDong-dngul gar-gshog*) (auf einem wilden Yak) und Thang-lha (auf einem türkisen Drachen).[17]

Manjushrikirti (TB), tibet. Jampel Dragpa (*'Jam-dpal grags-pa*), ist der erste der Kulika-Könige im mythischen Reich Shambhala, auf dessen Thron er um 200 v. Chr. als achter König gelangt sein soll. Im lockeren Spielsitz mit dem linken Bein angewinkelt, wird Manjushrikirti mit der Bodhisattva-Krone dargestellt. Seine Transzendenz wird in der Meinung unterstrichen, daß sich einer der Panchen Lamas in ihm inkarnierte. In seiner linken Hand liegt ein tibetisches Buch, in der rechten hält er den Stengel einer Lotosblüte, in der das flammende Schwert der Erkenntnis steht – beides Symbole des Bodhisattvas der Weisheit, Manjushri. Gleichwohl wird er nicht als dessen Emanation, sondern als eine Erscheinungsform Avalokiteshvaras, des Bodhisattvas des Mitleids, angesehen.[18]

Manyen Pomra (B). Als Schutzgottheit der Bönpos wird die Gottheit des Amnye-Machen-Gebirges Manyen Pomra (*rMa-gnyan sPom-ra*) oder Magyal Pomra genannt. Der »Beschützer der Bön-Lehren« wird dargestellt als weißer,

*Bön-Berggott Manyen Pomra
(Wandmalerei im Bön-Kloster
Yungdrung Ling im Tsangpo-Tal).*

lanzenschwingender Mann, der entweder auf einem Löwen oder einem Pferd mit türkisblauer Mähne reitet.[19] Eine Wandmalerei im Bön-Kloster Yungdrung Ling[20] zeigt die Berggottheit mit einer Bodhisattva-Krone, die einen turbanähnlichen weißen Aufsatz trägt. Über ihm schwebt die weiße Schirmstandarte. Auf einem Schneelöwen sitzend, hält der in ein prächtiges rotes Gewand und einen weißen, bordierten Mantel gekleidete Manyen Pomra eine Lanze in der rechten und einen runden, braunen Gegenstand in der linken Hand. Hinter dem Löwenkopf ragen die Pfeile aus seinem Köcher hervor. Über einer wolkigen Berglandschaft werden die Gottheit und ihr Reittier von einer tiefblauen Regenbogenaureole umrahmt.

Marici (H/TB), »die Leuchtende«, auf tibetisch Öser Chenma (*'Od-zer can-ma*), ist in ihrer Bedeutung nicht völlig erschlossen. Häufig wird sie der Gruppe der Transzendenten Bodhisattvas zugerechnet, gehört aber in die Kategorie der Götter, da sie dem Gläubigen keine Erlösungshilfe zu gewähren vermag und nur weltliche Wünsche erfüllt – wie Beistand bei der Überquerung des mythischen Kakari-Schneegebirges auf dem Weg nach Shambhala. Sie hat sich aus der vedischen Göttin Usas, »Morgendämmerung«, entwickelt, woraus sich der Umstand erklärt, daß sie frühmorgens verehrt wird. Sie gilt als Schützerin gegen Krankheiten und Diebe und soll Reisende vor Räubern und Wegelagerern bewahren.

Die Gestalt der Marici ist von orangegelber Farbe und besitzt drei Augen und sechs Arme, welche die Attribute Vajra, Nadel, Pfeil, Schlinge, Ashokazweig und Bogen halten. Von ihren drei Gesichtern sind zwei menschlich – eines davon zornvoll –, und eines ist ein schwarzer Schweinskopf. Daher wird die Göttin auch »die Schweinsköpfige« genannt. Auf einem Lotosthron sitzend, der von einem Schwein getragen, oder einem Wagen, der von sieben Schweinen gezogen wird, sieht man sie außerdem als Göttin des Jahresablaufs an, die ähnlich dem hinduistischen Sonnengott Surya durch die Welt reist.[21]

Die Seegöttin Namtso.

Meru (H) (TB). Der »Weltenberg« Sumeru oder Meru steht gemäß der altindischen kosmologischen Vorstellung im Zentrum des Universums und gilt als Wohnort der Götter.

Milarepa (TB). Die Biographie des großen tibetischen Dichters und Mystikers (1040–1123) ist weithin bekannt, und die im vorliegenden Band abgedruckten Legenden zu seiner Person geben einen Eindruck von seinem Leben und Wirken (siehe auch Gruschke: »Mythen und Legenden der

Tibeter«). Daher soll hier nur knapp seine Ikonographie beschrieben werden.

Auf Darstellungen ist Milarepa leicht zu identifizieren, denn er hält die rechte Hand muschelförmig ans Ohr, um die Musik der Sphären und die Stimme der Lehre zu hören. Von seiner Schulter zum Knie spannt sich der Meditationsgurt, der es dem Yogin ermöglicht, die vielen Stunden der Versenkung sitzend zu überstehen und nicht umzufallen. Milas Gesichtsausdruck ist oft grimmig und drückt die geistige Anspannung aus.

Häufig sind Abbildungen Milarepas in seiner Höhle. Er hält wie üblich die rechte Hand am Ohr, die linke im Schoß und zeigt meist ein gütiges Lächeln, das andeutet, daß er den Zustand jenseits der Anstrengung verwirklicht hat. Er sitzt entspannt in halbgeschlossener Pose, der Meditationsgurt hängt locker von der Schulter herab. Vor ihm kniet, in Bedeutungsperspektive kleiner dargestellt, ein Jäger, der seine Waffen, Schwert, Bogen und Köcher, abgelegt hat. Auch die scheuen Wildtiere sind in der Nähe des gütigen Heiligen zutraulich geworden, der sie vor ihrem Schicksal als Jagdbeute bewahrt hat – eine Szenerie, die in bhutanesischen Maskentänzen dargestellt wird (z. B. beim Paro-Fest). In der Höhle sind Milarepas spärliche Besitztümer zu sehen. Links oben hängt die ihm von Marpa mitgegebene Schriftrolle, rechts ein Beutel mit Gerstenmehl. Links im Hintergrund ist der Tontopf erkennbar, von dem der grüne, von der Nesselsuppe stammende Belag abgefallen ist.[22]

Minya Konka (TB), größter Berg in Osttibet, ist Sitz der Donnergottheit → Dorjelutru.

Miyo Langsangma (TB) oder Chomo Miyo Langsangma (*Jo-mo Mi-gyo glangbzang-ma*) bedeutet soviel wie »die unverrückbare Göttin und Beschützerin der Bullen (Yaks)«. Der Sanskrit-Name Sumati heißt »die Wohlgesonnene«. Sie ist die dritte der »Fünf Schwestern des Langen

Lebens« im tibetisch-nepalesischen Himalaya, deren bedeutendste Tashi → Tseringma ist. Sie residiert als »Herrin (Chomo) Langsangma«, kurz Chomolangma, auf dem höchsten Berg der Welt, der uns als Mt. Everest geläufig ist. Abbildungen in den Klöstern Rongbuk (auf der tibetischen Nordseite) und Tengboche (Südseite, im nepalesischen Khumbu) stellen sie als eine goldene Göttin dar, die auf einem Tiger reitet und eine Schale gerösteten Gerstenmehls in der Hand hält sowie einen perlenspeienden Mungo. Ihre Attribute zeigen an, daß sie all jenen, die ihr Verehrung entgegenbringen, Reichtum und reiche Nahrung gewähren will, während ihr Reittier, der Tiger, ihre übernatürlichen Kräfte symbolisiert.[23]

Mt. Everest = Chomolangma, Sitz der Göttin → Miyolangsangma.

Nampar Gyalpo bzw. **Nampar Gyawa (B)**, Erscheinungsform des → Tönpa Shenrab bzw. Shenrab Nampar Gyalpo (*gShen-rab rNam-par rgyal-po*).

Namtso (*gNam-mtsho*) wird als Schutzgottheit mit dem Namen Namtso Chugmo (*gNam-mtsho phyug-mo*) oder Dorje Kündragma (*rDo-rje kun-gragsma*) angerufen. Als eine friedliche Göttin von tiefblauer Körperfarbe, mit schimmerndem blauschwarzem Haar, das schlangenartig hochgewickelt und mit Rubinen geschmückt ist, reitet sie auf einem Drachen durch die Lüfte. In der linken Hand trägt sie dabei einen Spiegel, während die rechte das Makara-Siegeszeichen hält.[24] Das Makara-Fabelwesen (*chu-srin*) ist der Sohn von Schnecke und Krokodil, wobei das Schneckengehäuse in der Darstellung mit einem mähnentragenden Kopf von der Form her nur entfernt an ein Krokodil erinnert. Es ist eines der Symbole des Sieges im Kampf gegen die Disharmonie.[25]

Der Berggott Nyenchen Thanglha.

Nöjinkangsang (TB) ist ein mächtiges Bergmassiv in Südtibet, in dem der Berggott → Kangwa Sangpo residiert.

Nyenchen Thanglha (TB) mit weiteren Namen wie Thanglha Yashur (*Thang-lha yar/yab-shur*) oder Yashur Nyengyilha (*Yar-shur gnyan-gyi-lha*), auch Dorje Barwatsel (*rDo-rje bar-ba-rtsal*) bzw. Dorje Chorabtsel (*rDo-rje mchog-rab-rtsal*) ist einer der wichtigsten Berggötter des tibetischen Hochlandes. Er wird als einer der »Achtzehn Herren des Hagels« (*Ser-bdag bco-brgyad*), wenn nicht gar als ihr Anführer angesehen. Außerdem betrachtet man ihn als eine Erscheinungsform des Bodhisattvas Vajrapani.

Üblicherweise wird der nördliche der vier »klassischen«

(zentral-)tibetischen Berggötter beschrieben als ein stattlicher, in weiße Seide und Baumwolle gekleideter Ritter auf einem Schimmel bzw. einem Pferd mit weißen Hinterläufen. In seiner rechten Hand ruht ein Rohrstock, während er mit der linken die Perlen eines kristallnen Rosenkranzes abzählt und in meditierender Pose verharrt. Um seine himmlische Residenz, die selbst im Winter noch frühlingshaftes Grün aufweist, schweben türkisgrüne Adler einher. Damit dem Dharma kein Schaden zugefügt werde, ist er ständig auf »Inspektionsreise«, begleitet von einer Gefolgschaft von 360 weniger bedeutenden Göttern – den Herren der angeblich 360 Gipfel der Nyenchen-Thanglha-Bergkette, die als seine Emanationen angesehen werden. Als eine der alten autochthonen Berggottheiten hatte sich auch Nyenchen Thanglha der buddhistischen Mission Padmasambhavas in Tibet entgegengestellt, bevor er von diesem in den Dienst der neuen Lehre aus Indien gezwungen wurde.

Es gibt mindestens drei weitere Erscheinungsformen von Nyenchen Tanglha, deren eine zornvoll ist: finster, aber geheiligt, mit einem Umhang aus schwarzem Bärenfell über einer Rüstung aus Karneolen, die mit Jade eingelegt ist, einem Karneol-Helm und einem ehernen Schwert sowie Pfeil und Bogen ist er mit den für die Pawo – einer bestimmten Art tibetischer Medien[26] – typischen Merkmalen versehen: u. a. die sogenannte kleine oder Schädeltrommel (*rnga'u chung*) und die flache, breite *gshang*-Glocke.[27] Als Dharmapala trägt er einen Helm und Küraß aus Kristall und schwingt eine ebenfalls aus Kristall gefertigte Lanze. Als Sripe Lhachen Nyengyitso (*Srid-pa'i lha-chen gnyan-gyi-gtso*) erscheint er als weiße Gestalt in einem weißen Kleid und ebenso weißen Turban, der auf einem Schimmel reitet. In der Rechten hält er eine Reitpeitsche, in der Linken ein Rundbanner.[28]

Padmasambhava – Guru Rinpoche (TB). Über keinen Acharya, d. h. gelehrten Mönch aus Indien, gibt es mehr Legenden als über Padmasambhava, den »aus dem Lotos Geborenen«. Als Zeitgenosse des tibetischen Königs Trisong Detsen (8. Jh.) ist Padmasambhava, der in Tibet und den Himalaya-Ländern unter dem Namen Guru Rinpoche, »Kostbarer Lehrer«, verehrt wird, einer der ersten historisch faßbaren Begründer des tibetischen Buddhismus. Seine Bedeutung und die legendäre Ausschmückung seines Lebens und Wirkens stellen ihn in den Mittelpunkt sowohl historischer und religiöser Erörterungen als auch von volkstümlichen Legenden in Tibet insgesamt, dessen einzelnen Regionen und im angrenzenden Himalaya.
Der Legende nach im Lande Uddiyana geboren, wurde er als kleiner Junge von dessen König Indrabhuti als Pflegesohn aufgenommen und erzogen. Später übergab er ihm gar die Herrschaft über das Land, doch konnten Ehe und Macht den jungen Padmasambhava nicht auf Dauer ans Haus binden. Eines Tages verließ er den Palast, ließ sich zum Mönch ordinieren und studierte, in Indien umherwandernd, alle Formen des Buddhismus. Bald meisterte er alle zu seiner Zeit existierenden Wissenschaften, insbesondere die Lehren der Tantras. Um das Jahr 786 wurde Padmasambhava von König Trisong Detsen eingeladen, ins Schneeland zu kommen und dort die Dämonen (der alten Bön-Religion) zu bekämpfen. Mit der Annahme dieser Herausforderung und seiner Ankunft in Tibet sind wir in seiner Lebensgeschichte dort angelangt, wo die im Band »Mythen und Legenden der Tibeter« enthaltenen Legenden einsetzen (vgl. dort viertes Kapitel). Wie lange sich Padmasambhava in Tibet aufhielt, ist nicht geklärt. Nach einer Quelle waren es nur 18 Monate, nach historischen Indizien zwölf Jahre, nach einer kaum glaubhaften Überlieferung 50 Jahre. Spektakulär wird sein Abschied aus dem Schneeland geschildert: Prinz Mutig Tsenpo begleitete ihn über die Gebirgspässe bis an die nepalesische Grenze,

wo der große indische Tantriker das blaue Flügelroß Valaha bestieg und nach Südwesten davonflog, um das Land der Raksasa-Dämonen für die Buddha-Lehre zu gewinnen. Der bhutanesischen Überlieferung nach setzte Padmasambhava im oberen Paro-Tal das erste Mal wieder seinen Fuß auf die Erde, und zwar an jener Stelle, wo spektakulär in der Felswand, Hunderte von Metern über dem Talboden, das Taktsang-Kloster – das »Tigernest« – seine Meditationshöhle umschließt.

Es mag wenig verwundern, daß eine solch bedeutende Persönlichkeit ikonographisch sehr vielfältig dargestellt wird. Am häufigsten wird Padmasambhava in der Kleidung des Königs von Soar abgebildet, in dessen Königreich er dessen Tochter Mandarava als seine Yogini gewann, nachdem er alle mystischen Initiationen durchlaufen hatte. Als hohe Ehrung soll der König ihm diese Kleidung übergeben haben. Dazu trägt Padmasambhava die Mitra, eine Spitzmütze aus Brokat, deren Seitenlappen gekürzt und hochgeschlagen sind. Diese Mützenform ist nur den höchsten Würdenträgern der sich auf Padmasambhava berufenden Schule der Nyingmapa (»die Alten«) erlaubt. Über dem Sonne-Mond-Symbol – einem Hinweis auf des Trägers geistige Wachheit bei Tag und Nacht – auf der Mützen-Vorderseite ragt aus Zierschleifen eine Klinge hervor, die als Sinnbild der Gedankenschärfe und der Zerstörung der Unwissenheit gilt. Auffällig an der Darstellung sind außer dem bei mongoliden Völkern typischen schütteren Bärtchen die starken senkrechten Stirnfalten. Sie gelten bei tibetischen Mönchen als Zeichen profunden Nachdenkens.

Grundsätzlich wird Padmasambhava sitzend dargestellt mit der blutgefüllten Schädelkalotte in der linken und dem Vajra (Donnerkeilzepter) in der rechten Hand. Links von ihm bzw. in seiner linken Armbeuge steht der Magische Stab, meist mit flammender Dreizackspitze, an dem mitunter lockere Eisenringe angebracht sind, die ihn auch als Rasselstab brauchbar machen.

Padmasambhava (Guru Rinpoche).

Auf den Namen Padmasambhava, »der im Lotos Geborene«, spielen die Darstellungen an, die den Acharya auf einer Seerose sitzend zeigen. Der Legende nach wurde das Kind einst von König Indrabhuti auf einer Lotosblüte im See von Dhanakosa in Uddiyana entdeckt und daher Padmasambhava getauft. Der Lotos symbolisiert die Reinheit, denn infolge der Wachsschicht auf seinen Blättern wächst er sauber und makellos aus dem Schlamm empor. Padmasambhava sitzt in halbgeschlossener Pose. Der ausgestreckte rechte Arm ist abgestützt auf dem rechten Knie, die Hand ist leicht abgewinkelt und hält den Vajra: eine Handhaltung, die die Unterwerfung feindlicher Dämonen darstellen soll.[29]

Rudra Chakrin (TB) ist der kommende, 25. Kulika-König des mythischen Reiches Shambhala. Sein Name bedeutet der »Zornige mit dem Rad« (tibet. *Drag-po 'khor-lo-chen*), der von dem Eisenrad herrührt, das ihm vor der letzten Schlacht Shambhalas um die Welt vom Himmel zufällt und mit dem er seine Feinde niedermähen wird. Dieses Symbol seiner weltlichen und spirituellen Macht trägt er in seiner Linken, während die andere Hand einen Speer hält. Sein Kopfschmuck entspricht dem eines Bodhisattvas, und Aureole wie Nimbus verdecken einen Teil der unüberwindlichen Berglandschaft, die den geistig Unreifen den Zutritt in sein Reich Shambhala verwehrt.[30]

Samvara (TB), Sanskritname von → Demchok.

Sangpo Bumtri (B) ist eine der wichtigsten Bön-Gottheiten. »Das beste der wirkenden Mittel (upaya), der Weltgott Sangpo Bumtri, gleicht an Farbe des Silbers Essenz. Sein Schmuck, seine Kleidung, sein Himmelspalast, alles ist silbern geschmückt, weil sehr schön durch silbernes Licht. In der Hand hält er das kostbare Banner. Er weilt auf dem Thron zweier segensreicher Garuda-Vögel (*Khyung*), welche juwelengleich glänzen. Durch zauberisches Schaffen wirkt er das Heil der Wesen. Dem erhabenen Sangpo Bumtri Verehrung!« Dargestellt mit der Bodhisattva-Krone bzw. Krone der Transzendenten Buddhas, die rechte Hand in Argumentationsgeste (Vitarkamudra), die linke in der Mußegeste (Avakasamudra), ist Sangpo Bumtri als Begleittier der mythische Urvogel Chung (*Khyung*) zugeordnet – in der Form, die in buddhistischen Darstellungen als der altbekannte Typus des Garuda mit der Schlange im Schnabel geläufig ist.[31]

Im Vierersystem der »Vier Obersten Glückseligen« (*bder-gshegs gtso-bzhi*), welche Wesen aus den Reichen der Form wie der Formlosigkeit befreien, ist Sangpo Bumtri dem Westen zugeordnet und von weißer Farbe. Mit einem Banner in der Hand sitzt er auf seinem Lotosthron, der von einem Chung getragen wird. Sangpo Bumtri, der als »Herr der sichtbaren Welt« wie diese als Sripa (*Srid-pa*) angerufen wird, ist wie Shenlha Ökar und Tönpa Shenrab einer der drei »Weltgötter«, welche die Bön mit *lha-srid gshen-gsum* – »Der Gott, der Weltgott, der Shen – Dreiheit« – anrufen.[32]

Satri Ersang (*Sa-trig er-sangs*) (B) ist im Vierersystem der »Vier Obersten Glückseligen« (*bder-gshegs gtso-bzhi*), die Wesen aus den Reichen der Form wie des Formlosen befreien, dem Osten zugeordnet und von gelber Körperfarbe. In anderen Texten als »Liebende Mutter« Jamma (*Byams-ma*) verehrt, hält die auf einem Löwen reitende Gottheit den Stengel einer Lotosblüte mit den Silben A, Om, Ram, Hum und Dza in der einen und einen Spiegel in der anderen Hand.[32]

Shenlha Ökar (*gShen-lha 'od-kar*) (B) ist der »Shen-Gott Weißes Licht«, nach Hoffmann Weisheitsgott und einer der drei »Weltgötter«, die die Bönpos mit *lha-srid gshen-gsum* – »Der Gott, der Weltgott, der Shen – Dreiheit« – anrufen. In einem Vierersystem der »Vier Obersten Glückseligen« (*bder-gshegs gtso-bzhi*), die Wesen aus den Reichen der Form und der Formlosigkeit erlösen, nimmt der weißgestaltige Shenlha Ökar, mit einem Haken als Attribut, die Nordrichtung ein, während Sangpo Bumtri im Westen, Tönpa Shenrab im Süden und Satri Ersang im Osten stehen.[32]

Shenrab (*gShen-rab*) **(B)**. Der Begründer der (systematisierten) Bön-Religion wird in den Illustrationen der ersten Kapitel der *gZer-myig*-Handschrift als fürstlicher Bodhisattva mit Bodhisattva-Krone gezeigt. In der rechten Hand hält er ein mit einem Swastika geschmücktes Zepter, die linke Hand verharrt in der Mußegeste (Avakasamudra): »Der an Weisheit vollkommenste Lehrer Shenrab Mibo glänzt in seiner Farbe wie ein Juwel. Sein Schmuck, seine Kleidung, sein Himmelspalast ist juwelenhaft und geschmückt, weil sehr schön durch Juwelenlicht. In der Hand hält er das goldene Zepter. Er weilt auf dem neunstufigen Thron mit dem Rad, das juwelengleich glänzt. Durch Entsenden von Lichtstrahlen wirkt er das Heil der Wesen. Dem erhabenen Shenrab Mibo sei Verehrung!« Nach seiner Weltentsagung erscheint er als erleuchteter »Buddha« im Mönchsgewand, das die eine Schulter frei läßt, und mit einer Art von Antilopenhorn in der Hand.[33] Diese Form der Darstellung Shenrabs zeigt ihn mit kurzgelocktem Haar mit der Erleuchtungserhöhung (Usnisa) im Lotossitz. Die linke Hand in der Konzentrationsgeste, die rechte mit der Erdberührungsgeste wird seine Verwechslung mit dem buddhistischen Buddha Sakyamuni lediglich durch den Swastika auf der Brust vermieden. Eine weitere Erscheinungsform ist die des → Tönpa Shenrab.

Shiva (H) bedeutet im Sanskrit wörtlich »der Gütige, der Freundliche«. Er ist die dritte Gottheit in der hinduistischen Trinität Brahma, Vishnu und Shiva, in welcher er für Auflösung und Zerstörung zuständig ist. In seiner Eigenschaft als Zerstörer der Nicht-Erkenntnis (Avidya) wird er als eine segensvolle Gottheit angesehen. Wird er als »Erwähltes Ideal« (Ishta-Deva) – d. h. als das personifizierte Ideal, auf das der Yogin seine Aufmerksamkeit konzentrieren kann – angebetet, dann verkörpert Shiva die ganze Gottheit, die Höchste Wirklichkeit. In Beziehung zu seinen dynamischen Kräften, die als seine »Gattin«

Shakti, Parvati, Kali oder Durga bekannt sind, ist er das transzendente Absolute. Mit Verkörperungen seiner »weiblichen« Kräfte wird Shiva oft in sexueller Vereinigung visualisiert. Daher ist sein Symbol der Linga (Phallussymbol), das seiner Gemahlin die Yoni (»Schoß, Ursprung, Quelle«). In der Erscheinungsform als Nataraja (»der König des Tanzes«), der die kosmischen Schritte von der Schöpfung zur Zerstörung abmißt, ist der »tanzende Shiva« bei uns im Westen berühmt geworden. Der kosmische Tanz stellt seine fünf Aktivitäten dar: Schöpfung, Erhaltung, Zerstörung, Verkörperung und Befreiung. Shiva reitet auf Nandi, dem Stier des Dharma, und wird als Guru aller Gurus angebetet, als Zerstörer aller Weltlichkeit, der Weisheit gewährt und die Verkörperung von Entsagung und Mitleid ist.[34] Er residiert auf dem Götterberg Kailash.

Suchandra (TB), der »Schöne Mond« – tibet. Dawa Sangpo (*zla-ba bzang-po*), ist der Name des ersten religiösen Herrschers des Königreichs Shambhala. Nachdem er von Buddha die Kalachakra-Lehren übermittelt bekam, errichtete er in seiner Hauptstadt Kalapa ein großes juwelengeschmücktes Kalachakra-Mandala und legte den Lehrtext des Tantras schriftlich nieder. In Suchandra wird eine Emanation des Bodhisattvas der Macht und der Meisterung der esoterischen Lehren, Vajrapani, gesehen. Daher steht ein Vajra in der Lotosblüte, dessen Stengel Suchandra in der rechten Hand hält. Mit der Linken läutet er die Glocke, die ein Sinnbild für die höhere Erfahrung und für das Mittel zur Erleuchtung ist. In gelassener Sitzhaltung trägt der von Blüten umrankte Suchandra die Krone der Transzendenten Bodhisattvas.[35]

Targo und **Dangre** (B) bezeichnen eigentlich jeweils eine ganze Gruppe von Gottheiten, die auf bzw. im Berge Targo Kangri respektive im See Dangre Yu Tso residieren.

Suchandra, der erste Herrscher des mythischen Königreiches Shambhala.

An erster Stelle unter den Targo-Gottheiten steht nach Berglie[36] Targo Gegan Chorpo (*Targo dGe-rgan mchor-po* bzw. *Targo dGergan chos-rgyal*). Eine andere Gottheit, Targo Ngomar Tselmig (*Targo Ngo-mar mtshal-mig*), wird als »Minister« des ersteren beschrieben – mit einem roten Gesicht, aus dem zinnoberrote Augen hervorquellen. Entsprechend rot leuchtet die furchterregende, fahnengeschmückte und dreiäugige Maske Targos.[37] Diese Gottheit ist eine der wichtigsten Gottheiten beim Pawo-Schamanismus im Himalaya, da sie häufig Besitz vom Medium ergreift. Die führende Göttin aus der Dangre-Gruppe heißt Dangra Letsen (Lekyi) Wangmo (*Dangra las-btsan* bzw. *Dangra las-kyi dbang-mo*). Eine blaue Tanzmaske[38] der Göttin Dangre stellt sie mit einer Bodhisattva-Krone dar, dreiäugig und eher friedvoll als jähzornig. Ihre Tochter, die Göttin Dangchung Yuyi Surpu (*Dang-chung g.yu-yi zur-phud*), lebt im gleichnamigen See nördlich des Dangre Yu Tso. Außerdem gehören zu diesem Götterkreis noch mystische Tiere, die imstande sind, Krankheiten zu heilen – wie der »rote Kupferwolf« Targo Sangjang Marpo (*Targo Zangs-spyang dmar-po*), der »schwarze Bär mit weißen Schultern« Targo Drenag Sokar (*Targo dred-nag sog-dkar*) und die »saugende und helfende Eule mit dem langen Schnabel« Jirog Uggu Churing (*Jibs-rogs 'Ug-gu mchu-ring*). Darüber hinaus existieren zahlreiche dämonische Wesenheiten wie z. B. die »sieben Schlächterbrüder« Targo Shenpa Pündün (*Targo Shan-pa spun-bdun*).

Tise Lhatsen (B) ist die der Bön-Religion zuzuordnende Tsen-Gottheit, die ihren Sitz auf dem Yungdrung Gutse (Kailash) in Westtibet hat. Eine Wandmalerei im Bön-Kloster Yungdrung Ling[20] zeigt die Berggottheit in weißer Generalsrüstung und – ähnlich dem Heldenkönig Gesar – mit einem fahnengeschmückten Helm, dessen Spitze ein Siegesbanner krönt. Mit der rechten Hand schwingt er eine Lanze, die zudem am unteren Ende in einer Pfeilspitze endet, während die linke ein blaues Wunschjuwel trägt. Während er auf einem Schneelöwen reitet, trägt er rechts einen Pfeilköcher, und sein Schwert hängt zu seiner Linken. Die Tise Lhatsen umrahmende Regenbogenaureole beinhaltet die acht Glückssymbole, also (von rechts gegen den Uhrzeigersinn) den Endlos-Knoten (als Zeichen unerschöpflichen Reichtums), das Paar Fische (für Fruchtbarkeit), die segenspendende Muschel, den Schirm, der gegen die Hitze der Leidenschaft schützt, das Lebenswassergefäß mit dem Schatz der Wünsche (langes Leben), das Rund-

Tise Lhatsen, die Bön-Gottheit des Kailash (Wandmalerei im Kloster Yungdrung Ling, Tsangpo-Tal).

banner (markiert das Zentrum des Universums auf dem heiligen Berg Meru), das Rad des Gesetzes und, unter dem Löwen, die Lotosblüte, welche für Reinheit steht.

Tönpa Shenrab (*sTon-pa gShen-rab*) **(B)**. Im Vierersystem der »Vier Obersten Glückseligen« (*bder-gshegs gtso-bzhi*) ist Tönpa → Shenrab dem Süden zugeordnet und von blauer Farbe. Mit einem Zepter in der Hand sitzt er auf einem Lotosthron, der vom Rad des Gesetzes gestützt wird. Tönpa Shenrab gehört zu der Dreiheit, welche die Bön mit *lha-srid gshen-gsum*, »Der Gott, der Weltgott, der Shen – Dreiheit«, angerufen werden.[39]

Als Kultfigur in heutigen Bön-Tempeln wird Shenrab häufig in der Form des Nampar Gyalpo (*gShen-rab rNampar rgyal-po*) dargestellt. Von jugendlichem Aussehen und friedlicher Ausstrahlung trägt er eine Krone, über die sich der hochgesteckte Haarschopf erhebt. Im Lotossitz halten die in der Meditationsgeste ineinander ruhenden Handflächen die Stengel zweier Lotosblüten, die auf der rechten Schulter einen Swastika und der linken eine Schatzvase tragen. Häufiger sind rechter Arm und rechte Hand mit zurückgelegter Handfläche erhoben, während die linke Hand die Geste der Erdberührung andeutet. Nampar Gyalpo trägt einen einfachen Seidenrock, eine Seidenschärpe sowie ein Meditationsband und ist nach Art der Bodhisattvas prächtig geschmückt: Krone, Ohrgehänge, Halskette, lange Kette, Arm- und Beinbänder und Juwelenschurz. Manche Figuren haben in den Handflächen eine Lotosblüte eingraviert, manchmal auch den tibetischen Buchstaben A auf der Brust.[40]

Tseringma (TB) und ihre Schwestergöttinnen. Die Fünf Glücksschwestern, die als Gipfelfeen dem Gaurisankar-Massiv und anderen Himalaya-Riesen der Umgebung zugeordnet werden, sind tibetischen und nicht indischen Ursprungs. Sie gelten als Schutzgöttinnen der in Berghöhlen

Die Berggöttin Tseringma.

meditierenden Frommen; und wer die Hochregion des Himalaya bereist, tut gut daran, sich mit den Fünf Schwestern, mit Tseringma und ihren Schwestergöttinnen, gut zu stellen.

Dorje Kunsangma (oder *rDo-rje mi-gyur dpal-gyi-yum*), »Mutter des immerguten Dorje«, ist Beiname der Tashi Tseringma (*bKra-shis tshe-ring-ma*); sie wird auch Tseyi Wangchukma (*Tshe-yi dbang-phyug-ma*) und im Sanskrit Mangala Dirghayusi (»Glücksgöttin des Langen Lebens«) genannt. Sie hat ein schmales weißes, wie der Mond leuchtendes Gesicht, drei Augen und blauschwarz schimmerndes Haar, das schlangenartig hochgewickelt und mit einem Rubin geschmückt ist. An ihren Ohren hängen hübsche Ohrringe, und in ihrer linken Hand hält sie eine Amrita-Vase vor dem Herzen, in der rechten schwingt sie einen goldenen Vajra (Dorje) mit Schmuckstücken. Sie sitzt auf einem weißen Löwen bzw. einem tibetischen Schneelöwen, der in den Wolken die Berge überspringt. Je nachdem, ob der Reisende ihr Wohlwollen gewinnt, kann sie ihn als böse Fee durch Blitz, Unwetter und Kälte in Gefahr bringen oder ihm als gute Fee Überleben und eine glückliche Weiterreise ermöglichen. Auf Bildnissen befindet sich vor Dorje Kunsangma die Göttin Thinggi Shelsangma (*mThing-gi zhal-bzang-ma*), im Sanskrit Sumukhi genannt, »die mit dem freundlichen Gesicht«. Sie ist von hellblauer Farbe, reitet auf einem Wildesel (Kiang) mit saphirblauer Mähne und einer weißen Schnauze. Sie hält einen magischen Spiegel und einen Stock mit Wimpeln in Händen. Zu ihrer Rechten steht die Göttin Miyo Losangma (*Mi-gyo blo-bzang-ma*, auch → Miyolangsangma), deren Farbe gelb ist. Diese hält eine Schüssel mit Speisen in ihrer Rechten, während sie mit der Linken zu schenken scheint. Manchmal hält sie darin auch ein perlenspeiendes Mungo. Sie reitet auf einem Tiger mit goldener Mähne. Dahinter ist die rote Göttin Chöpen Drinsangma (*Cod-pan mgrin-bzang-ma*, Sanskrit Sukanthi, »die Schönhalsige«) zu sehen, die einen Rubin in der linken und eine Truhe mit verschiedenen Edelsteinen in der rechten Hand hält. Ihr Reittier ist eine Hirschkuh mit korallenrotem Haar. An der linken Seite residiert die türkisgrüne Göttin Tekar Drosangma (*gTad-dkar 'gro-bzang-ma*, Sanskrit Sugati, »Glück«). Sie hält ein Büschel Durva-Gras oder eine Ähre und eine Schlangen-Schlinge fest und reitet auf einem türkisfarbenen Drachen – dem Tier der Wasser und Regenwolken. Mit ihren Symbolen für Wasser und Regenwolken (Schlange, Drache) und Fruchtbarkeit (Pflanze/Ähre) dürfte sie vor allem für die Ackerbau treibende Bevölkerung von Bedeutung sein.[41]

Vaisravana (TB), tibetischer Name Namthöse (*gNam-thos-sras*), ist als Lokapala (Schützer der Weltenrichtungen) der Hüter des Nordens. Als Dharmapala (tibetisch *Chos* *kyong*) wird er Jambhala bzw. Kubera genannt. Er gilt als Reichtumsgott, Führer über die Heerscharen der Yakshas (Nöjin) und Schutzgottheit des Bergriesen Kangchenjönga. Als Namthöse erscheint die zornvolle rote Gottheit mit lodernden, gelblich-roten Augenbrauen und Oberlippenbart sowie offenen, gebleckten Fangzähnen. Über seinen Seidengewändern hat Namtöse einen Panzer aus vergoldetem, lackiertem Leder angelegt, mit goldenem Gürtel und mit einem spitz zulaufenden und schwanzbuschverzierten Helm. Die rechte Hand schwingt eine rote Lanze, während er in der linken ein perlenspeiendes Mungo trägt. Das Pferd, das er reitet, ist von dunkelblauer Farbe und trägt den Berggott auf goldenem Sattel.

Vajravarahi (TB), Sanskritname von → Dorje Pagmo.

Yarlha Shampo (TB). Als der östliche der vier »klassischen« (zentral-)tibetischen Berggötter ist Yarlha Shampo vor allem wegen der auf seinen Berg herabgestiegenen tibetischen Gründergestalt Nyatri Tsenpo von großer Bedeutung, daher wird er auch als »Lha (Lebensseele) der Herren von Bö (Tibet)« angesehen. Als Beherrscher aller Yül-Lha- und Sadag-Geister im historischen Yarlung-Tal war Yarlha Shampo eine der autochthonen tibetischen Gottheiten, die sich dem indischen Guru Padmasambhava in den Weg gestellt hatten, dann aber von diesem zu einem »Beschützer der (buddhistischen) Lehre« bekehrt wurden. Als solcher wird er dargestellt als ein Gott mit menschlichem Antlitz, weiß wie eine Muschelschale und bedeckt mit einem weißen Gewand. Seine wichtigsten Attribute sind ein Speer mit einem daran befestigten weißen Seidenbanner und ein kristallnes Schwert. Er reitet auf einem Lhagye (*lha-gyag*), »Groß wie eine Bergflanke«, genannten Wesen, aus dessen Schnauze und Nüstern ein Schneesturm herausbläst. Die Myriaden der Kriegsbataillone der Lha unterstehen seinem Befehl. In manchen Texten wird Yarlha

Vaisravana.

Shampo mit dem auf dem Nöjinkangsang residierenden → Kangwa Sangpo in Zusammenhang gebracht, und zwar in einer Weise, die wohl den einen als eine Erscheinungsform des anderen betrachtet.[42]

Yogini, verführerische Erscheinungsform einer → Dakini, die vor dem Yogin als bezaubernde junge Frau erscheint, deren spärliche Kleidung keinen Reiz verbirgt. So will sie die sexuelle Phantasie des Yogin auf sich ziehen, um die gespannte Kraft seiner Libido der Erlösung dienlich zu machen.

Anmerkungen

EINLEITUNG

1 David-Néel 1955, S. 8.
2 Tafel 1914, Band I, S. 202.
3 Ma Lihua 1991, S. 36.
4 Die Eindeutigkeit der Transliteration ist letzten Endes auch nicht gegeben, da tibetische Schriften hin und wieder unterschiedliche Orthographien oder sogar Schreibfehler überliefert haben.

1. KAPITEL

1 Tibetischer Name nach Grünwedel 1970, S. 180.
2 Quellen: Bernbaum 1990, S. 45; Grünwedel 1970, S. 180f.; Hermanns 1946–49, S. 830; Tatz/Kent 1978, S. 39–42.
3 Quellen: Bernbaum 1990, S. 12, Govinda S. 306f.
4 Nach Chang, 1977, Bd. I, S. 262; zit. in Bernbaum 1990, S. 11.
5 Zit. aus: Govinda 1973, 10. Aufl. 1987, S. 327–331 und 333–334.
6 Jedem der transzendenten Buddhas ist nicht nur eine Himmelsrichtung, sondern auch eine Farbe u. a. mehr zugeordnet.
7 Im Falle der Hindus.
8 Es sind tatsächlich knapp 5500 m.
9 Nach S. Batchelor 1988, S. 377.
10 Nach Chang 1977, S. 215–223.
11 Manasarovar-See.
12 Quelle: Nebesky-Wojkowitz 1993, S. 69, 202–204.
13 Zwischen der Nordspitze des Sees Trigu Tso *(Gri-gu mtsho)* und dem 92sten östlichen Breitengrad: ca. 28 48'N und 91 57'E. Vgl. Tibet-Karte in: Ferrari/Petech 1958. Höhe 6632 m (Stanfords Intl. Maps South-Central Tibet, London 1984) oder 6594 m (Operational Navigation Chart ONC H-10, St. Louis 1984).
14 Quelle: Nebesky-Wojkowitz 1993, S. 224.
15 Quellen: Ma Lihua S. 13–17. Nebesky-Wojkowitz 1993, S. 205ff.
16 Quelle: Ma Lihua 1991, S. 13.
17 Nyen ist eine Klasse von die himmlischen Sphären bewohnenden Geistern in der alten Bön-Religion bzw. im heutigen Volksglauben.
18 Nach Nebesky-Wojkowitz 1993, S. 219f., wird Nyenchen Thanglha auch von den Sikkimesen als eine ihrer wichtigsten Schutzgottheiten verehrt.

19 Quellen: Ma Lihua S. 14; Nebesky-Wojkowitz S. 205 ff.
20 Vajrapani.
21 Quelle: Ma Lihua S. 15 f.
22 Nag Chu ist der Oberlauf des Salween (chines. Nu Jiang).
23 Gemeint ist die wirtschaftliche Liberalisierungspolitik der Volksrepublik China, die Ende der siebziger Jahre (um 1978) begonnen wurde und seit etwa 1984 in Tibet gravierende Veränderungen ermöglichte.
24 Chan 1994, S. 228–272.
25 Chan 1994, S. 258; Roerich 1949, S. 436.
26 Chan 1994, S. 262; Roerich 1949, S. 436 f.
27 Chan 1994, S. 267.
28 Die Lebensgeschichte Milarepas und der Hergang seines Todes wurden bereits im Bande »Mythen und Legenden der Tibeter«, DG 124 (Gruschke 1996, S. 186–191) geschildert. Vgl. auch Chan 1994, S. 259 f.
29 Chan 1994, S. 208–247.
30 Chan 1994, S. 232.
31 Quellen: Bernbaum 1990, S. 49 ff.; Nebesky-Wojkowitz 1956, S. 209–213; Zhu 1988, S. 89.
32 Hummel 1957, S. 944.
33 Roerich 1958, S. 102.
34 Der »Blaue See« ist der bei uns meist unter seinem mongolischen Namen bekannte größte See des tibetischen Hochlands, Kokonor. Auf tibetisch heißt er Tso Ngompo *(mTsho ngon-po)*.
35 Rock 1956, S. 115.
36 Hummel 1957, S. 948, erklärt die Zahl durch eine solare Tradition: Zahl der Tage im abgerundeten Sonnenjahr.
37 Senft 1983, S. 120.
38 Quelle: Bernbaum 1990, S. 49/51.
39 Quelle: Roerich 1958, S. 102 f.
40 Quellen: Bernbaum 1990, S. 51; Stein 1959, S. 279 f., 524–528. Vgl. Stein 1959, S. 123 f., Tafel 1914, II, S. 110, Kozlow 1906, S. 214 ff. bzw. Kapitel 2.
41 Quelle: Stein 1959, S. 454.
42 Quellen: Nebesky-Wojkowitz 1993, S. 221 f.; Rock 1930; Stein 1959, S. 481, n. 50.
43 Chan 1994, S. 741–762.
44 An anderer Stelle wird davon berichtet, daß ein Neffe Padmasambhavas, Tsewang Rinzin, an einer 4800 m hoch gelegenen Stelle seinen Geist bzw. sein Herz (an der Pilgerstätte Tsewang Rinzin Thuka) niedergelegt habe. Auch hätten Padmasambhava und der Bönpo Kuchok Ripa Drukse hier dem Berge Opfergaben dargebracht. In einer Geste von Wohlwollen habe schließlich der

indische Guru sämtliche Ansprüche auf den sakralen Ort aufgegeben und es den Bönpos erlaubt, den Bönri als Refugium ihres überkommenen Glaubens zu übernehmen. Chan 1994, S. 756.
45 Vgl. Gruschke 1996, S. 118–120 und Chan 1994, S. 751 f.
46 Chan 1994, S. 742 und 760.
47 Chodag 1991, S. 11.
48 Vgl. »Mythen und Legenden der Tibeter«, DG 124 (Gruschke 1996), S. 31–36.
49 Chan 1994, S. 742; R. A. Stein 1993, S. 24, 33. Je nach Schreibung des Ortsnamens, Pre-sna oder *sPre-sna*, könnte er als eine »Art *(sna)* Affen *(spre)*« gedeutet werden, was schon den Dorfnamen mit der alten Legende der Entstehung der Tibeter in Beziehung bringt. Die Silbenwurzel pr- ist im Tibetischen nicht ausgewiesen. Denkbar wäre auch eine Veränderung der Schreibung von *sPreʼuʼi-gnas*, »Aufenthaltsort von Affen«.
50 Chan 1994, S. 742; Haarh 1969, S. 175, 181 f., 191, 215 ff. Auch auf einer ins 9. Jh. datierten Steinstele, dem beim Dorf Yungdrung Dzin erhaltenen Doring-Pfeiler mit der sogenannten Temo-Inschrift, soll geschrieben stehen, daß Tibets erster König auf den Bönri-Gipfel Lhari Gyangtho herabgestiegen sei. (Chan S. 761)
51 Chan 1994, S. 742, 760.
52 Haarh 1969, S. 182, 216.
53 Karmay 1972; nach Chan 1994, S. 742, 760.
54 Quellen: Dawa aus Dangchung, Kreis Ombu im Nagchu-Distrikt; Berglie 1980, S. 39–43; Ma Lihua 1991, S. 51, 62.
55 Entprechend ist im Jahr des Pferdes der Kailash für eine Pilgerschaft besonders anziehend, der Nam Tso im Jahr des Schafes. Für die Umwandlung von Mt. Targo und Dangre-See benötigen die Pilger etwa 15 Tage. Eine dreizehnmalige Umrundung (13 Bön-Himmel!) bedeutet den Eingang ins (Bön-)Nirwana.
56 dpaʼbo. Zum Begründungsmythos der Pawo vgl. Berglie, »Preliminary remarks on Some Tibetan ›Spirit-Mediums‹ in Nepal«, in: *Kailash, a Journal of Himalayan Studies*, 1976, 4:1, S. 85–108, Kathmandu 1976.
57 Nach Berglie wahrscheinlich Zinnober (1980, S. 41).
58 Quellen: Chishyu, Gewerkschafter in Nagchu; Tsering Yuchen 1993, S. 227 f.
59 Bernbaum 1990, S. 7.
60 Aus: »Ruyi – Der Bericht von den Knochen und Satak Lungming – Landmarken und Namen der Täler«, nach F. W. Funke 1978, S. 15–25.
61 Die älteste der tibetisch-buddhistischen Schulrichtungen, die auf den indischen Guru Padmasambhava zurückgeht.
62 Zit. Funke 1969, S. 242–246.

63 Brum, als magische Silbe, die für die Göttin Tseringma steht.
64 Beiname der Tseringma. Von den Attacken der Göttin Tseringma und ihrer himmlischen Schwestern auf Milarepa und ihrer nachfolgenden Bekehrung durch den Yogi berichtet Chang 1977, S. 312–330.
65 Quellen: Bernbaum 1990, S. 7, 259 n. 9; Guo 1991, S. 25; Nebesky-Wojkowitz 1993, S. 177–181. Nach Waddell 1985; S. 371, Lachi-gang *(La phyi gangs)*.
66 Jo-mo-glang-ma. Der nepalesische Name Sagarmatha, der soviel heißt wie »Stirn des Himmels« oder »Einer, dessen Stirn bis zum Himmel reicht«, wurde dem Berg erst gegeben, nachdem festgestellt worden war, daß er der höchste der Welt ist. Bis dahin war der Mt. Everest, der von der Südseite nur schwer und dann auch nur als kleine Spitze zu sehen ist, für die Nepalesen ohne besondere Bedeutung. Der Name nimmt wohl Bezug auf einen Hindu-Mythos, in dem der Ozean mit dem mythischen Berg Mandara als Rührstab aufgewühlt wurde, um den Nektar der Unsterblichkeit daraus zu gewinnen. (Bernbaum 1990, S. 7) Zu diesem Mythos siehe: Wendy O'Flaherty, »Hindu Myths«, Baltimore 1975, S. 274–280.
67 Vgl. Bernbaum 1990, S. 7f., 259f. n. 11.
68 Quellen: Bernbaum, 1990, S. 20ff., 260 n. 37f.; Nebesky-Wojkowitz 1993, S. 201, 216–220 u. o. J.; Siiger 1955, 2/S. 185–189; Waddell 1985, S. 47–50.
69 Zu dieser Geschichte vgl. Waddell 1985, S. 47ff.
70 Dremo Jong oder Shong *(Bras-bmo-ljongs* bzw. *'Bras mo gshongs)* ist gemäß Waddell bzw. Nebesky-Wojkowitz Sikkim.
71 Eine etwas ausführlichere Version der Königswahl dieser Legende liefert Waddell 1985 auf S. 50, derzufolge ein Mann aus Kham zum Gyalpo auserwählt wurde. Vgl. auch Bernbaum 1988, S. 72.
72 Quellen: Bernbaum 1990, S. 7; Nebesky-Wojkowitz 1993, S. 220.
73 Siguniang Shan ist chinesisch und bedeutet der »Berg Vier Mädchen«, womit sich der Name auf die örtliche tibetische Legende beruft. In dieser Gegend leben Tibeter, Han, Hui und Qiang, auch einige Mandschus. Alle Nationalitäten bringen den »Vier Mädchen« Verehrung entgegen. Am dritten Tag des ersten Mondmonats ziehen alle, Alt und Jung, Frauen und Männer, ihre Festkleidung an und pilgern ins Changping-Tal, um den »Vier Mädchen« ihren Respekt zu bezeugen. Das Fest soll sieben Tage dauern. Während der ersten sechs Tage werden von Lamas Gebete an Buddha gerichtet und Schriften gesungen. Am letzten Tag versammeln sich die Leute zum Guozhuang-Tanz, bei dem sie in ihren Liedern die »Vier Mädchen« weiter um Schutz und Segen bitten. Neugeborene werden ins östlich sich anschließende Haizi-

Tal gebracht, wo sie mit dem Wasser eines Wawa-Hai genannten Sees (an der Ostseite der »Vier Mädchen«) gesegnet werden.
74 Der Gebirgsstock des Siguniang Shan umfaßt noch die etwas niedrigeren Gipfel Yiguniang (erstes, d. h. ältestes Mädchen), Erguniang (zweites Mädchen) und Sanguniang (drittes Mädchen).
75 Chin. *beimu*; botan. *Fritillaria thunbergii*.
76 Der Gipfel Yiguniang.
77 Zit. Nebesky-Wojkowitz 1993, S. 203.
78 Vgl. Hermanns 1965, S. 53: »Bei der großen Zahl der Berg-Ahnengeister gibt es noch manch andere Reihenfolgen, die sich dann nach örtlichen Verhältnissen richten.«
79 Hermanns 1965, S. 53.
80 Zit. Hoffmann 1950, S. 164.
81 Hermanns 1965, S. 334.
82 Nebesky-Wojkowitz 1993, S. 222.
83 Hummel 1957, S. 945.
84 Ebenda, S. 944.
85 Stein 1959, S. 480, n. 44; Tafel 1914, I, S. 202, n. 1; Rockhill 1894, S. 130.
86 Rock 1930, S. 160.
87 Hummel 1957, S. 944.
88 Stein 1959, S. 124.
89 A.a.O., S. 454.
90 Hummel 1957, S. 947.
91 Bernbaum 1990, S. 8.
92 Nebesky-Wojkowitz gibt eine große Zahl weiterer Berggottheiten mit ihren regionalen Zuständigkeiten an: 1993, S. 221 f.
93 Aus diesem Grund spricht auch Hermanns 1965, S. 52 f., von den gemeinsamen Wurzeln beider Kulturen in der Antike.
94 Anhänger des Jainismus, einer etwa zur Zeit des historischen Buddha Sakyamuni in Indien gegründeten Religionsgemeinschaft.
95 Adinath gilt als der erste aus einer Reihe von 24 Tirthankaras, »Furtbereiter« – jenen geistigen Meistern, welche die Grundlagen des Glaubens der Jainas über Jahrhunderte überlieferten. Der letzte, der 24. Tirthankara, war Mahavira, der den Jainismus als Religionsgemeinschaft begründete.
96 »Neun übereinandergeschichtete Swastikas«. Diese Bön-Bezeichnung bedeutet den neungestuften Weltenberg, über den die Götter und Geister auf die Erde herabsteigen können.
97 Nach Nebesky-Wojkowitz 1993, S. 223.
98 Bernbaum 1990, S. 12.
99 Govinda 1987, 10. Auflage, S. 305 f.
100 A.a.O.
101 A.a.O.

2. KAPITEL

1 Quelle: Maillart 1982, S. 84.
2 Eine ähnliche Version wird folgendermaßen geschildert: »In alter Zeit war das jetzige Seegebiet fruchtbares Weideland. In der Mitte war eine starke Quelle, aus der die Nomadenfrauen ihr Wasser schöpften. Eine Wasserholerin hat aus irgendeiner Verfehlung, die verschieden angegeben wird, unterlassen, die Quelle zuzudecken. Nun brach aus ihr ein großer Strom heraus, schwoll und schwoll und überschwemmte die ganze Gegend. Da zehntausend Familien ertranken, erhielt der so entstandene See den Namen Tso Thrishor Gyalmo *(mTsho khri-bshor rgyal-mo)*. Damit nicht die ganze Welt in der Flut versinke, hat eine Gottheit einen Fels auf die Quelle geworfen und sie so verstopft. Das ist die Insel im See, Tso Nying *(mTsho snying)*, ›Seeherz‹, genannt. Im See weilt nun der Wassergeist Lülön Changchub Sem *(kLu-blon byang-chub sems)*, ›Wassergeist-Minister Changchub Sem‹, der allen Flüssen Segen bringt.« Aus: Hermanns 1946–49, S. 841 f.
3 Nach Roerich 1958, S. 87, Anm. 1, existierten diese Legenden von der Insel im Kokonor bereits bei den Tuyuhun im 6. Jh.
4 Quelle: Hermanns 1946–49, S. 842.
5 Roerich 1958, S. 85–87.
6 Huc und Gabet 1855, S. 235–238.
7 Andere in der Literatur auftauchende Schreibweisen und Namen: Lhamo bLa Tsho, Cholamo, *C'os 'k'or rgyal gyi gnam mts'o*, »Life-power lake« *(bla mts'o)* of dMag zor ma; »Life-power lake« of dPal ldan lha mo Kalidevi; the bla mts'o of all the Dalai Lamas. Vgl. Ferrari 1958, S. 48 und S. 122 n. 207.
8 Ferrari, Alfonsa/Petech, Luciano: *Mk'yen brtse's Guide to the Holy Places of Central Tibet*. Rom 1958, S. 48.
9 Nach: Charles Bell 1931, Reprint New Delhi 1987, S. 159.
10 Der nachfolgende Text ist Originalton des 14. Dalai Lama, zitiert aus: *Dalai Lama 1962*, S. 16–20.
11 Quelle: Henss 1981, S. 38, 44, 278; ehemals auch *mTsho ma dros pa*, d. h. »Der See, der nicht warm wird«.
12 Quelle: Chodag 1991, S. 136 f.
13 Quellen: Kawaguchi 1979, S. 141 f.; Govinda 1987, S. 306–312.
14 Nach Henss 1981, S. 44.
15 Ähnliches gilt am positiv wirkenden Yamdrok-See und seinem dunklen, weiblichen Gegenpol, dem Dremo Tso. Vgl. → Der »Lebensspender« der Tibeter.
16 Quelle: Govinda 1987, S. 312.
17 Quellen: Tsewang Lündrub, Chishyu, Stellvertretender Kreisvorsitzender des Kreises Ombu im Distrikt Nagchu (Nordtibet); Tsering Yuchen 1993, S. 184 f.

18 Quelle: Nebesky-Wojkowitz 1993, S. 208.
19 Quelle: Ma Lihua, 1991, S. 15 f.
20 Quelle: Ebenda, S. 17.
21 Aussprache auch Selin Co/Tso, Lake Qilin, Dud Tso (»Teufels-See«).
22 Quelle: Ma Lihua, 1991, S. 34 f.
23 A.a.O., S. 36 f.
24 Vgl. Kap. 1 →Heiliger Berg der Bön, Mt. Targo.
25 Quelle: Ma Lihua, 1991, S. 62.
26 A.a.O., S. 54 ff.
27 A.a.O., S. 52
28 Vgl. Henss 1981, Nebesky-Wojkowitz 1993, S. 482; L. Petech in: Ferrari, 1958, S. 117/n. 163.
29 Schäfer 1989, S. 225.
30 Nach S. C. Das 1970, S. 139 f.
31 D. h. in den 49 Tagen, die zwischen Tod und Wiedergeburt vergehen.
32 Henss 1981, S. 258 n. III, 7.
33 Nach S. C. Das 1970, S. 136.
34 A.a.O., S. 139.
35 Gruschke 1988, S. 24.
36 Nebesky-Wojkowitz 1953, S. 32.
37 Stein 1959, S. 454.
38 Hoffmann 1950, S. 237.
39 Wie z. B. in: *Short Summary of the Pure Names of Some of the Holy Places and Images of dBus and gTsang; Called the Seed of Faith*, von mKhyen-brtse, nach Ferrari 1958, S. 58 und S. 139, n. 390; *'Dsam-gling chen-po'i rgyas-bshad snod-bcud kun-gsal me-long*, von sMin-grol Nomun Khan, S. 16; 24; 39.
40 Petech, Anm. 390 in Ferrari 1958, S. 139.
41 Ma Lihua 1991, S. 37.
42 Nebesky-Wojkowitz 1993, S. 481 f.
43 A.a.O., S. 482. Die Lage des Sees konnte nicht ermittelt werden. Die Bezeichnung Jang, Norden, und der Landschaftsname Namru sprechen für einen See im nordöstlichen Changthang.
44 Nebesky-Wojkowitz 1993, S. 482.

3. KAPITEL

1 Siehe Andreas Gruschke: »Changthang – Nationalpark auf den Dach der Welt«. In: *Ärztliches Reise- und Medizin Journal*, 21. Jahrgang (1997), Nr. 1, S. 16–24.
2 Quelle: Tsering Yongdol, »Why do All the Mountains in Jiangtang Tilt Westward«, in: Pankye Flowers *(Journal of the Tibetan*

Folklore Society), 1988, No. 2. Zitiert nach Ma Lihua 1991, S. 318.
3 Quelle: Ma Lihua 1991, S. 30f.
4 Quelle: Ebenda, S. 233f.
5 Quellen: Norsang, Kader im Distrikt Nagchu (Nordtibet); Tsering Yuchen 1993, S. 174f.
6 Chin. *Zhajia Zangbu*.
7 Quelle: Ma Lihua 1991, S. 114f. Der Beschreibung nach eine Pflanze mit winzigen roten Blättern, die sich wie Flechten an den Boden schmiegen. Die Blätter hängen zusammen wie rote Wolken, die Wurzeln verflechten sich unter der Erde. Die Pflanze wird von den Leuten im nördlichen Changthang als Brennholz verwendet, das dann einen feinen Duft ausströmt, wenn es einmal brennt. Den botanischen Namen der Pflanze herauszufinden, war mir bislang nicht möglich.
8 Quellen: Tsechen, Ortsvorstand des Dorfes Ombu, und Dawa in Dangchung im Distrikt Nagchu (Nordtibet); T. Tsering Yuchen 1993, S. 188f.
9 Zit. Schäfer 1988, S. 43.
10 Quellen: Gruschke 1993, S. 41ff.; Ma Lihua 1991; Zhang Yuguang, *The Land of Mountain Deities*, Lhasa 1987 *(Legends about Salt Transports)*, nach Ma Lihua 1991, S. 319f.
11 Natriumkarbonat.
12 Aus einem Stamm tun sich für die monatelange Karawanentour Mitglieder verschiedener Familien zusammen, um die schwere Arbeit gemeinsam zu erledigen. In früheren Zeiten war dies lebenswichtig, um sich gegen Räuber behaupten zu können. Eine Gruppe besteht aus mindestens vier Männern, von denen jeder im Schnitt für 35 Yaks verantwortlich ist. Da ein Yak imstande ist, etwa einen Zentner Salz zu tragen, werden von einer solchen Vierergruppe im Laufe eines Tages 14 Tonnen Salz des Morgens den Tieren auf- und abends wieder abgeladen. Kein Wunder also, daß unterwegs nicht selten einige der Tiere, die während des Transports grasen und deshalb kaum mehr als zwanzig Kilometer am Tag zurücklegen können, vor Erschöpfung eingehen. Das kommt bei den Schafen häufiger vor, da sie – im Gegensatz zu den strapazierfähigeren Yaks – wegen der zu großen Zahl der Herdentiere, nicht täglich neu beladen werden können und ihre Last deshalb Tag und Nacht mit sich herumtragen müssen.
13 S. C. Das (1881)-1984, S. 32 und E. Haarh, 1969, S. 332.
14 Zhang Yuguang, a.a.O. wie (9), nach Ma Lihua 1991, S. 320.
15 Ma Lihua 1991, S. 42.
16 Diese ist aber nicht schichtspezifisch, da dieselben Männer zu Hause bei ihren Familien ihr normales Idiom benutzen und nur

unterwegs während des Salzhandels zu dieser merkwürdigen »Geheimsprache« verpflichtet sind. Üblicherweise wird das damit erklärt, daß sich während der monatelangen Abwesenheit in Verbindung mit einer völlig anderen Lebensweise ein Slang herausgebildet hat.
17 Zitiert nach Gruschke 1993, S. 42 f.
18 Der Salzhandel im tibetisch-nepalesischen Raum erfuhr in der Mitte unseres Jahrhunderts starke Veränderungen. Er wurde auf tibetischer Seite von den Drokpas getragen, die das Salz in Orten wie dem westtibetischen Purang (nepalesisch: *Taklakot*) oder in Humla in Nepal auf die Märkte brachten. Im ganzen Himalaya-Raum waren die Abnehmer die sogenannten Bhotias, also tibetischstämmige Bergvölker – im westnepalesisch-indischen Grenzraum z. B. die Humli-Khyampas. Teile dieser Stammesgruppen zogen ständig zwischen dem mittleren Bergland Nepals, wo sie das Salz gegen Reis eintauschten, und dem tibetischen Grenzgebiet hin und her. Weil zum einen seit den dreißiger Jahren allmählich Salz aus dem indischen Tiefland auf die Märkte des Himalaya-Königreiches Nepal gelangte und deshalb der Wert des Salzes fiel, und zum andern in den sechziger Jahren in die Hände einer Staatshandelsgesellschaft gelegt wurde, verloren die Drokpas ihren wichtigsten Absatzmarkt. Auch der chinesische Einmarsch in Zentraltibet brachte den Grenzhandel zum Erliegen – in Tibets Westen zwar erst nach 1964, aber die Bevorzugung des jodhaltigen indischen Salzes in Nepal machte den Austausch ohnehin nicht mehr lohnend. Diese Entwicklung war für die tibetischen Drokpas und die Bhotias des Himalayaraumes gleichermaßen problematisch. Während manche Stämme in Nepal nur durch Veränderung ihres wirtschaftlichen und damit auch sozialen Gefüges überleben konnten, hatten die Nomaden Tibets zunächst die schwierige Zeit der Kulturrevolution durchzustehen; heute allerdings können sie die Einnahmen ihrer Viehzucht wieder durch Einkommen aus den Salzkarawanen ergänzen.
19 Quelle: Ma Lihua 1991, S. 78 f.
20 Die Ula war ein System von Frondienstleistungen, die durchreisenden Beamten erbracht werden mußten. Dazu gehörten Unterkunft und Verpflegung sowie das Stellen von Transporttieren, gegebenenfalls auch von Begleitern als Führer.
21 Quelle: Ma Lihua 1991, S. 79 f.
22 Quelle: Ebenda, S. 83 f.
23 Über das »Ammenmärchen« der nicht jagenden Tibeter siehe Gruschke 1993 bzw. Müller/Raunig, *Der Weg zum Dach der Welt*, Innsbruck o. J., S. 31.

24 Quellen: Tsongdre aus Amdo, Distrikt Nagchu; Wang Zhenhua 1992, S. 1–5.
25 Quelle: Ma Lihua 1991, S. 98 f.
26 Ebenda, S. 259 ff.
27 Ebenda, S. 37.
28 Hilton 1989, S. 60 f.
29 Ma Lihua 1991, S. 36.
30 Unter Mitwirkung von Dawa Phüntsog und Thubten, beides Fahrer aus Lhasa; Losang Dorje aus dem Kreis Bamgo und M. Loeschmann.

4. KAPITEL

1 Quelle: Ma Lihua 1991, S. 31 ff., 319.
2 Möglicherweise spiegelt dies die Auseinandersetzung wider, die entstand, nachdem das tibetische Reich durch den Zusammenschluß der zwei mehr oder weniger gleichberechtigten Reiche Bö und Shangshung so weit nach Norden ausgedehnt worden war: Es standen mehrere Orte zur Diskussion. Nach Ma Lihua (1991, S. 33) wären möglicherweise »vor der Gründung von Lhasa mehrere verschiedene Vorschläge diskutiert worden, bevor man sich für Momathang – die Kyichu-Ebene – als dem Bauplatz für das heutige Lhasa entschied. Das legt nahe, daß vor über eintausend Jahren die Zivilisation Tibets sich von Norden nach Süden verlagerte.« Oder auch von Shangshung im Nordwesten nach Lhasa im Südosten.
3 Quelle: Butön, nach Obermiller 1931/32, S. 184 f.
4 Gemäß einer bhutanesischen Überlieferung zumindest die in Bhutan gelegenen Tempelklöster Kyichu Lhakhang und Dumtse Lhakhang.
5 Transliteration: *sKa-tshal, Khra-'brug, gTsang-'gram, Grom-pa-rgyang; Kong-po bu-chu, Lho-brag-khom-mthing, sKa-brag, Bra-dum-rtse; rLung-gnog* (Byang-tshal), *'Dan-klong-thang-sgron-ma, Byams-sprin* und *Bum-thang-spa-gro-skyer-chu*. Nach Obermiller 1931/32, S. 184 f.; vgl. auch Henss 1981, S. 158, n. 3.
6 Der »Fünfgipflige Berg«, Wutai Shan, ist der nördliche der vier heiligen buddhistischen Berge Chinas. Vgl. den Kommentar S. 94 zum Kapitel über die Heiligen Berge.
7 Quellen: Chodag 1991, S. 56–58; Henss 1981, S. 41 f., 63 ff.
8 Jokhang ist die Kurzform für Jobo Lhakhang, d. h. »Haus des ehrwürdigen Buddhas«.
9 Möglicherweise dichte Auenwälder am Tsangpo-Ufer.
10 Quelle: Henss 1981, S. 70.
11 Nach anderer Überlieferung sei tatsächlich ein Angriff erfolgt. (Vgl. Henss 1981, S. 260, n. 59).

12 Quellen: Henss 1981, S. 172, 265 n. 1, 277; Kaschewsky 1971, S. 185/zit. nach Henss 1981, S. 265.
13 Die Klause lag oberhalb des späteren Klosters Sera nördlich von Lhasa.
14 Quellen: Kawaguchi 1979, S. 286f., Wylie 1962, S. 81.
15 Zit. Dowman 1982, S. 60–65.
16 Quellen: Das 1970, S. 156f., Huc und Gabet 1855, S. 258f., Laufer 1894–1910, in: Walravens 1976, S. 37f., Rockhill 1988, S. 214f.
17 Zit. Huc und Gabet 1855, S. 258f.
18 Zit. Jörg Lösel, *Tibet im Spielfilm*, Müller & Raunig o. J., S. 398.
19 Schäfer 1988, S. 26.
20 Chodag 1991, S. 55.
21 Schäfer 1988, S. 27.
22 Zit. Bishop 1989, S. 240f. Anmerkungen des Autors in Klammern.

5. KAPITEL

1 Zit. Bernbaum 1988, S. 9.
2 Um das Jahr 966 n. Chr. Wie alle anderen esoterischen Schriften gilt natürlich auch das Kalachakra-Tantra als eine von Buddha gepredigte Lehre, die aber als Geheimlehre lange im verborgenen geblieben ist. Vgl. Hoffmann 1956, S. 119–122.
3 Quellen: Bernbaum 1988, S. 65, 69f., 76; Reinhard 1978, S. 7–13, 16–28.
4 Ebenda, S. 75/76.
5 Ebenda, S. 20, 81f., 183; Karmay 1972, S. XXVIIIff., S. 15–26.
6 Quelle: Kalapa Jugpar im Tenjur, zitiert nach: Bernbaum 1988, S. 196–204.
7 Quelle und zit. nach: Bernbaum 1988, S. 14ff.
8 Ebenda, S. 48, 244, 282 n. 11
9 Quelle und z. T. zit. nach: Bernbaum 1988, S. 22f., 29ff., 244f.
10 Quelle und z. T. zit. nach: Bernbaum 1988, S. 248–255.
11 Bacot 1962, S. 92, zit. nach Bernbaum 1988, S. 32.
12 Die Zählung der Panchen Lamas variiert. Manche sehen Losang Palden Yeshe als dritten Panchen Lama an, da er der zweite Nachfolger von Losang Chögyi Gyaltsen ist, dem Lehrer des »Großen Fünften Dalai Lamas«. Letzterer hatte seinem Tutor in Anerkennung seiner großen Weisheit zum ersten Mal den Titel Pandita Chenpo Rinpoche, kurz Panchen Lama, verliehen. Entsprechend der postumen Verleihung des Dalai-Lama-Titels an die Vorgänger des ersten so bezeichneten Gelugpa-Hierarchen Sonam Gyatso wurde von manchen Tibetern, insbesondere aus Tsang, dem

Machtbereich der Panchen Lamas, drei Vorgängern Losang Chögyi Gyaltsens gleichfalls nachträglich der Titel Panchen Lama verliehen.

13 Im Sinne der einfachen Gläubigen ist diese Paradiesvorstellung wirklich als eine Art Götterhimmel aufzufassen (Bernbaum 1988, S. 17), während die gelehrten Lamas sich unter Shambhala bzw. Olmolungring ein »Reines Land« vorstellen – ein »Paradies« genannter Bewußtseinszustand, der den Adepten in den Stand versetzt, auf seinem Weg zur Erlösung größere Fortschritte zu machen.
14 Bernbaum 1988, S. 81f.
15 Hoffmann 1956, S. 121.
16 Zit. Hilton 1979, Neuaufl. 1989, S. 137.

IKONOGRAPHISCHES SKIZZENBUCH

1 Nebesky-Wojkowitz 1993, S. 256.
2 Sagaster 1991, Teil E, *Die Sadhanas der Sammlung sGrub-thabs 'Dod-'jo*, von Loden Sherab Dagyab, S. 255.
3 Schumann 1986, S. 173f.
4 Ebenda, S. 211f.
5 Rock Oct. 1930, S. 415.
6 Schumann 1986, S. 179, 181.
7 Lavizzari-Raeuber 1984, S. 197; Sagaster 1991, a.a.O., S. 208.
8 Hermanns 1965, S. 10f; Olschak 1987, S. 61.
9 Lavizzari-Raeuber 1984, S. 169.
10 Schumann 1986, S. 214.
11 Sagaster 1983, Teil B, *Sammlung Werner Schulemann im Museum für Ostasiatische Kunst*, Köln, B62.
12 Nebesky-Wojkowitz 1993, S. 69, 204; Tucci 1941, S. 48, S. 57 und 1956, S. 47.
13 Nebesky-Wojkowitz 1993, S. 68.
14 Bernbaum 1990, S. 21; Waddell 1985, S. 371.
15 Nebesky-Wojkowitz 1993, S. 204.
16 Kvaerne 1985, S. 23, 30.
17 Hummel 1957, S. 946–949; Nebesky-Wojkowitz 1993, S. 209 bis 213; Rock Feb. 1930, S. 185 und 1956, S. 108, 118f.
18 Bernbaum 1988, S. 22, 35, 245f., 294.
19 Nebesky-Wojkowitz 1993, S. 213.
20 Yungdrung Ling im Tsangpo-Tal, am Eingang der neuen Haupthalle, an der linken Seitenwand. Photo von 1994.
21 Schumann 1986, S. 159f.; Lavizzari-Raeuber S. 188ff.; Bernbaum 1988, S. 198f.
22 Schumann 1986, S. 354–358.

23 Bernbaum 1990, S. 7, 259, n. 10; Schumann 1986, S. 165.
24 Sagaster 1991, Teil E, *Die Sadhanas der Sammlung sGrub-thabs 'Dod-'jo*, von Loden Sherab Dagyab, S. 252.
25 Loden Sherab Dagyab, *Buddhistische Glückssymbole*, München 1992, S. 149f.
26 Nebesky-Wojkowitz 1993, S. 425.
27 Ebenda, S. 19, 427.
28 Ma Lihua 1991, S. 14f.; Nebesky-Wojkowitz 1993, S. 69, 205ff.
29 Schumann 1986, S. 243–255.
30 Bernbaum 1988, S. 29, 89, 178, 246, 248ff., 295.
31 Hoffmann 1950, S. 20ff. und 1956, S. 96f.
32 Kvaerne 1985, S. 22f.
33 Hoffmann 1950, op. S. 88 und 1956, S. 85,97.
34 *Lexikon der östlichen Weisheitslehren*, 1986.
35 Bernbaum 1988, S. 22, 237, 244f., 257f., 295; Hoffmann 1956, S. 120.
36 Berglie 1980, S. 41.
37 Maske im Bön-Kloster in Ombu am Nordufer des Dangre Yu Tso.
38 Kvaerne 1985, S. 22.
39 Kvaerne 1985, S. 22f.
40 Sagaster 1987, Teil C, *Die Kultplastiken der Sammlung Ernst Senner*, von Ursula Toyka-Fuong, S. 99–102.
41 Funke 1969, S. 76–82, 242–246; Nebesky-Wojkowitz 1993, S. 178ff.; Schumann 1986, S. 164ff.
42 Nebesky-Wojkowitz, 1993, S. 203f.

Textnachweis

Folgende Mythen und Legenden wurden direkt aus der Literatur zitiert. Die Quellen, die indirekt für die vorliegende Sammlung eine Rolle gespielt haben, finden sich in den Anmerkungen und im Literaturverzeichnis.

Der Pilgerweg um den Kailash
  aus: Govinda, Lama Anagarika: Der Weg der weißen Wolken. © Alfred Scherz Verlag: Bern/München/Wien, 10. Aufl. 1973, S. 327–331; 333–334.
Mutik Tängwar – Anleitung zum Gebet an Tserigma
  aus: Funke, F. W.: Berggeister und Berggötter, ihr Wesen und Kult. In: Religiöses Leben der Sherpa. Universitätsverlag Wagner: Innsbruck/München 1969, S. 242–246.
Der Orakelsee
  aus: Dalai Lama: Mein Leben und mein Volk. © Droemer Knaur Verlag: München 1962, S. 16–20.
Die Legende vom gesalzenen Buttertee
  aus: Schäfer, Ernst: Das Fest der weißen Schleier. Windpferd Verlagsgesellschaft: Durach 1988, S. 43.
Die Salzkarawanen der Drokpa
  aus: Gruschke, Andreas: Tibet. Weites Land auf dem Dach der Welt. Schillinger Verlag: Freiburg 1993, S. 42 f.
Drukpa Künleg bringt Tsongkhapa ein Opfer dar
  aus: Dowman, Keith: Der heilige Narr. © O. W. Barth Verlag im Alfred Scherz Verlag: Bern/München/Wien 1982, S. 60–65.
Die Reise nach Shambhala; Beschreibung des Königreiches Shambhala; Die Legende von Shakya Shambha; Geschichte und Visionen; Niedergang und Goldenes Zeitalter; Eine alte tibetische Geschichte...
  aus: Bernbaum, Edwin: Der Weg nach Shambhala. © Verlag Hermann Bauer: Freiburg i. Br. 1988, S. 14–16; 32; 196–204; 244; 246; 249–250; 253–255.

Bildnachweis

Bernbaum, Edwin: *Der Weg nach Shambhala.* © Hermann Bauer Verlag: Freiburg i. Br. 1988: S. 257.
Gruschke, Andreas: S. 46, 63, 86, 110, 175, 200, 212, 226, 228, 241, 243, 252, 259, 264.
Gruschke, Andreas: *Tibet. Weites Land auf dem Dach der Welt.* Schillinger Verlag: Freiburg i. Br. 1996: vorderes Umschlagbild, S. 30.
Hoffmann, Helmut: »Quellen zur Geschichte der tibetischen Bon-Religion«. In: *Abhandlungen der Akademie der Wissenschaften und der Literatur in Mainz,* 1950: S. 248.
Rinjing Dorje; Smith, Addison G.; Behr, Hans-Georg: *Die tolldreisten Geschichten von Onkel Tompa. Dem schlimmen Schalk aus Tibet.* Sphinx Verlag: Basel/München 1983: S. 181.
Sagaster, Klaus (Hrsg.): *Ikonographie und Symbolik des tibetischen Buddhismus:* © Otto Harrassowitz Verlag: Wiesbaden 1991: S. 95, 232, 245.
Schumann, Hans Wolfgang: *Buddhistische Bilderwelt. Ein ikonographisches Handbuch des Mahayana- und Tantrayana-Buddhismus.* Eugen Diederichs Verlag: München 2. Aufl. 1993: S. 37, 261.
Tatz, Mark/Kent, Jody: *Reise ins Nirvana. Das tibetische Orakelspiel von Karma und Wiedergeburt.* Heinrich Hugendubel Verlag: München 1993: S. 26.

Literatur

Bacot, Jacques: *Introduction à l'histoire du Tibet*. Paris 1962.
Baradijn, B.: *Reise nach Labrang*. Mitteilungen der Kaiserlichen Russischen Geographischen Gesellschaft, Bd. XLIV, 1908.
Batchelor, Stephen: *Der Große Tibet-Führer*. Berwang/Tirol 1988.
Becker, Andrea: *Eine chinesische Beschreibung von Tibet aus dem 18. Jahrhundert*. Diss. München 1976.
Bell, Charles: *The Religion of Tibet*. Oxford 1931, Nachdruck New Delhi 1987.
Berglie, Per-Arne: »Mount Targo and Lake Dangra: A Contribution to the Religious Geography of Tibet.« In: M. Aris & Aung San Suu Kyi (Hrsg.): *Tibetan Studies in Honour of Hugh Richardson*. New Delhi 1980, S. 39–43.
Bernbaum, Edwin: *Der Weg nach Shambhala*. Freiburg 1988.
Bernbaum, Edwin: *Sacred Mountains of the World*. San Francisco 1990.
Bielmeier, Roland/Herrmann, Silke: *Märchen, Sagen und Schwänke vom Dach der Welt*. Band 3, Sankt Augustin 1982.
Bishop, Peter: *The Myth of Shangri La*. London 1989.
Bleichsteiner, Robert: *Die Gelbe Kirche*, Wien 1937.
Bräutigam, H. (Übers.): *Märchen aus Tibet*. Frankfurt 1977, 3. Aufl. 1981.
Butön: *The History of Buddhism in India and Tibet*. Teil II von E. Obermiller: *History of Buddhism by Bu-ston*. Heidelberg 1931/32.
Chan, Victor: *Tibet Handbook. A Pilgrimage Guide*. Chico, Kalifornien 1994.
Chang, Garma C. C.: *The Hundred Thousand Songs of Milarepa*. Boston 1977.
Chattopadhyaya, A. (Hrsg.): *Sarat Chandra Das – Tibetan Studies*. Nachdruck, New Delhi 1984.
Chodag, Tiley: *Tibet. Land und Leute*. Beijing 1991.
Dai Anchang: *Siguniang Shan – Mountain Siguniang*. Chengdu 1990.
Dalai Lama: *Mein Leben und mein Volk*. München 1962.
Das, Sarat Chandra: *Journey to Lhasa and Central Tibet* (1902). Nachdruck New Delhi 1970.
Das, Sarat Chandra: »Early History of Tibet«. In: *Journal of the Asiatic Society of Bengal* (1881), S. 211 ff., Nachdruck in: Chattopadhyaya 1984, S. 25–55.
Das, Sarat Chandra: *Dispute between a Buddhist and a Bonpo Priest*

for the possession of Mount Kailasa and the Lake Manasa (1881). Nachdruck, Chattopadhyaya 1984, S. 18–24.

Das, Sarat Chandra: »Life and Legend of Tsoń-khapa«. In: *Journal of the Asiatic Society of Bengal* (1882), S. 53 ff. Nachdruck, Chattopadhyaya 1984, S. 142–148.

David-Néel, Alexandra: *La vie surhumaine de Guésar de Ling* (1931). (Engl. zus. mit Lama Yongden: *The Superhuman Life of Gesar of Ling*. Boulder 1981.)

David-Néel, Alexandra: *Unbekannte tibetische Texte*. München 1955.

Dowman, Keith: *Der heilige Narr*. Bern/München/Wien 1982.

Ellinger, Herbert: *Om. Das andere Denken*. Wien 1986.

Evans-Wentz, W. Y., *Milarepa. Tibets großer Yogi*. Bern 1978.

Ferrari, Alfonsa/Petech, Luciano: *Mk'yen brtse's Guide to the Holy Places of Central Tibet*. Rom 1958.

Filchner, Wilhelm: *Das Kloster Kumbum in Tibet*. Berlin 1906.

Filchner, Wilhelm/Unkrig, W. A.: *Kumbum Dschamba Ling*. Leipzig 1933.

Fischer-Schreiber, I./Ehrhard, F.-K./Friedrichs, K./Diener, M. S.: *Lexikon der östlichen Weisheitslehren*. Bern/München/Wien 1986.

Francke, A. H.: *Der Frühlings- und Wintermythus der Kesarsage*. Société Finno-Ougrienne (1902). Neuausgabe Osnabrück 1968.

Francke, A. H.: »gZer-myig. A book of the Tibetan Bonpos«. In: *Asia Major* 1924, 1926, 1927, 1930, 1939.

Fuhrmann, E.: *Die heiligen Bücher des Nordens*. Band I, Berlin 1925.

Funke, F. W.: »Berggeister und Berggötter, ihr Wesen und Kult«. In: *Religiöses Leben der Sherpa*, Innsbruck/München 1969.

Funke, F. W.: *Die Sherpa und ihre Nachbarvölker im Himalaya*. Frankfurt a. M. 1978.

Govinda, Lama Anagarika: *Der Weg der Weissen Wolken*. Bern/München/Wien 1973, 10. Aufl. 1987.

Grünwedel, A.: *Mythologie des Buddhismus in Tibet und der Mongolei* (1900). Nachdruck Osnabrück 1970.

Gruschke, Andreas: *Reich der Mitte*. Freiburg 1988.

Gruschke, Andreas: *Tibet. Weites Land auf dem Dach der Welt*. Freiburg 1993.

Gruschke, Andreas: *Weisheit der Tibeter*. Würzburg 1995.

Gruschke, Andreas: *Mythen und Legenden der Tibeter. Von Kriegern, Mönchen, Dämonen und dem Ursprung der Welt*. München 1996.

Gruschke, Andreas: »Changthang – Nationalpark auf dem Dach der Welt«. In: *Ärztliches Reise- und Medizinjournal*, 21. Jahrgang (1997), Nr. 1, S. 16–24.

Guo Cuiqin: »The Magnificent Mount Qomolangma«. In: *Explorer*, Tibetan Magazine, 3.Jg., special issue, Lhasa 1991, S. 25f.

Haarh, Erik: *The Yar-luṅ Dynasty*. Kopenhagen 1969.

Heissig, Walther (Übers.): *Mongolische Erzählungen*. Zürich 2. Aufl. 1986, S. 81–167.

Henss, Michael: *Tibet. Die Kulturdenkmäler*. Zürich 1981.

Hermanns, Matthias: »Schöpfungs- und Abstammungsmythen der Tibeter«. In: *Anthropos*, XLI/XLIV (Freiburg 1946–49), S. 275–298, 817–847.

Hermanns, Matthias: *Himmelsstier und Gletscherlöwe. Mythen, Sagen und Fabeln aus Tibet*. Eisenach/Kassel 1955.

Hermanns, Matthias: *Das Nationalepos der Tibeter gLing König Gesar*. Regensburg 1965.

Herrmann, Silke: *Kesar-Versionen aus Ladakh*, Asiatische Forschungen, Bd. 109, Wiesbaden 1991.

Hilton, James: *Der verlorene Horizont*. Frankfurt 1979, Neuauflage 1989.

Hoffmann, Helmut: »Quellen zur Geschichte der tibetischen Bon-Religion«. In: *Abhandlungen der Akademie der Wissenschaften und der Literatur in Mainz*, 1950.

Hoffmann, Helmut: *Mila Raspa*. München 1950.

Hoffmann, Helmut: *Die Religionen Tibets*. Freiburg/München 1956.

Hoffmann, Helmut: *Märchen aus Tibet*. Köln 1965, Neuauflage 1985.

Huc und Gabet: *Wanderungen durch die Mongolei nach Tibet zur Hauptstadt des Tale Lama*. Leipzig 1855.

Hummel, Siegbert: »Heilige Berge in Tibet«. In: *Anthropos* 52 (1957), S. 944–949.

Hummel, Siegbert: »Anmerkungen zur Gesar-Sage«. In: *Anthropos* 54 (1959).

Karmay, Samten G.: *The Treasury of Good Sayings: A Tibetan History of Bon*. London 1972.

Kaschewsky, Rudolf/Tsering, Pema: *Die Eroberung der Burg von Sum-pa* (Asiatische Forschungen Bd. 94). Wiesbaden 1987.

Kawaguchi, Ekai: *Three Years in Tibet* (1909). Nachdruck, Kathmandu 1979.

Kozlow, P. K.: *Mongolija i Kam*. St. Petersburg 1906.

Kozlow, P. K.: *Mongolei, Amdo und die tote Stadt Chara-Choto*. Berlin 1925.

Kvaerne, Per: *Tibet. Bon religion. A Death Ritual of the Tibetan Bonpos*. Leiden 1985.

Loden Sherab Dagyab Rinpoche: *Buddhistische Glückssymbole*. München 1992, 2. Aufl. 1996.

Laufer, Bertold: *Zur Geschichte des Schminkens in Tibet*

(Publikationen aus der Zeit von 1894 bis 1910, hrsg. v. H. Walravens). Wiesbaden 1976, S. 36f.
Laufer, Bertold: *Der Roman einer tibetischen Königin*. Leipzig 1911.
Lavizzari-Raeuber, Alexandra: *Thangkas. Rollbilder aus dem Himalaya. Kunst und mystische Bedeutung.* Köln 1984.
Lexikon der östlichen Weisheitslehren. München/Zürich/Wien 1986.
Ma Lihua: *Glimpses of Northern Tibet.* Peking (Beijing) 1991.
Mabbett, I. W.: »The Symbolism of Mount Meru«. In: *History of Religions*, 23, Nr. 1 (1983), S. 64–83.
Maillart, E.: *Oasis interdites.* Lausanne 1982.
Mandala, Patrick: *Sva Dharma. Contes du bouddhisme tibétain.* Paris o. J., S. 117–120.
Müller, Claudius C./Raunig, Walter: *Der Weg zum Dach der Welt.* Innsbruck o. J.
Nebesky-Wojkowitz, René de: »Hochzeitslieder der Lepchas«. In: *Asiatische Studien.* Zürich 1953, VI, 1–4, S. 30–40.
Nebesky-Wojkowitz, René de: *Oracles and Demons of Tibet.* Den Haag 1956, Nachdruck Kathmandu 1993.
Nebesky-Wojkowitz, René de: *Where the Gods Are Mountains: Three Years Among the People of the Himalayas.* New York o. J.
Norbu, N.: *The Necklace of gZi. A Cultural History of Tibet.* Dharamsala 1981.
Obermiller, E.: *The History of Buddhism in India and Tibet by Bu-ston.* Heidelberg 1932, Nachdruck Delhi 1986.
Olschak, Blanche Christine: *Tibet: Erde der Götter.* Zürich 1960.
Olschak, Blanche Christine: *Perlen alttibetischer Literatur.* Wald/Zürich 1987.
Paul, Robert A.: *The Sherpas of Nepal in the Tibetan Cultural Context.* Delhi 1989.
Pörzgen, H.: »Entdeckung einer versunkenen Kultur«. In: *Frankfurter Allgemeine Zeitung*, Nr. 92, 18. April 1962, S. 24.
Reinhard, Johan: »Khembalung: The Hidden Valley«. In: *Kailash, Journal of Himalayan Studies*, Bd. VI, 1978, Nr. 1, S. 5–35.
Rinjing Dorje/Smith, Addison/Behr, Hans-Georg: *Die tolldreisten Geschichten von Onkel Tompa, dem schlimmen Schalk aus Tibet.* Basel 1983.
Rock, J. F.: »Seeking the mountains of mystery«. In: *The National Geographic Magazine*, Bd. LVII, Nr. 2 (Feb. 1930), S. 131–185.
Rock, J. F.: »The Glories of the Minya Konka«. In: *The National Geographic Magazine*, LVIII, No. 4 (Okt. 1930), S. 385–437.
Rock, J. F.: *The Amnye Mach-chhen Range and Adjacent Regions.* Rom 1956.
Rock, J. F.: »Contributions to the Shamanism of the Tibetan-Chinese Borderland«. In: *Anthropos* 54, 1959.

Rockhill, W. W.: *The Land of the Lamas. Notes of a Journey through China, Mongolia and Tibet.* London 1891, Nachdruck New Delhi 1988.

Roerich, G. de: »The Epic of King Kesar of Ling«. In: *Journal of the Royal Asiatic Society of Bengal,* Letters, Bd. VIII, Nr. 2, 1942, S. 277–311.

Roerich, G. de: *The Blue Annals.* Kalkutta 1949.

Roerich, G. de: *Le Parler de l'Amdo* (Serie Orientale Roma, Bd. XVIII). Rom 1958.

Sagaster, Klaus (Hrsg.): *Ikonographie und Symbolik des tibetischen Buddhismus.* Wiesbaden (Teil B) 1983, (Teil C) 1987, (Teil E) 1991.

Satya Ho Publications: *Svoyambu Historical Pictorial.* Kathmandu 1985.

Schäfer, Ernst: *Das Fest der weißen Schleier.* Durach 1988.

Schäfer, Ernst: *Über den Himalaya ins Land der Götter.* Durach 1989.

Schiefner, A.: *Das Bonpo Sutra: »Das weiße Naga-Hunderttausend«.* St. Petersburg 1880.

Schmidt, I. J.: *Die Thaten Bogda Gesser Chan's, des Vertilgers der Wurzel der Zehn Übel in den Zehn Gegenden – Eine historische Heldensage* (Kaiserliche Akademie der Wissenschaften). Sankt Petersburg 1839.

Schumann, Hans Wolfgang: *Buddhistische Bilderwelt. Ein ikonographisches Handbuch des Mahayana- und Tantrayana-Buddhismus.* München 2. Aufl. 1993.

Senft, W.: *Tibets Götter leben.* Graz/Stuttgart 1983.

Siiger, Halfdan: »A Cult for the God of Mount Kangchenjunga. Among the Lepchas of Northern Sikkim«. In: *Actes du IVe congrès international des sciences anthropologiques et ethnologiques,* Wien 1955, 2, S. 185–189.

Snellgrove, David: *The Nine Ways of Bon.* London 1976.

Snellgrove, David/Richardson, Hugh E.: *A Cultural History of Tibet.* Boston 1986.

Stein, R. A.: *Recherches sur l'épopée et le barde au Tibet.* Paris 1959.

Stein, R. A.: *Die Kultur Tibets.* Berlin 1993.

Tafel, Albert: *Meine Tibetreise.* Stuttgart/Berlin/Leipzig 1914.

Tatz, Mark/Kent, Jody: *Karma. Durch Wiedergeburt zur Befreiung.* Düsseldorf und Köln 1978.

Tshering-thar: »The Ancient Zhang Zhung Civilization«. In: *Tibet Studies* (Journal of the Tibetan Academy of Social Sciences), 1989, Nr. 1, S. 90–104.

Tsering Yuchen, T.: *Zangbei minjian gushi* (chines., *Alte Volkserzählungen aus Nordtibet*). Lhasa 1993.

Tucci, Giuseppe: *Indo-Tibetica (Gyantse ed i suoi monasteri).* Bd. IV.1. Rom 1941.
Tucci, Giuseppe: *Tibetan Painted Scrolls.* Rom 1949.
Tucci, Giuseppe: *To Lhasa and Beyond.* Rom 1956.
Tucci, Giuseppe: »Die Religionen Tibets«. In: G. Tucci und W. Heissig, *Die Religionen Tibets und der Mongolei.* Stuttgart/Berlin/Köln/Mainz 1970.
Waddell, Austine: *The Buddhism of Tibet or Lamaism.* London 1895; Nachdruck *Buddhism and Lamaism of Tibet,* New Delhi 1985.
Wang Zhenhua: *Xueyu gushi xinyi* (chines., *Neu übersetzte Geschichten aus dem Schneeland*). Lanzhou 1992.
Wei Tang: »Wie es kam, daß die Prinzessin Wen Cheng den König von Tibet heiratete«. In: *China im Aufbau,* Januar 1986, S. 67.
Wylie, Turrell V.: *The Geography of Tibet according to the 'Dzam-gling-rgyas-bshad.* Rom 1962.
Xie Zuo, Gesangben/Ling, He: *Qinghai de siyuan* (chines., *Klöster in Qinghai*). Xining 1986.
Ye Xiaojun: *Xibei de mingsheng guji* (chines., *Die Kulturdenkmäler des Nordwestens*). Yinchuan 1987.
Yu Naichang: *Xizang minjian gushi – Di wu ji: Luobazu, Menbazu* (chines., *Alte Volkserzählungen aus Tibet – Bd. 5, Lhopa und Mönpa*). Lhasa 1989.
Zhu Xianlu: *Qinghai Lüyou Shouce* (chines., *Reisehandbuch Qinghai*). Xining 1988.

Register

Wegen unterschiedlicher Quellen, mangelhafter Übertragungen und Dialektunterschieden ließen sich Fehler und Ungereimtheiten in der Transkription nicht ganz vermeiden. Zudem sind manche Namen und Begriffe in einer bestimmten Schreibweise bei uns bekannt, die zu ändern gerade aus diesem Grund nicht geboten war (z. B. Changthang statt Jangthang). Die Artikulation der Wörter kommt der richtigen tibetischen Aussprache (Lhasa-Hochsprache und, gelegentlich, Dialekte) meistens dann am nächsten, wenn die lateinischen Buchstaben als Vokale auf deutsch und die Konsonanten (insbesondere j, ch, sh, r) auf englische Art und Weise ausgesprochen werden. Ein auf einen Konsonanten folgendes »h« bedeutet in der Regel Aspiration; bei den Konsonanten p und s wurde wegen der Verwechslungsmöglichkeit mit »ph« (f) und »sh« (sch) auf das »h« als Hinweis für die Aspiration verzichtet. Die Transliteration ist in kursiver Schrift gehalten. Wenn bei Begriffen der tibetische und der Sanskritname aufgeführt sind, beziehen sich die Seitenangaben nur auf den erstgenannten.

Acharya 250, 252
Acht Herren der Pferde *(rTa-bdag brgyad)* 42, 239
Affe 68
Ahnen, -geister, -gottheit 88 ff., 91
Ahnenkult 90 f.
Amdo *(mdo-stod)* 22, 57 f, 61, 90, 92, 102, 159, 228 f
Amitabha (tibet. → Öpame) 28, 30, 99, 118, 222, 230
Amnye Machen *(A-myes rMa-chen)* 21 f., 57 ff, 90, 92, 229, 242
Amnye Nyenchen *(A-myes gNyan-chen)* 61, 92
Anavatapta 116 ff
Animismus, animistisch 89, 163
Aniruddha 218
Asura 27
Atisha 54, 184
Avalokiteshvara (tibet. Chenresi) 32, 35, 54, 172 f, 180, 192, 201, 221, 227, 229, 241

Bamgo 136, 169
Bamgo Tso 137, 169

Berggott, -göttin, -heit 67, 69, 72f, 83, 85, 87ff, 121, 139, 263
Bhrikuti (tibet. → Lhachig Tritsun) 173, 191
Bhutan (tibet. → Druk-Yül) 74, 84f, 127, 172, 231
Blauer Garuda (tibet. → Chungngön) 92, 228
Bö *(Bod)* 41, 65, 169, 190
Bodhisattva 32, 59, 78, 111, 115, 179f, 182, 201, 229
Böje Lha *(Bod-rje'i lha)* 42
Bön *(Bon)* 68, 89, 96, 102, 116, 134, 199, 240
Bönri *(Bon-ri)* 21, 23, 41, 64ff, 90
Brahma 24, 115f, 255
Brahmaputra (tibet. Yarlung → Tsangpo) 29, 99, 117
Brungmo *('Brug-'mo)* → Drukmo
Buddha 89, 156, 230
Butön *(Bu-ston)* 195
Butter 75
Buttertee 145ff, 152

Chakyepo *('Phyags-skyes-po)* → Virudhaka
Chammo Shelsan *(lCam mo shel bza')* 240
Chana Dorje *(Phyag-na rdo-rje)* = Vajrapani 44, 52, 227
Chang (Gerstenbier) 145
Chang Jiang (»Jangtsekiang«), tibet. → Dri Chu 102, 142
Chang'an 173f, 177
Changgi Tsa *(Byang-gi Tshwa)* 148
Changping-Tal 85f
Changthang, Jangtang *(Byang-thang)* 23, 43f, 70f, 90, 101f, 120, 123f, 131, 134, 135ff, 190
Chem *(sKyems)* 131
Chenresi *(sPyan-ras-gzigs)* 52, 59, 62, 111, 227, 229
Chilkhor *(Kyil-khor)* 55
China 88, 94, 190, 195, 208, 218
Chinesen, chinesisch 193
Chingwa Tagtse *('Phying-ba'i stag-rtse)* 68, 91
Chögyong *(Chos-skyongs)* 90
Chokhar Gyalkyi Namtso 109
Chola Tshaltse *(Cog-la tshal-rtse)* 94
Chomolangma *(Jo-mo-glang-ma)* 23, 75, 79ff, 231, 247
Chomolhari *(Jo-mo-lha-ri)* 21, 23, 74f, 231
Chonggye *('Phyong-rgyas)* 91
Chöpen Drinsangma *(Cod-pan mgrin-bzang-ma)* 78, 80, 262
Chüemo-Berge 160f
Chungngön *(Khyung-ngon)* 92, 228

Dagpo *(Dwags-po)* 55, 91, 109
Dakini *(mKha'-'gro-ma)* 51, 76, 78, 209, 211, 231 ff
Dakini Khadoma
Dalai Lama, tibet. Gyalwa Rinpoche *(rGyal-ba Rinpoche)* 14, 83, 109 ff, 180
Dangchung Yuyi Surpu *(Dang-chung gyu-yi zur-phud)* 70, 258
Dangre Yu Tso *(Dangs-ra'i gYu-mtsho)* 23, 69 f, 101 f, 125 f, 133, 136, 143, 145, 256 ff
Dejung *(bde 'byung)* → Shambhala
Demchok *(bDe-mchog)*, Sanskrit → Samvara 28, 31, 48, 52, 53, 96 ff, 233, 238
Devikota 53
Dharmapala (tibet. Chögyong) 43, 90 237, 249, 262 f
Dhritarashtra, tibet. Yülkhorsung *(Yul-'khor-bsrung)* 25, 99
Donnergott 62, 234
Dorje Drag *(rDor-je grags)* 49
Dorje Jigje 53
Dorje Kunsangma 77, 260 f
Dorje Lodrö *(rDo-rje blo-gros)* 62, 234
Dorje Pagmo *(rDo-rje phag-mo)*, Sanskrit → Vajravarahi 32, 78, 128, 233 ff, 263
Dorje Shonnu *(rDo-rje gzhon-nu)* 45
Dorjelutru (s. auch → Dorje Lodrö) 62, 234
Dowa Changse *(mDo-ba Chang-ses)* 147
Drache 78, 82, 125, 242, 262
Drachenkönig 116
Drakmar 50 f
Dralha *(dGra-lha)* 93, 236
Dremo Jong/Shong *(Bras-bmo ljongs/'Bras mo gshongs)* 83
Dremo Tso *('Bras-mo mtsho)* 127 f, 134
Drena *([s] Pre-sna)* 67, 69
Dri Chu *('Bri Chu)* (s. auch → Chang Jiang) 102, 139 ff, 160
Drigum Tsenpo *(Gri-gum btsan-po)* 68
Drigung *('Bri-gung)* 75
Drintang 48, 50 f, 53
Drokpa *('Brog-pa)* 147
Drukmo *('Brug-uma* bzw. *'Brug-umo, 'Brug-'mo)* 161
Drukpa Künleg *('Brug-pa Kun-legs)* 181 ff, 188, 193 f
Dsungaren 128
Dud *(bDud)* 43
Dud Aachung 123 f, 137 f
Dud Tso *(bDud mTsho)* = Siling Tso *(Zi-ling mTsho)* 123
Dükhor *(Dus-'khor)* 225, 237

Ei (Eier) 182
Ekajati *(E-ka ja-tri sde-bdun)* 201, 210, 235
Elefant 67, 82, 125, 133, 136
Elemente 174
Erdherren (tibet. → Sadag) 94

Fee, feenhaft 73, 87
Fruchtbarkeit 93f, 258, 262
Fünf Feen 74, 79, 84, 260ff

Ganden *(dGa-'ldan)* 58, 178ff, 221
Garuda 236, 241, 253
Gaurishankar 21, 23, 74ff, 236, 260
Gelber Fluß (tibet. → Ma Chu) 22, 57
»Gelbmützen« 61, 79
Gelugpa *(dGe-lugs-pa)* 58, 61, 89, 196, 233
Genyen Kulahari *(dGe-bsnyen Ku-la-ha-ri)* 41f, 239
Gerste 45, 122, 143ff, 185
Gesar (auch Kesar) 13, 42, 57, 60, 92, 130, 137, 161, 197, 236, 239
Goldenes Zeitalter 61, 217, 218ff, 222
Golok (im Amdo-Dialekt: → Ngolok)
Gönjoma 126
Götterwelt 127
Guru Rinpoche (Sanskrit → Padmasambhava) 123, 237, 250ff
Gya Kang 73
Gyajin Semo Namtso *(brGya-byin-sras-mo gNam-Tsho)* 121
Gyangtho *(Gyang-mtho)* 66
Gyantse *(rGyal-rtse)* 22, 239
Gyaring Tso 103, 120, 124, 165
Gyegang Tashi Nagtsang 138f

Hanumanda 220
Himalaya 21, 52, 74f
Himmel 97, 144
Himmelsbote 231
Himmelssee *(gNam Tsho)* 109, 120f
Himmelsseil, -leiter 91
Hirtenkrieger 88, 93
Hor 94
Huc 181
Hund 45, 122
Hungergeister 207

Initiationsgottheit, -göttin 231

Jachung Gompa *(Bya-Khyung dGon-pa)* 179
Jainas 20, 96
Jambhala *(Dsam-bha-la)* 237, 263
Jambudvipa *(Dzam-bu gling)* 117, 208
Jamyang Shepa *('Jam-dbyangs bZhad-pa)* 61
Jang *('Jang)* 94
Jang Namru Tso *(Byang gNam-ru mtsho)* 134
Jangri Mugpo *('Jang-ri smug-po)* 94
Jangtang *(Byang-thang)* → Changthang
Jiuzhaigou 129
Jobo Rinpoche 177f
Jolhamo Chenmo 171
Jomolhari → Chomolhari
Jowo Rimpoche → Jobo Rinpoche

Kagyü, -pa 50, 232
Kailash 12, 20ff, 28ff, 53, 70f, 89f, 96ff, 115, 132, 199, 227, 234, 256, 258
Kalachakra, tibet. Dükhor *(Dus-'khor)* 195, 215, 235, 237f, 256
Kalapa 201, 256
Kang Rinpoche *(Gangs Rin-po-che)* 21, 96, 238
Kang Tise 28ff, 96
Kangchenjönga *(Gangs-chen mjod-lnga)* 23, 81ff, 91, 93, 197, 238, 263
Kangwa Sangpo *(gNod-sbyin Gang-ba bzang-po)* 94, 239, 248, 264
Karma, Karman, karmisch 229
Karnali 21, 29, 99, 117
Karthigmo *(dKar-thig-mo)* 236
Kesar *(Ge-sar)* → Gesar
Khembalung *(mKhan-pa-lung)* 196ff, 222
Khorlo Demchog *('Khor-lo bDe-mchog)* 91, 98, 134
Khumbila 80f
Khumbu 81, 196, 236, 247
Khyapa Laring *(Khyab-pa lag-rings)* 65f
Kyilkhor → Chilkhor
Khyung 73, 82, 253
Kiang 136, 151, 231, 262
»Klein-Lhasa« 169f, 188f
»Knister-Strauch« 142f
Kokonor, tibet. → Tso Ngompo *(mTsho sNgon-po)* 57, 92, 101, 103ff, 130

Konglo Chu 82, 91
Kongpo 23, 55, 64f, 67, 83
Kongpo Ri *(Kong-po ri)* 44, 67
Konka Gompa *(Gangs-dkar dGon-pa)* 62
kosmische Achse 96ff
Kubera 81, 94, 99, 236f, 239
Kula Kangri *(sKu-la mkha'-ri)* 22, 41f, 88, 239
Kulika *(Rigs-ldan)*, -Könige 215, 242, 253
Kumbun 112
Kunchen Jamyang Shepa → Jamyang Shepa
Künga Legpa Sangpo *(Kun-dga' Legs-pa'i bZangpo)* → Drukpa Künleg
Kuntu Sangpo *(Kun-tu bzang-po)* 64, 240
Kyochen Dangra *(sKyog-chen sdang-ra)* 57

La *(bLa)* 103, 133
Lachigang *(La-phyi-gangs)* → Lapchi Kang 48, 80
La-ne *(bLa-gnas)* 133
Lantsa *(lan-tshwa)* 148
Lapchi Kang 21f, 47ff, 53
Lawapa 54
Lepcha 82, 91
Lha 43, 68, 263
Lhachig Kongjo *(Lha-gcig Kong-jo)* → Wencheng
Lhachig Tritsun *(Lha-gcig Khri-btsun)* → Bhrikuti
Lhamoi La Tso *(Lhamo'i bLa Tsho)* 102, 109ff
Lhanag Tso *(Lha-nag mTsho)*, Sanskrit → Rakas Tal 118, 131
Lhari Gyangtho *(lHa-ri Gyang-(m)tho)* 66f
Lhasa *(Lha-sa)* 12, 22, 43, 55, 74f, 83, 108f, 119, 151, 169ff, 173 187ff
Lhatsün Chembo *(Lha-btsun chen-po)* 83f
Linga 256
Lokapala 24, 90, 99, 239, 250
Losang Palden Yeshe *(bLo-bzang dPal-ldan Ye-shes)* 222
Lotos, -blüte 98, 118, 125, 210, 242
Lü *(kLu)*, Sanskrit → Naga 127, 130, 168, 173, 191

Machen Kangri *(rMa-chen gangs-ri)* 57, 59, 92
Machen Pomra *(rMa-chen spom-ra)* 57ff, 89f, 92, 94, 138, 162, 229, 240ff
Ma Chu *(rMa chu)*, s. auch → Gelber Fluß 22, 57, 92, 94, 101, 159, 240
Magyal Pomra *(rMa-rgyal sPom-ra)* 57, 90, 240, 242
Maitreya *(Byams-pa)* 172, 230

Manasarovar, tibet. → Mapam Tso *(Ma-pham gYu mTsho)* 29, 34, 70, 102, 115ff, 118, 130f
Mandala, tibet. Chilkhor *(dKyil-'khor)* 214, 215, 256
Mandarava 251
Manjushri *('Jam-dpal* bzw. *'Jam-pa'i-dbyangs)* 32, 52, 179, 201, 215, 227, 242
Manjushrikirti *('Jam-dpal Grags-pa)* 216f, 224, 242
Mantra 202f
Mapam Tso *(Ma-pham gYu-mtsho)*, Sanskrit → Manasarovar-See 35f, 115ff, 118, 130
Marici 203, 234, 244
Marig *(rMa-rigs gsum-brgya-drug-chu)* 58
Markardu 139f
Marpa 50, 246
Marpori *(dMar-po ri)* 43, 189
Marsorma, Magsorma *(dMag-zor-ma)* 109
Meer 205
Meru *(Ri-rab lhün-po)* 21, 24ff, 96, 98, 245, 260
Migmisang *(Mig-mi-bzang)*, Sanskrit → Virupaksha
Milarepa *(Mi-la-ras-pa)* 22, 34ff, 47ff, 75, 96f, 245
Minya Konka *(Mi-nyag Gangs-dkar)* 21f, 62ff, 234, 246
Miyo Langsangma *(Mi-g.yo glang-bzang-ma)* 80, 231, 247
Miyo Losangma *(Mi-yo g'yo blo-bzang-ma)* 78, 80, 262
Mongolen, mongolisch 106, 127f, 185, 225
Mönlam 178
Mt. Everest, tibet. → Chomolangma 21, 23, 79ff, 231, 247
Mutig Tsenpo 250

Naga = Lü *(kLu)* 24f, 127, 168, 207
Nagchu 135
Nam Tso *(gNam mTsho)* 43, 46, 102, 119ff, 131
Nampar Gyalpo *(rNam-par rgyal-po)*, s. auch → Shenrab 247, 260
Namre Serchen 239
Namri Songtsen *(gNam-ri srong-btsan)* 147
Namthöse *(gNam thos sras)*, Sanskrit → Vaisravana 25, 42, 262f
Naro Bönchung *(Na-ro bon-chung)* 34ff
Nepal 83, 191, 238
Ngari *(mNga'-ris)* 135
Ngolok *(mGo-log)* 57, 92, 228, 240
Nirvana 97, 100, 229
Nöjin *(gNod-sbyin)*, Sanskrit → Yakshas 25, 263
Nöjinkangsang *(gNod-sbyin gangs-bzang)* 22, 41f, 88, 93, 239, 248, 264
Nöjin Kangwa Sangpo *(gNod-sbyin Gang-ba bzang-po)* 41f, 239

Nomaden, -nomaden 146, 148
Norlha 239
Nyatri Tsenpo *(Nya(g)-khri btsan-po)* 41, 68, 263
Nyen *(gNyan)* 43, 57, 240
Nyenchen Thanglha *(gNyan-chen thang-lha)* 21f, 41, 43ff, 88f, 94, 121, 169, 248
Nyingma, -pa 74ff, 251

Öde Gunggyal *(Od-de gung-rgyal)* 88f
Olmolungring *(Ol-mo-lung-ring)* 65, 199f, 223
Ombu 70, 143, 154, 162, 164
Ongcho, s. → Wencheng
Öpame *('Od-dpag-med)*, Sanskrit → Amitabha 156
Orakel 111
Öser Chenma *('Od-zer can-ma)* 244
Othang-See *('O-thang-gi mTsho)* 172, 176, 191

Padmasambhava *(Gu-ru Rin-po-che)* 14, 42, 43ff, 54, 62, 70, 75, 90, 97, 105, 119, 123f, 127, 196, 237, 249ff, 263
Panchen Lama *(Pandita chenpo Rinpoche)* 242
Parikrama 58, 100
Paro, -Fest, -Tal 246, 251
Pemakö *(Pad-ma-bkod)* 222
Pfeil 66, 72, 87, 93
Potala 43, 110, 173, 180f
Punggya Thalkarring *(Phung g'yag Thal dkar-ra-ring)* 147

Qiang 24, 189f
Qinghai Hu, Qinghai-See = Kokonor 101
Qomolangma → Chomolangma

Rakas Tal *(Lha-nag mTsho, Lag-ngar mTsho)* 102, 115, 118f, 131
Rakya 58, 92, 229
Ramding Nan Puk 52f
Ramoche 177, 182
Rasa *(Ra-sa)* 173, 191
Rechungpa *(Ras-chung-pa)* 49ff
Rirab Lhünpo (Sanskrit → Meru) 24ff
Rishi Adalmo 139ff
Riwo Tsenga *(Ri-bo rtse-nga)* 94, 173
Rongkhor *(Rong-khor)* 53, 55
Rongpas 82
Rongshar 48, 53

»Rotmützen« 61
Rudra Chakrin *(Rigs-ldan Drag-po 'Khor-lo can)* 217, 253

Sadag *(sa-bdag)* 41, 57, 94, 240, 263
Sagarmatha 231
Sakya *(Sa-skya)* 83, 230
Sakyamuni *(Sha-kya thub-pa)* 48, 53, 173, 177, 230, 255
Salzkarawanen 143, 147ff
Salzsee 101, 144, 148
Samding Gompa *(bSam-lding dGon-pa)* 234
Samsara 229, 233
Samye *(bSam-yas)* 44, 75, 83, 183
Sangpo Bumtri *(Sangs-po 'bum-khri)* 253, 254
Schaf 45, 122
Schamane, Schamanismus, schamanistisch 70, 91, 231
Schildkröte 67
Seegottheit, -göttin 70, 93, 101ff, 121, 129ff, 143
Sera *(Se-ra theg-chen gling)* 113, 185
Shakya Shambha 214
Shambhala, tibet. Dejung *(bde 'byung)* 60, 164, 195ff, 221, 235, 238, 242, 244, 253, 256
Shangri La 12, 162, 164, 187, 192, 221, 225
Shangshung *(Zhangzhung)* 65, 69, 97, 189
Shen *(gShen)* 254
Shenlha Ökar *(gShen-lha od-dkar)* 254
Shenrab *(gShen-rab)* 14, 199, 224, 247, 255
Shentsa 72, 120, 124, 136, 171
Sherpa 74ff, 80, 236
Shigatse *(gZhis-kha-rtse)* 46, 199
Shiva 31, 96f, 115, 255f
Siguniang Shan 24, 85ff
Sikkim 81ff, 238
Siling Tso *(Zi-ling mTsho)* 102, 121, 122ff, 132, 142, 162
Songtsen Gampo *(Srong-btsan sgam-po)* 104, 171, 179, 189f, 192
Suchandra *(Zla-ba bzang-po)* 210, 256
Sugati 262
Sukhavati, tibet. Dewachen *(bDe-ba-chan)* 222, 230
Sumati 246
Sumeru → Meru 98, 245
Sumpa 189
Sumukhi 262

Tachog Khamba *(rTa-mchog Kha-'bbab)*, Quellfluß des → Brahmaputra 29
Taizong 177
Takpa Shelri 21f, 53ff
Tangra-See → Dangre Yu Tso
Tantra 98, 202, 233, 237, 250
Tara = Dölma *(sGrol-ma)* 54, 56, 172, 192, 219, 227
Taranatha *(rJe-btsun Ta'-ra-na'-tha)* 222
Targo *(rTa-sgo, Ta-rgo)* 69ff, 133, 136, 144, 162, 256
Targo Gegan Chögyal *(Targo dGe-rgan chos-rgyal)* 70
Targo Kangri 69ff, 90, 143, 256
Targo Ngomar Tselmig *(Targo Ngo-dmar mtshal-mig)* 70, 257
Tashi Tsering Chenga *(bKra-shis tshe-ring mched-lnga)* 75
Tashi Tseringma *(bKra-shis tshe-ring-ma)* 74, 78ff, 84, 231, 236, 247, 261
Tashilhünpo *(bKra-shis lhun-po)* 83
Tee (-tee) 145
Tekar Drosangma *(gTad-dkar 'gro-bzang-ma)* 78, 80, 262
Tengri Nor = Nam Tso *(gNam mTsho)* 121, 131
Tenjur *(bsTan-'gyur)* 222
Tenpa Shenrab → Tönpa Shenrab
Terri Nam Tso *(gTer-ri gNam mTsho)* 131
Tese Kang *(Te se gangs)*, Sanskrit → Kailash 96
Thang-lha 241
Thanglha Yashur *(Thang-lha Yar-shur oder Yab-shur)* 44, 248
Thinggi Shelsangma *(mThing-gi zhal-bzang-ma)* 78, 80
Thritsün *(Khri-btsun)*, Sanskrit → Bhrikuti 172
Thugiechema 125f
Tierwelt 162
Tigernest (Taktsang-Kloster) 251
Tise bzw. Tese Kang *(Te se gangs)*, Sanskrit → Kailash
Tise Lhatsen 89, 97, 238, 258ff
Tölung Dechen 119
Töndrub Gyaltsen *(sTon-grub rgyal-mtshan)* 85
Tönpa Shenrab *(sTon-pa gshen-rab)* 64ff, 255, 260
transzendente Bodhisattvas 229, 244
transzendente Buddhas 230
Trisong Detsen *(Khri-srong lde-btsan)* 43, 250
Tsampa 54f, 143
Tsang *(gTsang)* 43f, 75, 94
Tsang Rabsal *(gTsang Rab-gsal)*
Tsangpa Gyare 54
Tsangpo, tibet. Name des → Brahmaputra 23, 29, 65f, 68f, 99, 127

Tsari *(rTsa-ri)* 53 ff, 91, 227
Tsen *(btsan)* 97
Tseringma *(bKhra-shis tshe-ring-ma)* 23, 74 ff, 84, 231, 260 ff
Tso Ngompo *(mTsho sNgon-po)* 101, 103 ff, 130
Tso Trishor Gyalmo *(mTsho khri-bshor rgyal-mo)* 105
Tsongkha 58
Tsongkhapa 71, 178, 181 ff, 195 f
Turkestan 195

Ü *(dbUs)* 43, 75, 94, 105
Ula 151
Urahn 82, 93
Urbuddha 230, 238

Vaisravana, tibet. → Namthöse *(gNam-thos-sras)* 25, 42, 81, 94, 99, 238, 262 f
Vajrapani, tibet. → Chana Dorje *(Phyag-na rdo-rje)* 32, 54, 178, 215, 227, 256
Vajravarahi, tibet. → Dorje Pagmo *(rDo-rje phag-mo)* 128, 233
Verborgenes Tal, tibet. Be-yül *(sBas Yul)* 54, 221 ff
Vimalamitra 54
Virudhaka, tibet. Chakyepo *('Phyags-skyes-po)* 24, 99, 207
Virupaksha, tibet. Migmisang *(Mig-mi-bzang)* 24, 99

Wangkur-Berg *(dBang-bskur Ri)* 179
Weltenachse, -berg 70 f, 91, 96, 118
Wencheng, tibet. → Lhachig Kongjo 173, 191
Wildyak 136 f, 139, 147, 151, 154 f, 163
Wonuo Semo 129
Wutai Shan, tibet. Riwo Tsenga *(Ri-bo rtse-nga)* 94

Yabang Ri 136, 138
Yagra Dagze *(Yag-ra sTag-rtse)* 160
Yak 45, 82, 107, 122, 147
Yaksha, tibet. → Nöjin *(gNod-sbyin)* 25, 263
Yamantaka, tibet. Shinje Shepo *(gShin-rje gshed-po)* 202, 204
Yamdrok Yu Tso *(Yar-'brog g.Yu-mTsho)* 103, 127 f, 131, 133, 234
Yangzi Jiang, tibet. → Dri Chu 142, 155 ff
Yarla 161 f
Yarlha Shampo *(Yar-lha sham-po)* 21 f, 41 ff, 88 f, 91, 94, 263
Yarlung-Dynastie 169, 188
Yarlung-Könige 91
Yarlung Tsangpo → Brahmaputra
Yawang Yabang Ri 72 f

Yidam 91, 98
Yogin, -i 230f, 233, 238, 246, 264
Yülkhorsung *(Yul-'khor-bsrung)*, Sanskrit → Dhritarashtra 25
Yül-Lha *(Yul-lha)* 41, 43, 263
Yungdrung Gutse *(gYung-drung dgu-brtsegs)*, Sanskrit → Kailash 97, 258

Zi *(gZi)* 197, 240
Ziege 45, 122, 189f
Zutrulpuk 34, 39

Zum Autor

Andreas Gruschke, geboren 1960, studierte Geographie, Ethnologie und Sinologie in Aachen, Freiburg und Peking. Er lebte mehrere Jahre in Ostasien und ist seit 1987 regelmäßig als Reiseleiter in Zentral- und Ostasien unterwegs, insbesondere in allen Regionen Tibets. Neben zahlreichen Büchern und Aufsätzen über China, Tibet und die Seidenstraße hat er bereits vor den »Heiligen Stätten der Tibeter« einen Band mit personen- und götterbezogenen »Mythen und Legenden der Tibeter« (DG 124) veröffentlicht.

Zuletzt erschienen 1996 »Dach der Welt. Himalaya und Karakorum« und der Bildband »Tibet«. Andreas Gruschke arbeitet zur Zeit an einer Kulturgeschichte der Klöster Tibets.

Andreas Gruschke
Mythen und Legenden der Tibeter
Von Kriegern, Mönchen, Dämonen und dem Ursprung der Welt
*Diederichs Gelbe Reihe Band 124, 288 Seiten,
mit zahlreichen Abbildungen*

Tibet »fließt über von Legenden wie eine Quelle mit Wasser«. Aus den Schöpfungsgeschichten, Mythen, Legenden und Epen Tibets erschließt sich die Mentalität seiner Bewohner, die Geschichte des Landes, die Welt seiner Götter, Dämonen, Mönche und Helden. Andreas Gruschke hat vor Ort die mündlich überlieferten Erzählungen und Geschichten festgehalten, für diesen Band aufbereitet und im Hinblick auf ihren Wirklichkeitsgehalt erläutert.

Ein Buch dieser Art fehlt bisher in der Tibet-Literatur und stellt eine große Bereicherung für jeden dar, der sich ernsthaft für Tibet oder auch kulturvergleichend für die Beziehung zwischen Legenden und Geschichten interessiert.

Tibet-Forum

Eugen Diederichs Verlag

Das Totenbuch der Tibeter
Herausgegeben und kommentiert von Francesca Fremantle und Chögyam Trungpa
Diederichs Gelbe Reihe Band 6, 176 Seiten

Das Totenbuch der Tibeter ist eines der großen Weisheitsbücher der Menschheit. In dieser neuen Übersetzung von dem führenden tibetischen Meditationsmeister Chögyam Trungpa wird der Buddhismus als lebendige Tradition begriffen, die auch im Westen Wurzeln schlägt. Das Buch ist ein Führer durch Erfahrungsdimensionen, denen man in Zeiten persönlicher Krise und Bewußtwerdung immer wieder begegnet.

Tantra in Tibet
Das geheime Mantra des Tsong-ka-pa, eingeleitet vom 14. Dalai Lama, herausgegeben von Jeffrey Hopkins
Diederichs Gelbe Reihe Band 29, 240 Seiten mit Frontispiz

Das geheime Mantra ist eine Darstellung der wichtigsten Elemente aller buddhistischen Tantra-Systeme, die Tsong-ka-pa, der Begründer des Gelugpa-Ordens, im 15. Jahrhundert verfaßte. Eine ausführliche Einleitung des 14. Dalai Lama sowie Erläuterungen des Tibetgelehrten Jeffrey Hopkins geben einen umfassenden Einblick in das Wesen des Tantra.

Eugen Diederichs Verlag

Geshe Lhündup / Jeffrey Hopkins
Der Tibetische Buddhismus
*Diederichs Gelbe Reihe Band 13, 224 Seiten,
mit 8 Abbildungen*

In zwei Basistexten werden die Grundzüge des Tibetischen Buddhismus erläutert: »Die drei Hauptaspekte des Pfades zur höchsten Erleuchtung« beschreibt die Vorbereitungen und die Durchführung einer Meditationssitzung. »Der kostbare Kranz der Lehrmeinungen« stellt die Theorie und die psychologischen Lehren im Buddhismus dar.

Geshe Thubten Ngawang
Vom Wandel des Geistes
Buddhistische Unterweisungen eines tibetischen Lamas
Diederichs Gelbe Reihe Band 106, 176 Seiten

Der tibetische Mönchsgelehrte Geshe Thubten Ngawang erläutert klar und einfach die Grundlagen der tibetischen Meditation. Sie muß der Übende verstanden haben, um im Sinn buddhistischer Schulung den Geist durch Meditation zu wandeln und von negativen Eigenschaften zu reinigen.

Eugen Diederichs Verlag

DIEDERICHS GELBE REIHE
Die lieferbaren Bände

- DG 1 I Ging
- DG 6 Das Totenbuch der Tibeter
- DG 7 Heinrich Zimmer: Der Weg zum Selbst
- DG 8 Helmuth von Glasenapp: Pfad zur Erleuchtung
- DG 12 Hellmut Wilhelm: Sinn des I Ging
- DG 13 Geshe Lhündub Söpa u. Jeffrey Hopkins: Der Tibetische Buddhismus
- DG 14 Dschuang Dsi: Das wahre Buch vom südlichen Blütenland
- DG 15 Upanishaden
- DG 16 Mahabharata
- DG 17 Über den Rand des tiefen Canyon
- DG 18 Popol Vuh
- DG 19 Laotse: Tao te king
- DG 20 Annemarie Schimmel: Rumi
- DG 21 Bhagavadgita / Aschtavakragita
- DG 22 Kungfutse: Gespräche. Lun Yü
- DG 23 Al Ghasali: Das Elixier der Glückseligkeit
- DG 24 Basil Johnston: Und Manitu erschuf die Welt
- DG 26 Le Saux/Abhishiktananda: Die Spiritualität der Upanishaden
- DG 27 Idries Shah: Die Sufis
- DG 28 Liä Dsi: Das wahre Buch vom quellenden Urgrund
- DG 29 Tantra in Tibet
- DG 30 Chang Chung-yuan: Tao, Zen und schöpferische Kraft
- DG 31 Li Gi. Das Buch der Riten, Sitten und Bräuche
- DG 32 Annemarie Schimmel: Und Muhammad ist Sein Prophet
- DG 33 Heinrich Zimmer: Indische Mythen und Symbole
- DG 34 Śāntideva: Poesie und Lehre des Mahāyāna-Buddhismus
- DG 35 Der Sohar. Das heilige Buch der Kabbala
- DG 36 Kungfutse: Schulgespräche
- DG 37 Annemarie Schimmel: Gärten der Erkenntnis
- DG 39 Emma Brunner-Traut: Die Kopten
- DG 40 Orpheus. Altgriechische Mysterien
- DG 41 Lati Rinpoche/Jeffrey Hopkins: Stufen zur Unsterblichkeit
- DG 42 Mong Dsi: Die Lehrgespräche des Meisters Meng K'o
- DG 45 Ramayana
- DG 46 Germanische Götterlehre
- DG 47 Hans Findeisen u. Heino Gehrts: Die Schamanen
- DG 48 Christian Rätsch/K'ayum Ma'ax: Ein Kosmos im Regenwald
- DG 51 Erfahrungen mit dem I Ging
- DG 52 Franz Carl Endres u. Annemarie Schimmel: Das Mysterium der Zahl
- DG 53 Gerhard Wehr: Die Bruderschaft der Rosenkreuzer

DG 54	Nordische Nibelungen	DG 84	Namkhai Norbu: Der Zyklus von Tag und Nacht
DG 55	Mary Steiner-Geringer: Tarot als Selbsterfahrung	DG 91	Weisheit der Völker
DG 56	Albert Y. Leung: Chinesische Heilkräuter	DG 93	L. S. Dagyab: Buddhistische Glückssymbole
DG 57	Christian Rätsch: Chactun. Die Götter der Maya	DG 95	George William Russell – A. E.: Weg zur Erleuchtung
DG 61	John Blofeld: Der Taoismus	DG 96	Benjamin Walker: Gnosis
DG 62	Alfred Douglas: Ursprung und Praxis des Tarot	DG 98	Das Weisheitsbuch des Zen
DG 63	Janheinz Jahn: Muntu	DG 99	Hans Wolfgang Schumann: Buddhismus
DG 64	Richard Wilhelm und C. G. Jung: Geheimnis der Goldenen Blüte	DG 100	Peter Sloterdijk u. Martin Buber: Mystische Zeugnisse
DG 65	Wen Kuan Chu/ Wallace A. Sherrill: Astrologie des I Ging	DG 101	Omar Ali-Shah Sufismus für den Alltag
DG 67	Heinrich Zimmer: Abenteuer und Fahrten der Seele	DG 102	Annemarie Schimmel: Von Ali bis Zahra
DG 68	Wolfram Eberhard: Lexikon chinesischer Symbole	DG 103	Rients R. Ritskes: Zen für Manager
DG 71	Christian Rätsch: Indianische Heilkräuter	DG 104	Barbara C. Sproul: Schöpfungsmythen der östlichen Welt
DG 73	Hans Wolfgang Schumann: Der historische Buddha	DG 105	Barbara C. Sproul: Schöpfungsmythen der westlichen Welt
DG 74	Heinrich Seuse u. Johannes Tauber: Mystische Schriften	DG 106	Geshe Thubten Ngawang: Vom Wandel des Geistes
DG 76	Mahatma Gandhi: Wegweiser zur Gesundheit	DG 107	Sri Chinmoy: Veden, Upanishaden, Bhagavadgita
DG 78	Robert Aitken: Zen als Lebenspraxis	DG 108	Friedrich Weinreb: Kabbala im Traumleben des Menschen
DG 79	Robert Aitken: Ethik des Zen	DG 109	Dominique Viseux: Das Leben nach dem Tod
DG 82	Annemarie Schimmel: Muhammad Iqbal	DG 110	René Grousset: Die Reise nach Westen

- DG 111 Dennis Genpo Merzel: Durchbruch zum Herzen des Zen
- DG 112 Åke Hultkrantz: Schamanische Heilkunst und rituelles Drama
- DG 113 I. P. Couliano: Jenseits dieser Welt
- DG 114 Hans Wolfgang Schumann: Mahāyāna-Buddhismus
- DG 115 Christian Rätsch: Heilkräuter der Antike
- DG 116 Gerhard Wehr: Spirituelle Meister des Westens
- DG 117 Hartmut Kraft: Über innere Grenzen
- DG 118 Isabelle Robinet: Geschichte des Taoismus
- DG 119 Idries Shah: Sufi-Wege zum Selbst
- DG 120 H. P. Blavatsky: Theosophie und Geheimwissenschaft
- DG 121 Rumi: Von Allem und vom Einen
- DG 122 Dominique Hertzer: Das Mawangdui-Yijing
- DG 123 Murad Hofmann: Reise nach Mekka
- DG 124 Andreas Gruschke: Mythen und Legenden der Tibeter
- DG 125 Malidoma Somé: Vom Geist Afrikas
- DG 126 Dominique Hertzer: Das alte und das neue Yijing
- DG 127 Gerd Becher/Elmar Treptow: Vom Frieden der Seele
- DG 128 Hanna Moog: Leben mit dem I Ging
- DG 129 Hans Wolfgang Schumann: Die großen Götter Indiens
- DG 130 Helmuth von Glasenapp: Die fünf Weltreligionen
- DG 131 Gerardo Reichel-Dolmatoff: Das schamanische Universum
- DG 132 Thomas Cleary: Zen-Geschichten
- DG 133 Vanamali Gunturu: Krishnamurti
- DG 134 Kornelius Hentschel: Geister, Magier und Muslime
- DG 135 Konrad Dietzfelbinger: Mysterienschulen
- DG 136 Matthias Dalvit: Geburts-I Ging und Astrologie
- DG 137 Andreas Gruschke: Die heiligen Stätten der Tibeter
- DG 138 Elvira Friedrich: Yoga
- DG 139 John Bierhorst: Die Mythologie der Indianer Nordamerikas
- DG 140 Die Edda

EUGEN DIEDERICHS VERLAG